Hermann Wilhelm
Die Münchner Bohème

Hermann Wilhelm

Die Münchner Bohème

Von der Jahrhundertwende bis zum Ersten Weltkrieg

1993

Buchendorfer Verlag

Gewidmet meiner langjährigen Lebensgefährtin Lydia Jackson

Die Deutsche Bibliothek – CIP-Einheitsaufnahme
Wilhelm, Hermann:
Die Münchner Bohème – Von der Jahrhundertwende bis zum Ersten Weltkrieg / Hermann Wilhelm. – München: Buchendorfer Verl., 1993
ISBN 3-927984-15-9

Produktion: Tillmann Roeder, München
Satz: Uhl + Massopust, Aalen
Reproduktion: Fotolito Longo, Frangart
Druck und Bindung: Jos. C. Huber KG, Dießen

ISBN 3-927984-15-9
Printed in Germany

Inhalt

Alle Beschäftigung mit der Vergangenheit ist nur der Versuch mit Hilfe dessen, das einmal ein Künftiges gewesen, sich des wirklich Künftigen zu vergewissern. Jede Erinnerung ist eine umgekehrte Hoffnung . . . Und so gehört, genau besehen, auch die Vergangenheit dem einzigen Zeitbegriff an, der für uns ein wesentlicher ist, nämlich dem der Zukunft.

R. A. Schröder

Vorwort

»Bohème, die, die Welt der Studenten, Künstler, Literaten (Bohémiens) . . . Die Bezeichnung geht zurück auf das französische Bohémien für Böhme, Zigeuner, insbesondere für die Mitglieder einer Gruppe von romantischen, antibürgerlichen Schriftstellern und Künstlern, die sich um 1830 in Paris zusammenfanden.«

(Brockhaus Enzyklopädie, 1967)

München verändert sich

Nach Beendigung des sogenannten »Siebzger Krieges« zwischen Deutschland und Frankreich in den Jahren 1870/71 fließen in Form von »Reparationszahlungen« innerhalb von nur drei Jahren fünf Milliarden Franc in die Kassen des Deutschen Reichs. Ein ungeahnt stürmischer wirtschaftlicher Aufschwung ist die Folge.

Zahlreiche Industriebetriebe siedeln sich nun an den Rändern der Stadt und entlang der gerade entstehenden Eisenbahnlinien an. Mietshäuser und »Zinskasernen« werden in den ehemals eher dörflich geprägten Vorstädten errichtet. Ganze Wohnviertel werden in kürzester Zeit aus dem Boden gestampft.

Neue Verkehrsmittel zwingen zur selben Zeit zur Umgestaltung der traditionellen Infrastruktur und verändern alsbald auffällig das gewohnte Straßenbild. Ab 1883 fahren die weiß-blauen Wagen der »Münchener Tramway Aktien-Gesellschaft« als Nachfolger der erfolgreichen Pferdebahn des belgischen Industriellen »Ed.-Otlet« durch die Straßen der Stadt.

Noch im selben Jahr beginnt die »Allgemeine Elektrizitäts-Gesellschaft München« mit ihrer Arbeit. Nur zwei Jahre später ist das Oktoberfest erstmals mit insgesamt 16 Bogenlampen beleuchtet. Ab 1888 wird trotz des Protestes zahlreicher Stadtteile gegen die »Verschandelung der Luft« durch Stromkabel die elektrische Straßenbeleuchtung in München eingeführt. Ab 1895 fahren die ersten Straßenbahnen mit Strom. Am 1. Mai des Jahres 1883 wird das Münchner Telefonnetz mit insgesamt 145 Fernsprechteilnehmern in Betrieb genommen.

Von den zahlreichen neu entstehenden Arbeitsplätzen angezogen, strömen Abertausende von Menschen aus Münchens ländlicher Umgebung in die bis dato so »stille Residenzstadt«. München erlebt eine bis dahin unvorstellbare Bevölkerungsexplosion.

Innerhalb von nicht einmal fünfzig Jahren verfünffacht sich die Zahl der Einwohnerschaft. Von 100 000 Bewohnern im Jahre 1854 steigt die Zahl auf 230 000 im Jahre 1880. Nur zehn Jahre später werden rund 350 000 Einwohner gezählt. Im Jahre 1900 wird mit 498 503 Bewohnern die magische Zahl von einer halben Million annähernd erreicht.

Setzt man in Rechnung, daß zu diesem Zeitpunkt nur noch rund 180 000 Einwohner gebürtige Münchner sind, wird die immense Zahl von Zuzüglern und Neuankömmlingen deutlich. Auf der Stadt lastet ein in dieser Form noch nie dagewesener Veränderungsdruck.

Gleichzeitig entstehen neue soziale Konflikte und Auseinandersetzungen. Die Zuzügler vom Land benötigen nicht nur ein Dach über dem Kopf, sondern wollen auch in das gesellschaftliche Leben eingebunden sein. Das neu entstehende Industrieproletariat beginnt sich zu organisieren. Aber nicht nur im politischen und sozialen, sondern auch im kulturellen Bereich. So entwickeln Arbeiter und Kleinbürger auch neue kulturelle Organisationsformen. Gesangs-, Sport- und Sparvereine schießen wie Pilze aus dem Boden.

Allerorts gründen Geschäftsleute und Verleger neue Zeitschriften und Informationsblätter. Massenkommunikationen und -information sind zunehmend gefragt. Im Deutschland der zweiten Hälfte des neunzehnten Jahrhunderts kommt es folglich zu einem wahren Zeitungsboom.

Im Jahre 1880 werden in München die ersten Litfaßsäulen zu Werbe- und Informationszwecken aufgestellt. 1881 gastiert erstmals auf dem Oktoberfest ein »Cinematographen-Wandertheater«. 1896 zeigt auch das Panoptikum in der Kaufingerstraße für ein breites Publikum die »bewegten Bilder«.

Die »Kunstfabrik des Reiches«

Zu jener Zeit ist München eines der wichtigsten Zentren des deutschen Kunsthandels und gilt so manchem als die »führende deutsche Kunststadt« überhaupt. König Ludwig I., der München planmäßig zu einer einflußreichen und attraktiven Kunst- und Kulturstadt entwickeln will, fördert die Universität und gründet Museen. Er setzt damit die Politik fort, die König Max I. mit der Gründung der Münchner Kunstakademie im Jahre 1806 begonnen hat.

Ab 1854 ist der neu errichtete Glaspalast das Zentrum international bedeutender Ausstellungen. Der »Bau aus Glas und Stahl« zeigt alljährlich einen repräsentativen Querschnitt zeitgenössischer Kunst. An der Münchner Kunstakademie unterrichten so klangvolle Namen wie Peter Cornelius, Franz von Defregger und Franz von Stuck. Die Stadt, in der um 1890 allein an die 3000 Maler und Bildhauer tätig sind, gilt vielen als die große »Kunstfabrik des Reiches«.

So mancher erwartet sich von dieser Zeit des schnellen Wandels und Umbruchs sozialen Fortschritt und gesellschaftliche Veränderung. Der gerne verwendete Begriff des »fin de siècle« verführt viele im Umkehrschluß zu nicht selten auffällig übertriebenen Hoffnungen auf eine »neue Zeit«. Und spätestens nach der Entdeckung der nahezu unglaublich erscheinenden »Wunder der Elektrizität« und der geheimnisvollen »Strahlungen des Magnetismus«, scheint plötzlich vieles – wenn nicht gar alles – möglich und machbar zu sein. Nicht wenige träumen vom »Goldenen Zeitalter«.

Schon in den frühen neunziger Jahren entstehen zahlreiche Zeitschriften, deren Titel deutlich der damaligen Aufbruchsstimmung und der Sehnsucht nach neuen Lebensinhalten und -möglichkeiten Rechnung tragen: »Moderne Blätter – Wochenschrift der Gesellschaft für modernes Leben«, »Jugend«, »Frühling« oder »März«.

Der zum Teil krasse »Materialismus« der Gründerzeit aber führt gleichzeitig auch zu technikfeindlichen, nicht selten auffällig asketischen Idealen verbundenen Gegenbewegungen. Lebensreformer und Naturapostel agitieren für eine gesunde Ernährung und ein Leben in natürlicher Umgebung mit Sonne und Licht, Mystiker und Okkulisten mißtrauen der Naturwissenschaft und forschen nach Übersinnlichem und unbekannten Kräften. Die verschiedensten, sich häufig kraß widersprechenden Ideologien, weltanschaulichen Vorstellungen und Lebensstile werden entwickelt.

»Aufbruch in die Moderne«

Schon Mitte der 80er Jahre des vorigen Jahrhunderts läßt sich in einem Steinbruch bei Höllriegelskreuth ein junger Mann nieder, dem der industrielle Fortschritt und die damit einhergehende soziale Entwicklung ein Greuel ist. Sein Name: Karl Wilhelm Diefenbach. Als Vegetarier, Vertreter der Freikörperkultur und Vorreiter der Lebensreformbewegung, hält der ehemalige Student der Münchner Kunstakademie zahlreiche Vorträge über alternative

Ernährungsformen, schimpft über den Genuß von Bier und »Spirituösen« und wettert gegen die »Fleischeslust«.

Zur selben Zeit treffen sich zahlreiche Schriftsteller und Künstler regelmäßig in der Gaststätte »Giesinger Weinbauer«, um über die Gründung einer neuen, avantgardistischen Literaturzeitschrift zu diskutieren. Sie bekämpfen entschieden den »Epigonen-Klassizismus« des in München hochverehrten Nobelpreisträgers Paul Heyse und wenden sich gegen eine Literatur über »Herz, Schmerz und Vaterland«. Der Gruppe, die in ihrem Zeitschriftenprojekt auch Kunst und Politik miteinander verbinden will und die sich für einige Jahre als »Gesellschaft für modernes Leben« in der Münchner Kunstszene etablieren wird, gehören Michael Georg Conrad, Hanns von Gumppenberg, Oskar Panizza, Otto Julius Bierbaum und zahlreiche andere an.

Ganz anderen Interessen wiederum widmet sich eine holsteinische Gräfin, die eigentlich zum Kunststudium nach München gekommen ist. Sie gilt vielen alsbald als auffälligste Verfechterin der »freien Liebe«, wechselt zum Entsetzen so manchen Beobachters ihre zahlreichen Liebhaber in aller Öffentlichkeit und sucht schon mal in Münchner Nachtlokalen nach finanziell gut gestellten Männern, die sie in ihren umfangreichen Aufzeichnungen »Begleitdoggen« nennt. Sie wird das Bild der Münchner Bohème um die Jahrhundertwende entscheidend prägen und gilt auch heute noch als eine der schillerndsten Frauenfiguren der damaligen Zeit: Franziska zu Reventlow.

Einem ähnlich flotten, aber wesentlich kostspieligeren Lebenswandel huldigen um die Jahrhundertwende auch zwei aus Bremen stammende, steinreiche und dem Jugendstil verbundene Jungverleger. Sie investieren ein ererbtes Millionenvermögen nicht nur in aufwendigste Literaturprojekte, sondern pflegen einen bis dato in München unvorstellbar verschwenderischen und elegant-weltmännischen Lebensstil. Bei erlesensten Weinen und teuerstem Champagner bespricht man in Münchner Edelkneipen wie dem Odeon-Casino die Ergebnisse von Pferderennen ebenso wie künstlerische Ereignisse. Der auch heute noch angesehene und literarisch bedeutende Insel-Verlag wird ihnen seine Existenz verdanken.

Und während der Sozialrevolutionär und Anarchist Erich Mühsam vor Angehörigen des sogenannten »Lumpenproletariats« in der verrufenen Gaststätte »Soller« im Tal politische Vorträge über eine sozial gerechte Gesellschaft hält, schwärmen die elitären »Kosmiker« um Stefan George und Karl Wolfskehl im noblen Café Luitpold von einem neuen heidnisch-aristokratischen Zeitalter.

Daß im Rahmen dieser Bemühungen auch Moral und Ethik einem deutlichen Wandel unterliegen, ist so verwunderlich nicht. Als Folge dessen sind handfeste Skandale plötzlich an der Tagesordnung.

Zahlreiche Theateraufführungen des »Akademisch-Dramatischen Vereins« und dessen Nachfolgeorganisation »Neuer Verein« werden verboten und rufen den Staatsanwalt auf den Plan. Frank Wedekinds Dramen und Gedichte sind immer wieder Anlaß zu Zensurmaßnahmen durch eine verunsicherte Obrigkeit. Die Zeitschrift »Simplicissimus« wird zum wiederholten Male wegen »Majestätsbeleidigung« beschlagnahmt und aus dem Verkehr gezogen. Die Programme des Kabaretts »Elf Scharfrichter« unterliegen der Überwachung durch die Münchner Polizei und werden nicht selten bis zur Unkenntlichkeit zensiert.

Zahlreiche Autoren büßen – aus heutiger Sicht für Bagatelldelikte – mit Gefängnis oder »nicht ehrenrühriger« Festungshaft. Unter den zahlreichen Verurteilten finden sich so unterschiedliche Personen und Charaktere, wie der adelige Schriftsteller und Satiriker Hanns von Gumppenberg, der Esayist und Arzt Oskar Panizza, der exzellente Simplicissimus-Zeichner Thomas Theodor Heine und der bayrische Dramatiker Ludwig Thoma. Der Lebensreformer Karl Wilhelm Diefenbach wird wegen »öffentlichen Unfugs« – hinter dem sich das »Delikt« wiederholten unbekleideten Sonnenbadens verbirgt – ebenso verurteilt, wie der anarchistische Agitator Erich Mühsam.

Ihm zufolge aber verbindet die Beschriebenen vor allem eins: Der Wunsch, auch »bei der denkbar größten Verschiedenheit voneinander . . ., in einer unsichtbaren Loge des Widerstands gegen die Autorität der herkömmlichen Sitten« verbunden zu sein und der »Wille, ihr individuelles Gehaben nicht unter die Norm zu beugen«.

So ist die Münchner Bohème mit ihren höchst unterschiedlichen Vertretern nicht nur eines der interessantesten Kapitel der Entwicklungsgeschichte der Stadt, sondern neben ihrer literatur- und kunsthistorischen Bedeutung auch ein wichtiger Aspekt deutscher Ideologiegeschichte. Vieles des damals Gedachten, Entworfenen oder erstmals Erprobten ist in seinen Auswirkungen auch heute noch spürbar, wenn nicht sogar – in aktualisierter oder abgewandelter Form – Bestandteil der aktuellen Tagesdiskussion.

Dieses Buch erscheint aus Anlaß der Ausstellung »Hanns von Gumppenberg – Haidhauser Jahre eines Münchner Bohémiens und Schriftstellers« im Haidhausen-Museum, Kirchenstr. 24.

München, Januar 1993 HERMANN WILHELM

Die »Gesellschaft für modernes Leben«

»Kann ich durch Ihre gütige Vermittlung die Jahrgänge der ›Gesellschaft‹ erhalten, und wenn nicht alle, dann doch vom ersten ab möglichst viele? Ich mache Studien über die damalige Literatur – Bewegung der Geister – etc. etc. und ich finde, daß ich das Beste nur in der ›Gesellschaft‹ finden kann.«

LUDWIG THOMA am 26. 12. 1917 in einem Brief an Dr. Michael Georg Conrad

Tausend Besucher auf der Praterinsel

Der 13. Juli 1891 ist ein herrlicher Sommertag. Obwohl es sich um einen ganz normalen Werktag handelt, strömen schon am frühen Abend zahlreiche Menschen aus der ganzen Stadt in Richtung Vorstadt Haidhausen. Doch diesmal sind nicht die großen Bierkeller mit ihren schattigen Biergärten rund um den Gasteig und Rosenheimer Berg das Ziel all dieser Leute. Vielmehr drängen die Neugierigen in Richtung des erst vor drei Jahren errichteten Gast- und Weinhauses »Isarlust«, das sich auf der Praterinsel an der Grenze zwischen den Stadtteilen Haidhausen und Lehel in der Nähe des Müller'schen Volksbades und gegenüber der Lukaskirche befindet.

Viele der auf der Praterinsel Eintreffenden sind Künstler, Maler oder Schriftsteller, Schauspieler aus den Theatern der Innenstadt, Literatur- und Theaterkritiker sowie sonstige Kunstinteressierte, die sich einen besonders interessanten Abend erwarten.

Denn die Veranstalter, die sich anspruchsvoll »Gesellschaft für modernes Leben« nennen, haben seit ihrem Bestehen mit Lesungen und Diskussionsabenden in der Gaststätte »Isarlust«, in den »Münchner Zentralsälen«, im »Orpheum« oder auch im »Hotel Roth« schon für so manche Aufregung und zumindest für einen handfesten Skandal im sonst so biederen Literaturbetrieb Münchens gesorgt. Und auch diesmal ist wieder ein Programm geplant, das für eine Stadt, deren Kulturleben von Malerfürsten wie Franz von Lenbach und Schriftstellern wie Paul Heyse geprägt wird, durchaus Sprengstoff bedeuten kann.

So ist auf den Plakaten und Handzetteln zum Beispiel von einer »Dramatischen Parodie« die Rede, und man weiß von den respektlosen Gedichten und »Nachahmungen« eines gewissen Herrn von Gumppenberg, der auf Grund seiner Lesungen noch im selben Jahr von der Münchner Justiz zu immerhin zwei Monaten Festungshaft verurteilt werden wird.

Da ist ein »Salon der Karikierten« angekündigt, in dem eine satirische Auseinandersetzung mit arrivierten Künstlern stattfinden soll, des weiteren ein »literarisch-künstlerisches Ketzergericht«, eine Theaterpersiflage, eine literarische Tombola, und ansonsten soll jede Menge Unterhaltung geboten sein.

Obwohl der Zeitpunkt der Veranstaltung mit einem Montag – man mußte aus gewichtigen organisatorischen Gründen den Termin immer wieder verschieben – äußerst ungünstig gewählt erscheint, wird das »Isarfest« ein Riesenerfolg. Als die Veranstaltung mit ihren zahlreichen Programmpunkten endlich beginnt, tummeln sich über eintausend Besucher auf der Praterinsel. Die Veranstalter sind mehr als zufrieden.

»Dramatische Parodie« und eine »Echt Tyroler Weinschenke«

In allen Räumen der Gaststätte Isarlust und in der gesamten näheren Umgebung wogt das Geschehen. Und die Veranstalter bieten ein wahrlich sehenswertes und mehr als vielfältiges Programm.

So geht die »Dramatische Parodie«, die auch für heutige Ansprüche ausgesprochen amüsant erscheint, nicht nur erwartungsgemäß mit einigen etablierten Münchner Literaten und ihrem Anhang ins Gericht, sondern genauso respektlos mit den eigenen Kollegen und Freunden um.

Über zwei seiner Dichterfreunde und Mitveranstalter, den erst vor kurzem nach München übergesiedelten Schriftsteller Otto Julius Bierbaum und den Herausgeber des Münchner Theaterjournals, Julius Schaumberger, reimt der damals fünfundzwanzigjährige Hanns von Gumppenberg:

> Bierbaum kommt herangelämmert
> Frühlingswolkenüberdämmert, –
> Zwischen Träumeln und Genießen
> Butterig umherzufließen! –
>
> Und Schaumbergern kraftentsäftigt,
> Seh' ich fieberhaft beschäftigt, –
> Stimmungsmückchen mit den langen
> Zitterfingern einzufangen.

Solche unpathetisch-augenzwinkernden und selbstkritisch-ironischen Töne sind in dem gediegenen Münchner Literaturbetrieb des Jahres 1891 ziemlich unüblich. Dementsprechend ist die Resonanz beim überraschten Publikum.

Des weiteren steht im Laufe des Abends immer wieder eine eigens für diesen Anlaß konzipierte »Ur-Shakespeare-Bühne« im Mittelpunkt des Geschehens. Neben zahlreichen für das Fest komponierten Liedern wird auf dieser zu vorgerückter Stunde eine »Theaterparodie« über den zu jener Zeit in München lebenden und von vielen bewunderten Dramatiker Henrik Ibsen aufgeführt. Analog dem Drama »Die Frau vom Meer« wird nun das Stück »Die Frau von der Isar« gespielt. Aber nicht von engagierten Laien, wie man in diesem Zusammenhang vielleicht vermuten könnte, sondern von exzellenten professionellen Schauspielern.

Insbesondere mit dem Ensemble des »Theaters am Gärtnerplatz« arbeiten die Veranstalter schon seit einiger Zeit eng zusammen. So stellen die Ensemble-Mitglieder auch an diesem Abend ihr Können in den Dienst der »Modernen«, während diese als Gegenleistung absprachegemäß einen Teil des erzielten Reinerlöses an die Kasse des Pensionsfonds der Schauspieler abgeben.

Um möglichst viele Einnahmen zu erzielen, ist auch ein sogenannter Glückshafen aufgebaut, in dem einschlägige Schriften und Bücher verlost und zu einem späteren Zeitpunkt auch signierte Originalhandschriften in einer Versteigerung angeboten werden.

Gleichzeitig wird ein »Moderner Musenalmanach« zum Kauf angeboten, in dem Werke von insgesamt fünfundzwanzig Autoren, darunter Otto Julius Bierbaum, Michael Georg Conrad, Anna Croissant-Rust, Hanns von Gumppenberg, Oskar Panizza und Ludwig Scharf enthalten sind.

Und schließlich sollen auch die irdischen Genüsse nicht zu kurz kommen. Dafür sorgen vor allem eine zusätzlich provisorisch neben der eigentlichen Gaststätte errichtete »Echt Tyroler Weinschenke« und nicht zuletzt eine mitgliederstarke Musikkapelle, die das Ereignis musikalisch umrahmt.

Zum Schluß der Veranstaltung aber kommt es noch zu einem gespenstischen Spektakel: dem »Literarischen Ketzergericht«.

Unter der düsteren Beleuchtung von einigen in den Boden gesteckten Fackeln und unheimlichen Gebetsformeln »tritt aus dem Dunkel ein furchtbar gelehrsam frommer Herr«, angetan mit einem schwarzen richterlichen Talar und einer Alongeperücke, der ein »schreckliches Urteil« über die »Modernen« und deren literarische Produktionen fällt. Als Folge dessen werden »deren am meisten berüchtigte Schriften« schließlich den Flammen überantwortet.

Die Gaststätte »Isarlust«, Treffpunkt der »Gesellschaft für modernes Leben«. Im Hintergrund rechts das Maximilianeum.

Daß ein solcher Vorgang in ähnlicher Form über vierzig Jahre später tatsächlich bitterer Ernst werden würde, können die Veranstalter 1891 freilich nicht ahnen.

Und so feiert und tanzt man, angespornt und animiert vom großen Erfolg und von der Musik »bis in den frühen Morgen«, wie in fast allen Berichten über diesen Abend vermerkt.

Eine Zeitschrift gegen »Barbarei und Zopftum«

Für alle Beteiligten ist dieses gelungene Fest der Höhepunkt einer nun schon über fünf Jahre dauernden Zusammenarbeit, die eigentlich mit der Gründung einer neuen Literaturzeitschrift im Jahre 1885 beginnt.

Insbesondere ein gewisser Dr. Michael Georg Conrad, seines Zeichens Schriftsteller und Politiker, hat von der einschlägigen Münchner Literaturszene die Nase voll. Nicht zuletzt der Münchner Literaturpapst und Nobelpreisträger Paul Heyse und mit ihm das ganze »blutleere und abgehobene Epigonentum« und deren Literatur über »Herz, Schmerz und Vaterland« ist dem kämpferischen Mann viel zu bieder und angepaßt.

Für ihn sind diese Leute nichts anderes als »gefangene, gezähmte und dressierte Löwen, die im Zirkus der bürgerlichen und politischen Wohlanständigkeit poetische Reiterkunststückchen« vorführen.

Immer wieder polemisieren Conrad und seine Mitstreiter gegen den »altersschwachen Epigonen Klassizismus« und dessen »schwächlichen Formalismus«, wie Hanns von Gumppenberg es in einer rückblickenden Beschreibung formuliert. Man lehnt diese alle sozialen Konflikte ausklammernde Kunst ab und unterstützt folgerichtig alle literarischen und kulturellen Bemühungen, die gegen »Barbarei und Zopftum« gerichtet sind.

Dr. Michael Georg Conrad 1912

Um sich im Rahmen dieser Bestrebungen kontinuierlich Gehör zu verschaffen und nicht von der meist feindlich eingestellten Presse abhängig zu sein oder ignoriert zu werden, beschließt man, ein eigenes Sprachrohr aufzubauen.

Nach zahlreichen Vorgesprächen, nicht zuletzt um einen Verleger mit den notwendigen finanziellen Mitteln und Vertriebsmöglichkeiten zu finden, erscheint am 1. Januar 1885 die erste Ausgabe einer neuen Literaturzeitschrift. Der programmatische Titel des Blattes: »Gesellschaft – Realistische Wochenschrift für Literatur, Kunst und öffentliches Leben«. Und schon die erste Nummer wird ein mittlerer Skandal. Insbesondere der wortgewaltige Gründer und Herausgeber Conrad nimmt kein Blatt vor den Mund:

»Unsere ›Gesellschaft‹ wird keine Anstrengung scheuen, der herrschenden, jammervollen Verflachung und Verwässerung des literarischen, künstlerischen und sozialen Geistes starke, mannhafte Leistungen entgegenzusetzen, und die entsittlichende Verlogenheit, die romantische Flunkerei und entnervende Phantasterei durch das positive Gegenteil wirksam zu bekämpfen. Wir künden Fehde dem Verlegenheits-Idealismus des Philistertums, der Moralitäts-Notlüge der alten Parteien- und Cliquenwirtschaft auf allen Gebieten des modernen Lebens ... Die Kulturlügner mögen sich auf die interessantesten Entschleierungen gefaßt machen.« Aber man ist nicht nur »dagegen«, man weiß auch, was man will. So soll die neue Zeitschrift nichts geringeres, als das »Organ des ganzen freien humanen Gedankens, des unbeirrten Wahrheitssinns, der resolut realistischen Weltauffassung« sein und der »Pflege und Verbreitung modernen schöpferischen Geistes auf allen Gebieten: soziales Leben, Literatur, Kunst und Wissenschaft« dienen.

»Realismus, Naturalismus, Ehrlichkeit!« Das sind die Stichworte, über die sich diese neue Literatur definieren will.

Die rasch fortschreitende Industrialisierung der Städte und die sich dadurch unaufhörlich und schnell verändernden Lebensbedingungen der Menschen sollten durch die neue Kunst gespiegelt und damit endlich ebenfalls Gegenstand von literarischer und künstlerischer Darstellung sein. Conrad will die künstlerische Produktion mit einem Engagement für die »Verbesserung der Lebensführung der Armen und Notleidenden jeder Art und Herbeiführung vernünftiger Lebensgestaltung« und damit Kunst und Politik verbinden.

So wird die neue Zeitschrift zwangsläufig nicht nur Literaturorgan, sondern gleichzeitig auch Diskussionsforum für verschiedenste künstlerische und politische Strömungen. Daß dabei widersprüchliche Meinungen aufeinanderprallen, ist beabsichtigt.

Schon nach wenigen Wochen erreicht die »Gesellschaft« eine Auflage von über eintausend Stück. Vierhundert feste Abonnenten zahlen regelmäßig einen Wochenbeitrag von einer Mark.

Im Garten Max Halbes (von links: Otto Julius Bierbaum, Georg Schaumberg, Michael Georg Conrad, Hanns von Gumppenberg, Julius Schaumberger)

Viele heute anerkannte und berühmte, damals aber höchst umstrittene Autoren werden in der »Gesellschaft« erstmals dem Münchner Publikum vorgestellt.

So werden unter anderem Schriften von Emile Zola und Guy de Maupassant veröffentlicht, und Gerhart Hauptmanns Novelle »Bahnwärter Thiel« erfährt hier seine Münchenpremiere. Berta von Suttner, eine der maßgebendsten Mitbegründerinnen der modernen Frauen- und Friedensbewegung, bekommt in der »Gesellschaft« ebenso Gelegenheit, ihre Texte ausführlich vorzustellen, wie die Schriftstellerin Anna Croissant-Rust.

Neben zahlreichen auch heute noch angesehenen Autoren aber finden sich auch antisemitische Stimmen im Blatt.

Härtester Vertreter antijüdischer Agitation ist ein gewisser Conrad Alberti, der eigentlich Conrad Sittenfeld heißt und selbst jüdischer Abstammung ist. Er fordert das »vollkommene Aufgehen des Judentums im Deutschtum« und ist damit einer jener Vertreter deutschnationalen Judentums, die sich auch später immer wieder in der nationalen Presse finden lassen.

Insgesamt aber ist die »Gesellschaft« nicht nur das erste Organ der naturalistischen Dichtkunst in München, sondern wohl auch das wichtigste Literaturorgan des ausgehenden Jahrhunderts in dieser Stadt. Für Max Halbe, durch sein überaus erfolgreiches Theaterstück »Die Jugend« in wenigen Jahren zum angesehenen, renommierten und etablierten Schriftsteller und Theaterautor aufgestiegen, ist die »Gesellschaft« für lange Jahre »die führende Zeitschrift der jungen literarischen Generation«.

Am 27. März 1891 aber wird die Produktion der Literaturzeitschrift »Gesellschaft«, wohl auch aus merkantilen Gründen, eingestellt. Sie wird ersetzt durch das Nachfolgeorgan »Moderne Blätter – Wochenzeitschrift der Gesellschaft für modernes Leben«, das nun regelmäßig jeden Sonntag erscheint. Als Herausgeber zeichnet nun nicht mehr Conrad, sondern Julius Schaumberger verantwortlich. Redaktionssitz ist dessen Wohnung in der Müllerstraße 45 b.

Nach nur einem Jahr aber werden die »Blätter« ebenfalls eingestellt und von einem »Magazin für Literatur« abgelöst.

Jeanette
Was ist mein Schatz? Eine Plättmamsell.
Wo wohnt sie? Unten am Gries,
wo die Isar rauscht, wo die Brücke steht,
wo die Wiese von flatternden Hemden weht:
da liegt mein Paradies . . .

Otto Julius Bierbaum

Vereinslokal »Giesinger Weinbauer«

Bald aber ist die ausschließliche Herausgabe einer Zeitung den meisten Beteiligten nicht mehr ausreichend. Um die rechtlichen Voraussetzungen zur Realisierung auch anderer Darstellungsformen zu ermöglichen, gründet man einen »eingetragenen Verein«. Vor allem die jüngeren Autoren, darunter Otto Julius Bierbaum, Julius Schaumberger und Hanns von Gumppenberg, organisieren die notwendigen Vorarbeiten.

In der Gaststätte »Giesinger Weinbauer« trifft man sich nun regelmäßig nach schon obligatorisch gewordenen gemeinsamen Spaziergängen am Sonntagnachmittag. Dabei scheint der dort ausgeschenkte »Tiroler Rote« nicht selten die Gedanken entscheidend zu beflügeln, wobei der Genuß von sechs bis sieben Schoppen pro Beteiligtem den eigenen Aussagen zufolge durchaus an der Tagesordnung ist. Aber auch im Ratskeller am Marienplatz und im Hofbräuhaus, wo Conrad und ein gewisser Oberst Heinrich von Reder, Max-Josephs-Ritter und Autor von Landsknechtstücken und Heldengeschichten aus altgermanischer Vorzeit, einen sogenannten »Abendstammtisch« haben, sieht man sich gelegentlich.

Im Dezember 1890 ist es dann soweit. Der Verein »Gesellschaft für modernes Leben« wird gegründet.

Zum ersten Vorsitzenden wird erwartungsgemäß und ohne Gegenstimme Dr. Michael Georg Conrad gewählt. Weiterhin sind im geschäftsführenden Vorstand Otto Julius Bierbaum, Detlev von Liliencron und der Maler Rudolf Maison vertreten. Als Schriftführer wird Julius Schaumberger eingesetzt, zum Kassier Hanns von Gumppenberg ernannt. Als offizielles Vereinslokal dient der »Giesinger Weinbauer«.

Am 18. Dezember 1890 wird der Verein bei der Münchner Polizeidirektion angemeldet und ins Vereinsregister eingetragen.

In Paragraph 1 der umfangreichen Satzung sind die wichtigsten Bestrebungen und Pläne der »Gesellschaft« ausführlich dargestellt:

»Zweck der Gesellschaft ist die Pflege und Verbreitung modernen schöpferischen Geistes auf allen Gebieten: (Literatur, Kunst, Wissenschaft und gesellschaftliches Leben) durch Vortragsabende, Errichtung einer freien Bühne, Veranstaltung von Sonderausstellungen von Werken bildender Kunst, Herausgabe einer Zeitschrift und sonstiger literarischer Veröffentlichungen. Politische Tendenzen irgendwelcher Art stehen der Gesellschaft fern.«

Im Garten der Gaststätte »Giesinger Weinbauer«

Die Protagonisten: Bierbaum und Schaumberger

Wer sind nun all diese Vorstandsmitglieder, die bis auf eine Ausnahme heute alle mehr oder minder in Vergessenheit geraten sind und nur noch in diversen Doktorarbeiten eine unfreiwillige Rolle spielen?

Da ist zum einen der quirlige Otto Julius Bierbaum, dem wir auf Grund seiner Umtriebigkeit und seinem Faible für Zeitungsgründungen in diesem Buche noch des öfteren begegnen werden.

Obwohl erst im November 1889 nach München gekommen, gehört der geborene Niederschlesier schnell zum Kreis der wichtigsten Persönlichkeiten der »Modernen«. Und dies ist um so überraschender, als Bierbaum einige Monate vorher noch gar nicht Schriftsteller werden will.

Denn 1888 wohnt Bierbaum in Leipzig und hat entschieden andere Berufsvorstellungen. Nicht Germanistik oder Literaturgeschichte studiert der junge Mann an der dortigen Universität, sondern Jura und Chinesisch. Die Fächerauswahl wird schnell verständlich, wenn man das anspruchsvolle Berufsziel des aus einer Bäckerfamilie stammenden Bierbaum kennt. Es ist der gehobene konsularische Dienst im Kaiserreich.

Doch dann kommt alles anders als gedacht.

Bierbaums Vater ist gezwungen, nach einer größeren finanziellen Fehlinvestition den Bankrott seines Geschäfts anzumelden. In Folge dessen fällt nun auch der allmonatliche Zuschuß für den hoffnungsvollen Sprößling aus. So bleibt Bierbaum nichts anderes übrig, als sein Universitätsstudium abzubrechen.

Um Geld zu verdienen, wendet sich der sprachlich begabte junge Mann umgehend dem Journalismus zu. Es gelingt ihm, mit den Herausgebern der Münchner »Gesellschaft« brieflich Kontakt aufzunehmen und in deren Zeitschrift einige Artikel zu veröffentlichen.

So tritt Bierbaum eigentlich aus einer Notlage heraus mit dem Kreis der »Münchner Modernen« in Verbindung.

Im Lauf der Jahre wird Bierbaum nicht nur Romane und Theaterstücke, sondern auch zahlreiche Texte und Lieder schreiben, die sich nicht selten nach der Aufführung in einem der Münchner Kabaretts zu stadtbekannten »Schlagern« entwikkeln.

Doch trotz der glänzenden Finanzlage, die es ihm ermöglicht, nebst dem eigenen luxuriösen Lebenswandel auch seine verarmten Eltern zu unterhalten, bleibt dem Mann mit dem »Lyriker-Hütchen« der wirklich große literarische Ruhm ebenso versagt, wie der große Durchbruch als Zeitschriftengründer und Herausgeber.

Auch der Journalist und Schriftsteller Julius Schaumberger ist zum Zeitpunkt der Vereinsgründung erst kurzzeitig wieder in seiner Geburtsstadt München. Er kommt gerade von einem längeren Aufenthalt in Paris zurück, wo er unter anderem für einige Zeitungen tätig war und von der dortigen aktuellen Literaturszene begeistert ist.

Nach einigen dramatischen und lyrischen Versuchen und den 1889 erschienenen »Theaternoveletten« wird der »dünne Mensch mit Spitzbart« noch im selben Jahr Redakteur beim »Münchner Theaterjournal« und Herausgeber der neuen Kulturzeitschrift »Münchener Kunst«.

Otto Julius Bierbaum mit Gattin, 1905

Schaumberger aber ist neben seiner literarischen Tätigkeit zusätzlich der wohl wichtigste und engagierteste Theoretiker der Münchner Volksbühnenbewegung. In dieser Eigenschaft fungiert er immer wieder als Vermittler zwischen den »Modernen« und der Münchner Sozialdemokratie.

Wie groß das Interesse seitens der Münchner Arbeiterschaft zu jener Zeit an diesem Thema ist, zeigt eine Veranstaltung in den Räumen des »Allgemeinen Arbeiter Lese-Vereins«. Denn dort referiert Julius Schaumberger am 18. Februar des Jahres 1891 unter dem eher etwas spröden Titel »Die Volksbühne und das moderne Drama«. Und sage und schreibe eintausend (!) Zuhörer drängen sich im Saal.

Der Schriftsteller und Journalist Georg Schaumberg

Mit ihm befreundet ist der aus Ansbach stammende, fast gleichnamige und deshalb immer wieder zu Verwechslungen Anlaß gebende Georg Schaumberg. Ähnlich wie Schaumberger ist auch er als Journalist, Schriftsteller und Redakteur, unter anderem in der 1889 gegründeten Münchner Stadtzeitung, tätig.

Modern

Modern! Modern! Was will das Wort denn sagen,
Das heut von Mund zu Mund geschäftig fliegt,
Mit lautem Weckruf stört das Wohlbehagen,
Das träg an der Gewohnheit Kette liegt?
Was will es uns für neue Botschaft bringen,
Was ist der Sinn, was ist des Pudels Kern?
Was will dies kühne, kampfesfreud'ge Ringen?
Was ist modern?

Modern ist jener Drang zur Neugestaltung,
Der rücksichtslos die alten Formen sprengt,
Und allem feind ist, was in der Entfaltung
Des starken Geistes freie Tat beengt.

Modern ist jener Trieb, der eigenwüchsig
Dem Bann der Überlief'rung widersteht
Und sich nicht beugt in frommem Kinderglauben
Dem Götzenzauber der Autorität.

Modern ist jener schönste aller Züge
In unsrer Zeit freiblickendem Gesicht,
Der Zug, aus dem der Ekel vor der Lüge,
Aus dem die Liebe zu der Wahrheit spricht;
Der alle Täuschung haßt und überwindet
Der Schmeichelschönheit himmelblauen Dunst, –
Der nur die Schönheit in der Wahrheit findet,
Wahrheit im Leben, Wahrheit in der Kunst.

JULIUS SCHAUMBERGER

»Ein spärliches Männchen« namens Liliencron

Der aus Alt Rahlstedt stammende Dichter Detlev von Liliencron ist hingegen eine ausgesprochen schillernde Figur. Mit seinen inzwischen 46 Jahren hat Liliencron schon zahlreiche Werke veröffentlicht und wird von den jüngeren Kollegen dementsprechend bewundert und respektiert.

Der in militärischer Tradition erzogene Mann, der als Offizier auch an den Feldzügen von 1866 und 1870/71 teilgenommen hat und dabei zumindest einmal schwer verwundet worden ist, kann auf ein abenteuerliches Leben zurückblicken.

Denn nach den jeweiligen militärischen Einsätzen stürzt sich Liliencron regelmäßig in dubiose Geldgeschäfte. Als der Erfolg immer wieder ausbleibt und die finanzielle Pleite nicht mehr zu verheimlichen ist, verläßt Liliencron wegen »Verschuldung« das Militär. Er setzt sich umgehend aus Deutschland ab und wandert nach Amerika aus.

Doch auch dort scheitert er.

Um sich einen zumindest kärglichen Lebensunterhalt zu sichern, ist der ehemalige kaiserliche Offizier in New York für einige Zeit sogar gezwungen, sich sein Geld als Stiefelputzer und Klavierlehrer zu verdienen. Tief deprimiert gibt er alsbald seine Bemühungen auf und kehrt nach Deutschland zurück. Wieder in Hamburg angekommen schlägt er sich als Gesangslehrer durch und ist anschließend in Pellworm und Kellinghusen als »Landvogt« und »Kirchspielvogt« tätig.

Erst nach seinem erfolgreichen Debut mit den Lyrikbänden »Adjutantenritte« und »Der Heidegänger« geht es langsam auch finanziell wieder aufwärts. Und spätestens nach den Novellen »Eine Sommerschlacht« und »Unter flatternden Fahnen« sowie der Veröffentlichung mehrerer Dramen kann der Abenteurer seinen Lebensunterhalt als freier Schriftsteller bestreiten.

Als Liliencron dann im Jahre 1890 nach München kommt, gehört er schon zur einschlägigen deutschen Literaturprominenz.

Dementsprechend sind die Erwartungen der Münchner Kollegen. Um ihm einen angemessenen Empfang zu bereiten, treffen sich die wichtigsten Vertreter der »Gesellschaft« als Begrüßungskomitee am Münchner Zentralbahnhof. Man erwartet einen selbstbewußten und respektheischenden ehemaligen Offizier und Abenteurer.

Doch dann enttäuscht schon Liliencrons Äußeres. Hanns von Gumppenberg berichtet amüsiert über diese erste Begegnung:

»Eine Deputation, bestehend aus Conrad, Reder, Bierbaum, Schaumberg und mir, erwartete ihn ... und wir dachten alle, eine hohe imponierende Reckengestalt werde dem Zug entsteigen. Um so größer war unser Erstaunen, als ein spärliches Männchen heraushüpfte und uns mit dünnem Stimmlein begrüßte ... Dazu kam noch der herzlich unbedeutende Eindruck seines teils banal-schnoddrigen, teils kindisch anmutenden Geplauders, während wir mit ihm, wie es verabredet war, zu einem Begrüßungsfrühschoppen nach dem Ratskeller fuhren.«

Doch ganz so unbedarft scheint Liliencron nun auch wieder nicht gewesen zu sein. Denn der nur wenig mehr als ein Meter fünfzig große Mann begibt sich nach einem ersten Umtrunk im Ratskeller umgehend in sein neues, »standesgemäßes« Münchner Domizil. Er »bezieht Quartier« im Parterre einer der damals renommiertesten »Künstlerpensionen« der Stadt, einem herrlichen Anwesen in der Königinstraße 4 gegenüber den Villen des Malers und Akademieprofessors Franz von Defregger und der weltberühmten Schauspielerin Clara Ziegler.

Gumppenberg und Panizza

Im Gegensatz zu Liliencron ist der Berichterstatter der Bahnhofszene, Hanns von Gumppenberg, im Jahre 1890 ein noch ziemlich unbeschriebenes Blatt und mit Abstand der Jüngste im Kreis der »Modernen«.

Hanns von Gumppenberg – Dichter, Theaterautor, Kritiker ...

Dafür gibt sich der am 4. Dezember 1866 in Landshut geborene adelige Jungschriftsteller, dessen Großvater persönlicher Adjutant König Ludwigs I. war, schon früh auch in seinem ganzen Habitus als Künstler. So trägt der großgewachsene Gumppenberg langes schwarzes Haar, läßt sich einen üppigen Vollbart stehen und kleidet sich dazu nicht selten auch mit einem breitkrempigen »Künstlerhut«.

Da der adelige Knabe nach dem Wunsch der nicht besonders vermögenden Eltern dennoch eine standesgemäße Erziehung erhalten soll, wird Gumppenberg nach dem Bestehen der vierten Klasse Gymnasium als Zögling an die »Königliche Pagerie« im Maximilianeum geschickt. Die obligatorische Aufnahmeprüfung legt er als Bester aller Bewerber seines Jahrgangs ab.

Nach ebenfalls überdurchschnittlich gut bestandenem Abitur am Münchner Wilhelmsgymnasium und einem hervorragenden Abschluß an der »Pagerie« erhält Gumppenberg für vier Jahre ein staatliches Universitäts-Stipendium. Er studiert Philosophie und Literaturgeschichte in München und Erlangen.

Als Gumppenbergs Vater zum Oberpostmeister von Oberfranken befördert und nach Bamberg versetzt wird, geben die Eltern die Münchner Wohnung in der Rumfordstraße auf. Gumppenberg, der in München bleibt, mietet sich eine preiswerte Wohnung in der Kellerstraße 18 nahe dem heutigen Kulturzentrum am Gasteig an.

Neben seinem Engagement in der »Gesellschaft für modernes Leben« wird Gumppenberg zusätzlich in zahlreichen anderen literarischen Zirkeln vertreten sein. Größere Popularität aber gewinnt er neben seinem satirisch literarischen »Teutschem Dichterroß«, in dem er alle wichtigen Vertreter der Literatur persifliert, vor allem durch seine Mitarbeit bei dem legendären Münchner Kabarett »Elf Scharfrichter«.

Gleichzeitig ist er als einflußreicher Theaterkritiker für zahlreiche Zeitungen in ganz Deutschland tätig.

So ist er »Bühnenreferent« für »Das litterarische Echo«, den »Hannover'schen Kurier«, das »Neue Wiener Tagblatt« und den »Berliner Börsenkurier«, veröffentlicht als Mitarbeiter der Münchner Illustrierten Wochenzeitschrift »Jugend« zwischen 1900 und 1918 unter den Pseudonymen Jodok, Borromäus, Sassafras und Wastl über 300 Glossen in Versen und ist ab 1901 langjähriger Theaterkritiker bei den Münchner Neuesten Nachrichten.

... und unter dem Pseudonym »Jodok« Autor zahlreicher »Überdramen« für die »Elf Scharfrichter«

Durch seine kompromißlosen Theaterrezensionen aber, in denen er mit einer bis dahin nicht gekannten Radikalität auch gute Freunde und Bekannte kritisiert, macht sich Gumppenberg zahlreiche Feinde und wird in kürzester Zeit zum wohl bestgehaßten Mann der Münchner Literaturszene.

Der selbst mythologische und historische Dramen verfassende Gumppenberg, dessen Werke durchaus gelobt und im Königlichen Schauspielhaus zu Berlin und im Münchner Hoftheater aufgeführt werden, betrachtet sich dennoch als verkannt und weit unter Wert gehandelt. Seine Verbitterung darüber verführt ihn immer wieder dazu, Kollegen gnadenlos zu verurteilen.

Doch diese lassen sich seine Verrisse nicht mehr bieten. Nach einer verheerenden Kritik an Franz Wedekinds »Frühlings Erwachen« kommt es erneut zum Eklat. Unter dem ebenfalls deutlichen Titel »Hanns von Gumppenberg muß entfernt werden« fordert unter anderem Hans Brandenburg von Georg Hirth, dem Herausgeber der Münchner Neuesten Nachrichten, in einer fünfzehnseitigen Flugschrift die sofortige Entlassung des Kritikers. Und Georg Hirth gibt den Forderungen nach. Wegen »Unmäßigkeit« wird Gumppenberg im Jahre 1909 als Theaterkritiker entlassen.

Die bei weitem umstrittenste Figur aus dem Kreis der »Gesellschaft« aber ist Oskar Panizza, dessen Werke auch heute noch für so manche Schlagzeile sorgen.

Er ist der Sohn einer wohlhabenden Hoteliersfamilie aus Bad Kissingen und am 12. November des Jahres 1853 geboren. Nach der Absolvierung eines Studiums der Psychiatrie und Allgemeinmedizin promoviert Panizza 1880 mit der Note »Summa cum laude« und ist ab 1882 für zwei Jahre als Assistenzarzt an der »Oberbayerischen Landesirrenanstalt« tätig.

Alsdann reist Panizza für ein Jahr nach England. Da Panizza seinen Lebensunterhalt aus einer großzügigen Erbschaft bestreiten kann, hat er genügend Zeit für seine Studien der Literatur und verschiedener Fremdsprachen. Sein erlernter Beruf aber tritt zunehmend in den Hintergrund.

Auf Grund seiner provozierenden Schriften, in denen er immer wieder gegen Staat und Klerus polemisiert, wird Panizza schnell zu einem der skandalumwittertsten Autoren seiner Zeit. Er wird zu einer einjährigen Gefängnisstrafe verurteilt, die er strafverschärfend in Einzelhaft verbüßen muß. Von München zutiefst enttäuscht, flüchtet er später ins Exil nach Zürich. Nach dem Mord an Kaiserin Elisabeth in Genf aber wird auch Panizza, der mit der Sache gar nichts zu tun hat, aus der Schweiz ausgewiesen.

Um dem erneut gesuchten Panizza, der diesmal nach Paris ins Exil geflüchtet ist, habhaft zu werden, beschlagnahmt die deutsche Justiz dessen gesamtes Vermögen. Als Panizza sich daraufhin stellt, wird er abermals festgenommen und eingesperrt.

Wegen zunehmender Depressionen und immer häufiger auftretender Verfolgungsängste ist Panizza gezwungen, sich in psychiatrische Behandlung zu begeben. Doch die Halluzinationen und Angstzustände bleiben. Panizza hört verschiedenste Stimmen und immer wieder ein unbestimmtes, aber entnervend intensives Pfeifen.

Am 19. Oktober des Jahres 1904 läuft Panizza, von traumatischen Vorstellungen geplagt, nur mit einem Hemd bekleidet durch die Straßen Münchens. Er hat wieder einen seiner depressiven Schübe und fühlt sich diesmal von einer imaginären »Geheimpolizei« verfolgt.

Am 5. Februar 1905 wird Panizza in die luxuriöse Nervenheilanstalt Herzogshöhe in der Nähe von Bayreuth eingewiesen. Rund eineinhalb Monate später wird er gegen seinen ausdrücklichen Willen entmündigt.

Am 30. September 1921 stirbt der Autor, der insbesondere mit seinen Stücken »Der heilige Staatsanwalt«, »Der teutsche Michel und der römische Papst« und »Das Liebeskonzil« zahlreiche Literaturskandale entfesselt hat.

Die antiklerikalen und kirchenfeindlichen Äußerungen Panizzas aber finden im Lauf der Zeit auch einflußreiche politische Befürworter. Allerdings von einer Seite, die man in diesem Zusammenhang auf Anhieb eher nicht vermuten würde: der NSDAP und dem »Völkischen Beobachter«. Noch 1940 werden in einem Nordland-Verlag mit Sitz in Berlin seine »Deutschen Thesen gegen den Papst und seine Dunkelmänner« veröffentlicht.

Karikatur von Thomas Theodor Heine über den freundlichen Umgang von Literaten und Kritikern untereinander

Wer diesen Doktor Panizza, immer korrekt gekleidet und so ganz ohne schwabingerische Revoluzzer-Attitüde, mit seinem Pudel die Leopoldstraße entlang promenieren sah, . . . , wie hätte dem der Verdacht kommen können, daß dieser milde lächelnde Herr geistige Handgranaten fabrizierte, die er durch die Fenster des hochragenden Baues von Gesellschaftsmoral und Kirchenglauben schleuderte.

Wilhelm Lukas Kristl

Ein Jahr Einzelhaft für »Das Liebeskonzil«

Im Oktober 1894 erscheint in einem Schweizer Verlag »Das Liebeskonzil«, eine »Himmelstragödie in fünf Akten«, von Oskar Panizza. Thema des Theaterstücks ist ein Pakt zwischen Gott und dem Teufel, als dessen Folge die »Syphilis« über die Menschheit kommt.

Nur wenige Wochen später wird das umstrittene und von der konservativen Presse von Anfang an massiv kritisierte und mit allen Mitteln bekämpfte Theaterstück von der Staatsanwaltschaft München I beschlagnahmt und in Deutschland umgehend aus dem Verkehr gezogen. Gegen den Autor wird Anklage wegen Gotteslästerung erhoben und am 21. März 1895 ein Verfahren vor dem Königlichen Landgericht München I eröffnet. Vormittags um acht Uhr beginnt die Schwurgerichtsverhandlung.

Otto Julius Bierbaum, der das Verhängnis und das böse Ende des Verfahrens ahnt, warnt Panizza eindringlich und rät ihm umgehend zur Flucht ins Ausland. Doch Panizza mißachtet alle Warnungen und stellt sich dem Gericht. Die Verhandlung aber gerät zu Panizzas Nachteil alsbald zum »Sensationsprozeß«.

Um sich über den Umfang und das Maß an möglichen Tatbeständen der Beleidigung oder Gotteslästerung einen Überblick zu verschaffen und auch den Geschworenen die Möglichkeit zu geben, sich ein eigenes Bild zu machen, wird das gesamte Theaterstück im Gerichtssaal verlesen. Obwohl schon erste Unmutsreaktionen des Gerichts nichts Gutes verheißen, nutzt Panizza auch weiterhin nicht die Möglichkeit, in einer der Verhandlungspausen zu fliehen.

Er setzt vielmehr unter anderem auf die Unterstützung und den Einfluß seines Freundes Michael Georg Conrad, der vom Gericht als Sachverständiger geladen ist.

Der lobt in seinen ausführlichen Darlegungen auch erwartungsgemäß die literarische Qualität des Theaterstücks und bestätigt ihm den Rang eines »Kunstwerks«. Doch alsbald gerät auch Conrads Verteidigungskurs unter dem Druck der Fragen ins Schwanken. Conrad verwickelt sich in Widersprüche und entdeckt plötzlich im Stück ebenfalls »widerliche Geschmacklosigkeiten«. Den Tatbestand einer »Gotteslästerung« aber kann er nicht bestätigen. Im übrigen erscheint ihm alles halb so schlimm, da das betreffende Werk seiner Meinung nach ohnehin von »kaum jemand gelesen wird«.

Das allerdings kann der Staatsanwalt so nicht nachvollziehen. In seinem Schlußplädoyer beantragt er für die von ihm penibel aufgezählten über »neunzig Gotteslästerungen« die horrende Strafe von nicht weniger als eineinhalb Jahre Gefängnis, verschärft durch zusätzliche Einzelhaft. Am 30. April ergeht das endgültige Urteil.

Im Namen Seiner Majestät des Königs von Bayern erkennt das »Schwurgericht bei dem k. Landgericht München I« im Verfahren »gegen den Schriftsteller Dr. Oskar Panizza von Kissingen wegen Vergehens wider die Religion, verübt durch die Presse zu Recht«:

»1. Dr. Oskar Panizza wird . . . zu einer Gefängnisstrafe von einem Jahr sowie zur Tragung der Kosten des Strafverfahrens und der Strafvollstreckung verurteilt.

2. Die vorhandenen Exemplare der Druckschrift ›Das Liebeskonzil‹ sowie die zu ihrer Herstellung bestimmten Platten und Formen sind unbrauchbar zu machen.

3. Gegen den Angeklagten wird Haftbefehl erlassen.«
Für das Gericht kommt straferschwerend in Betracht, daß das Stück »religiöse und sittliche Gefühle anderer auf das tiefste verletzt« und dadurch die schriftstellerische Freiheit, die auch das Gericht gebührend zu würdigen glaubt, in »unangemessener Weise mißbraucht«.

Noch im Gerichtssaal wird Panizza festgenommen.

Für das Stück selbst aber ist das Aufführungs- und Verbreitungsverbot die beste Werbung. So erfährt das von allen Kollegen als schwer verständlich eingestufte Werk zu aller Überraschung in der Schweiz schon 1897 seine dritte Auflage.

Bevor sich Panizza nach seiner Entlassung aus dem Gefängnis nach Zürich absetzt, rechnet er noch einmal in einer Polemik mit dem Titel »Abschied von München« verbittert mit dem Kulturleben der Landeshauptstadt ab:

»Noch heute besteht eure Stadt aus zwei Dritteln Metzgern. Die Fleischerinnung ist bei euch die vornehmste. Den halben Süden Deutschlands nebst der Schweiz verseht ihr mit euren vortrefflichen Rostbeefs. Und eure Schlachthäuser sind mustergültig. Aber wehe, wer euch und euren Fleischermessern in die Quere kommt! Wehe, wer euch zumutet, Gedanken zu verdauen! Ihr zerhackt und zermetzgert ihn in der entsetzlichsten Weise. Schon eure Schimpfnamen ›Dünngselchter‹, ›Dickgselchter Hanswurst!‹ u. a. sind alle der Metzgerinnung entnommen, der die frevelhafte Zumutung an eure Gehirnchen gestellt hatte. Und eure Rache ist komplett...

Feindselig schlosset ihr euch immer ab gegen alles, was Geist bedeutete. Es war eure einzige Feindschaft, diese aber unerbittlich. Sonst wart ihr gut, o herzensgut, ihr seid ein weiches, zerfließendes Geschlecht, süß und duftig wie das Schmalz zu euren Nudeln, eine schmalzgute Menschensorte, aber wehe, wer euch mit Geist entgegentritt, da werdet ihr unbarmherzig...

Und so habt ihr jede freie geistige Bewegung bei euch erstickt. Kommt eine neue Literatur, eine Literatur, die, wie in jüngster Zeit, auf die feinsten Fühlfäden in der menschlichen Natur spekuliert, trampelt ihr mit euren derben, bairischen, eisenbeschlagenen Gebirgsschuhen auf ihr herum...«

Im Jahre 1969, ein dreiviertel Jahrhundert nach dem Erscheinen der Erstausgabe, wird das »Liebeskonzil« im »Theatre de Paris« zu einer »überaus glanzvollen« Uraufführung gebracht.

Michael Georg Conrad, der »Feuerkopf«

Im Zentrum aller damaligen Aktivitäten der »Gesellschaft für modernes Leben« aber steht immer wieder eine heute weitgehend vergessene, seinerzeit aber überaus beeindruckende und weit über München hinaus bekannte Figur: Michael Georg Conrad. Mit seinen rotblonden Haaren und dem blonden »Knebelbart«, die breitschultrige und hünenhafte Gestalt meist in einen Jägerrock gekleidet, gilt Conrad als typischer »Feuerkopf«.

Am 5. April 1846 als Sohn eines Landwirts, Musikanten und »Büttners« in Gnodstadt in Unterfranken geboren, ist Conrad nach dem Studium der Pädagogik, Philosophie und Philologie sowie der Absolvierung aller notwendigen Prüfungen inklusive Promotion für insgesamt vier Jahre im fränkischen Schuldienst tätig.

Doch dann ist dem zeit seines Lebens kulturell und politisch engagierten Mann der Beruf des Lehrers und das Leben in der Provinz doch etwas zu eintönig.

Im Jahre 1871 gibt Conrad den Schuldienst auf und reist nach Italien. Neben einem kurzen Aufenthalt in Rom, wo er unter anderem auch auf den italienischen Freischärler und Freiheitskämpfer Giuseppe Garibaldi trifft, ist sein Ziel vor allem Neapel, wo er sich ausgiebig dem Studium der Archäologie

Michael Georg Conrad...

und der romanischen Sprachen widmet. Gleichzeitig nimmt er Kontakt zu den dortigen Freimaurern auf und wird Mitglied der »Loge Pestalozzi«.

Einige Monate später setzt Conrad seine Europareise fort und geht nach Paris. Von 1878 bis 1882 ist er am dortigen Institut »Polyglott« Dozent für deutsche Kultur und arbeitet gleichzeitig für deutsche und österreichische Zeitungen als Auslandskorrespondent.

Er wird Mitbegründer der »Association littéraire« unter dem Vorsitz von Victor Hugo und lernt dort sein großes Vorbild Emile Zola persönlich kennen.

Nach weiteren Reisen durch England und Spanien, wo er sich seinen Lebensunterhalt unter anderem mit zahlreichen Vorträgen über deutsche Kul-

... seines Zeichens Schriftsteller, Essayist und Politiker

tur verdient, kehrt Conrad nach Deutschland zurück.

Ab 1882 in München ansässig, macht er sich neben seiner journalistischen und schriftstellerischen Tätigkeit vor allem durch sein soziales Engagement und Organisationstalent einen Namen. So ist Conrad nicht nur Mitbegründer verschiedenster Zeitungen, sondern auch maßgebendes Gründungsmitglied des »Münchener Journalisten- und Schriftstellervereins«.

1887 heiratet Conrad in zweiter Ehe die Münchner Hofschauspielerin Marie Ramlo. Marie Conrad-Ramlo aber feiert nicht nur schauspielerische Triumphe als »Nora« im gleichnamigen Strindberg'schen Theaterstück, sondern ist ebenfalls literarisch tätig und unter dem Pseudonym »L. Willfried« auch Co-Autorin Conrads.

Inzwischen ist die Familie Conrad von der Ismaningerstr. 68 in eine neue, geräumige Wohnung in der Steinsdorfstr. 7 umgezogen. Nicht weit davon entfernt, in der Steindorfstr. 10, wohnt der mit Conrad gut bekannte Heimatdichter Ludwig Gang-

Michael Georg Conrad an seinem 80sten Geburtstag am 5. 4. 1926

hofer, und auf Hausnummer 4 Fritz Basil, der Schauspiellehrer Frank Wedekinds.

Mitte der achtziger Jahre hat sich Conrad eine anspruchsvolle künstlerische Aufgabe gestellt. In Anlehnung an sein Vorbild Emile Zola und dessen Roman »Rougon-Macquart« will Conrad einen umfangreichen Zyklus von Münchner Gesellschaftsromanen schaffen, in denen das Bild des gründerzeitlichen Lebens der Stadt umfassend und in seinen verschiedensten Fassetten beschrieben wird. Unter den Titeln »Was die Isar rauscht« und »Die klugen Jungfrauen« erscheinen die ersten Bände. Doch das ehrgeizige Projekt wird nie vollendet werden.

Und das ist gar nicht so verwunderlich. Denn Conrad tanzt auf viel zu vielen Hochzeiten. So ist der Romanschriftsteller und Journalist auch Organisator zahlreicher Kulturveranstaltungen und Diskussionsabende.

Bei vielen Protestveranstaltungen – insbesondere gegen die staatliche Zensur – findet man Conrad immer wieder in vorderster Reihe, und für einige

Jahre engagiert er sich auch in der praktischen Politik. Von 1896 bis 1898 ist Conrad als Abgeordneter der linksliberalen Demokratischen Deutschen Volkspartei im Reichstag tätig.

Mit zunehmendem Alter aber wird auch Conrad eher konservativ. So schwärmt er plötzlich für den Bayernkönig Ludwig II. und huldigt dessen »einsamer Schönheitssehnsucht« in dem 1902 erschienen Roman »Majestät«. Gleichzeitig begeistert er sich für die Bismarck'sche Machtpolitik und wendet sich dem Katholizismus zu. Insbesondere das Münchner Kirchenoberhaupt Kardinal Faulhaber wird zunehmend zum Objekt seiner Verehrung. Und auch Begriffe aus dem völkischen Gedankengut finden sich nun vermehrt in seinen Schriften.

Am 20. Dezember 1927 aber stirbt der große alte Mann der Münchner Moderne im Alter von einundachtzig Jahren.

In einem ehrenden Nachruf versucht Erich Mühsam dem vielfältigen Leben des so überaus engagierten Mannes gerecht zu werden und verweist noch einmal auf dessen so auffällig selbstverständliche Zivilcourage:

»Und jetzt ist auch der eigentliche Führer im Kampfe gegen die Konvention und den Kitsch gestorben, der Nestor der naturalistischen Epoche... Ich las in einem Nachruf, M. G. Conrad sei in seinen alten Tagen verknöcherter Monarchist gewesen. Das ist möglich, aber gar nicht wichtig. In die Nachwelt geht er nicht als 80jähriger Reaktionär, sondern als 40jähriger Kämpfer ein, und tapfer war er bis zuletzt. Als ich kurz nach der Entlassung aus Niederschönenfeld (wo Mühsam wegen seiner Beteiligung an der Münchner Räterepublik über fünf Jahre Festungshaft verbüßt; der Verf.) nach München kam, gingen mir viele ängstlich aus dem Wege, die mich früher gut gekannt hatten. Da traf ich zur belebtesten Mittagszeit auf dem Hauptpostamt den alten Conrad, der mich mit lautem Freudenruf mitten unter den Menschen umarmte... Kann sein, daß der Greis die Ideen der Jugend nicht mehr verstand. Reaktionär war er nicht...«

Festungshaft für Hanns von Gumppenberg

Am 29. Januar 1891 findet die erste öffentliche Veranstaltung der »Gesellschaft für modernes Leben« im Rokokosaal der Gaststätte »Isarlust« auf der Praterinsel statt. Der Eintritt beträgt eine Mark, im Vorverkauf 75 Pfennige. Rund 600 Personen »überwiegend männlichen Geschlechts und aus besseren Ständen«, wie einem Polizeibericht zu entnehmen ist, drängen sich im Saal. Hunderte von interessierten Münchnern stehen vor der Tür und können nicht mehr eingelassen werden.

Aufgrund des überraschend großen Erfolgs und der großen Nachfrage beschließt man, allwöchentlich Lesungen und Vorträge abzuhalten. Man plant unter anderem einen Gerhart-Hauptmann-Abend, einen Vortragsabend mit Oskar Panizza über »Genie und Wahnsinn« und einen »Nietzsche-Abend«.

Doch schon beim dritten Vortragsabend kommt es zum Eklat.

Es ist der 30. März 1891, und wir befinden uns im Ballsaal der Zentralsäle in der Neuturmstraße. Da die Räume der »Isarlust« zu diesem Termin schon anderweitig vergeben sind, müssen die Veranstalter diesmal in die Innenstadt ausweichen. Aber auch hier ist entgegen mancher Bedenken der große Saal schon lange vor Beginn mit über fünfhundert Besuchern gut gefüllt. Doch nicht nur die vielen Literaturinteressierten warten gespannt auf das angekündigte Programm, sondern auch einige Beamte der Münchner Polizei.

Denn an diesem Abend ist als Hauptprogrammpunkt eine Lesung Hanns von Gumppenbergs aus den Werken des klassenkämpferischen und vor kurzem noch verbotenen »Arbeiterdichters« Karl Henckell und dessen neuester Veröffentlichung »Diorama« angekündigt. Im Rahmen der »Sozialistengesetze« war Karl Henckell vor wenigen Jahren sogar noch als »gemeingefährlich« eingestuft.

Insgesamt 30 lyrische Verse und weitere 14 »sozialpolitische Dichtungen« wird Gumppenberg an diesem Abend vortragen. Bei Henckells Gedicht

Münchner Illustrierte Zeitung

Photobericht

Die 50. Geburtstagsfeier des berühmten Lyrikers Karl Henckell in München im Kreise seiner Freunde, unter denen sich viele mit bekannten Namen befinden

Sitzend von links nach rechts: 1. Schriftsteller Curt Martens, 2. Frau Dr. Roß, 3. Maler Hubert Wilm, 4. Frau Lux, 5. Karl Henckell, 6. Frau Wilm, 7. Schriftsteller J. A. Lux, 8. Frau Timm, 9. Schriftsteller Roda Roda 10. Eugen Albu, 11. Schriftsteller Dr. Kutscher, 12. Maler Janssen, 13. Redakteur Dr. Colin Roß, 14. Frau Henckell, 15. Frau Roda Roda, 16. J. G. Menter, 17. Frau Albu, 18. Prof. Sinzheimer, (stehend) 19. Landtagsabgeordneter Timm, 20. Maria Janssen, 21. A. Attenhofer, 22. Schriftsteller Erich Mühsam, 23. Dr. Sinzheimer (Redakteur der Jugend).

Festtafel aus Anlaß des 50. Geburtstages des »Arbeiterdichters« Karl Henckell

»An die deutsche Nation« aber gehen die Wogen hoch:

»Das schreit Hurrah, das kräht Hurreh, Juchhe, Hallo, Hallo!
Hoch unser Eisengott und hoch Germania, die stramme Kuh!
Hoch von den Alpen bis zum Belt, zum schwarzen Popo auch zugleich,
Wir sind das erste Volk der Welt, wir sind das deutsche Kaiserreich!«

Der Schluß der insgesamt fünfzehn Strophen geht im Lärm des Publikums unter. Während ein Teil der Besucher applaudiert, beginnen andere verärgert zu pfeifen. Es gibt zahlreiche Buhrufe und Äußerungen des Protests. Einige Zuhörer verlassen empört den Saal. Als einige Tage später sogar höchste staatliche Stellen sich genötigt sehen, »deutlich ihre Empörung zu äußern«, ist der Skandal perfekt. Man bezichtigt Gumppenberg der »Majestätsbeleidigung«.

Da ist es am besten, erst mal in Deckung zu gehen und abzuwiegeln.

So distanziert sich die »Gesellschaft für modernes Leben« umgehend von den politischen Inhalten der Henckell'schen Werke. In den Münchner Neuesten Nachrichten wird erklärt, »daß es grundsätzlich außerhalb der Ziele der Gesellschaft liege, irgendwelche politischen Standpunkte zu betonen oder zu irgendwelchen politischen Bestrebungen Stellung zu nehmen«. In den »Modernen Blättern« vom 5. September 1891 bezeichnet man die ganze Sache als Mißverständnis. Im Mittelpunkt des Vortrags sei nicht der politische Inhalt, sondern die »rein literarische Tendenz« der Gedichte gestanden.

Doch allen Beschwichtigungen und Beteuerungen zum Trotz ist der Stein im Rollen. Die Anklage wegen Majestätsbeleidigung ist nicht mehr zu verhindern.

Am Freitag, dem 28. August 1891, wird in Sachen »Gumppenberg« vor der Strafkammer des Königlichen Amtsgerichts München I verhandelt. Als Anklagevertreter fungiert ein strammer Staatsanwalt namens Arnold, der, um die Gefährlicheit der Angelegenheit unmißverständlich deutlich zu machen, den Ausschluß der Öffentlichkeit für die Dauer des gesamten Verfahrens bis zur Urteilsverkündung beschließen läßt.

Im Laufe der Gerichtsverhandlung distanziert sich Gumppenberg abermals von den Henckell'schen Schriften und erklärt, eine Beleidigung Kaiser Wilhelms II. »war keinesfalls beabsichtigt«. Sein Vorhaben sei ein rein literarisch-künstlerisches gewesen.

Doch nun bringt ein Polizeikommissär namens Sauer als Zeuge der Anklage auch noch einige bei der Veranstaltung anwesende Arbeiter ins Spiel, die den Gedichten doch tatsächlich zustimmend applaudiert haben sollen. Da hilft es nur noch wenig, daß der Zeuge Julius Schaumberger umgehend klarstellt, daß es sich bei den Genannten ausschließlich um »bildungsbedürftige Personen« gehandelt habe, keinesfalls aber um Mitglieder der Münchner Sozialdemokratie.

Und auch die Rede des Verteidigers Dr. Wilhelm Rosenthal, der Gumppenberg als »naiven Literaten« darstellt und sich im Lauf der Jahre zu einem gut beschäftigten Spezialisten in Sachen Majestätsbeleidigung und Zensur entwickeln wird, kann seinen Klienten nicht mehr vor der Verurteilung bewahren. Da ist man am Ende schon fast froh, daß der Antrag des Staatsanwalts auf »Festungshaft nicht unter vier Monaten« vom Amtsgericht zumindest auf die Hälfte der Zeit zusammengestrichen wird. Insbesondere die adelige Herkunft und der »gute Leumund« des Angeklagten sprechen nach Aussage des Gerichts für diese Mäßigung. Und so lautet das Urteil auf »Zwei Monate Festungshaft«, zu verbüßen im »Oberhaus« zu Passau bei zusätzlichem »Tragen aller Kosten des Verfahrens« wegen »Beleidigung von Kaiser und Thron«.

»In einer zukünftigen Geschichte der Civilisation werden diese Modernen in ihrem jetzigen Stadium eine außerordentlich klägliche Rolle spielen; man wird sie eine Staubwolke nennen, deren sandige Wirkung man instinktmäßig dadurch abzuschwächen sich bemüht, daß man ihr schon beim Herannahen des Wirbelwindes den Rücken kehrt...

Die Modernen in ihren Leistungen sind eine feuchtfröhliche Trauerversammlung, in welcher sie sich künstlerische Begeisterung einreden, die sie nicht fühlen. Man muß nur nicht Suade mit Geist verwechseln. Diese Cochonnerien aus Geldspeculation sind ein banausisches Geschäft. Wenn sie nur wenigstens geistreiche Pflastertreter wären, aber dazu fehlt ihnen der Esprit der Franzosen; ihre literarischen Arbeiten, die sich, weil keiner der Gesellschaft mit einer selbständigen großartigen Schöpfung hervorzutreten vermag, in gemeinsamen Musenalmanachs abgelagert, wirken wie ein Brechmittel. Es ist darin ein Sichblähen auf Gegenseitigkeit, und in irgend einem Winkel des hauptstädtischen Wäscherviertels werden diese Blähungen abgesetzt... Man wird bei der Lectüre solcher Erscheinungen an einen Affenhauskultus, an ein Mittelding zwischen Priap und Weltschmerz erinnert. Und solche Schweinspurzelbäume der Poesie nennen diese Leute ›Modernes Leben‹.«

Ausschnitt aus einer anonymen Flugschrift mit dem Titel »Sodom und Gomorrha oder der Untergang des guten Geschmacks, In zwanglosen Heften« aus dem Jahre 1891

»Immer und immer wieder die Redensart: Die neue Kunst klebt am Schmutze der gemeinen Wirklichkeit, sie verbannt die ›Himmelstochter‹ Phantasie.

Da beweist sich eben immer und immer wieder das Klägliche, daß die großen Sprüchemacher nicht kennen, worüber sie sprechen. Was sie kennen, das sind die Schlagworte, und die Schlagwortirrtümer. Ja: Naturalismus, natürlich, das ist die berühmte Geschichte mit dem berühmten Photographieapparat statt der Seele, und da man das Phantastische nicht photographieren kann, also verbietet der Naturalismus die Phantasie...

Ich weiß nicht, wer den famosen Vergleich mit der Photographie erfunden hat, aber dieser Treffliche verdiente es wahrlich, daß alle denkfaulen Zeitungsschreiber sich zusammentäten, ihm eine Ehrengabe, vielleicht in Gestalt eines goldenen Schafskopfes, zu überreichen, denn er hat diesen Handwerkern des Geistes ihr Handwerk sehr erleichtert.

So ein verkehrter Vergleich klebt wie alter Käse, – er ist gar nicht mehr loszubringen von – schmutzigen Tellern. Leider schmeckt er nicht besser, je älter, klebriger und mißduftender er wird.

Also mache sich frei von ihm, wer auf guten Geschmack und Geruch hält...«

Otto Julius Bierbaum
in »Die Phantasie in der Moderne«

Theater am Oktoberfest

Obwohl die Münchner Sozialdemokratie die »Gesellschaft für modernes Leben« des öfteren auf Grund deren vermeintlich »elitärer Haltung« und ihrer »Revolution der Literatur hinter'm Pult im Rokokosaale« kritisiert, bemühen sich insbesondere Julius Schaumberger und Georg Schaumberg immer wieder um Kooperation.

So erscheint die Zusammenarbeit beim Aufbau einer Freien Volksbühne als geradezu unerläßlich. Denn in diesem Fall geht es nicht mehr um die Organisation eines kleinen Theaterexperiments, wie zum Beispiel der ersten Münchner Strindberg-Aufführung, die in der Wohnung der Schriftstellerin Juliana Déry in der Brienner Straße vor knapp vierzig Mitgliedern der »Gesellschaft« stattfindet, sondern um ein großangelegtes Theaterprojekt.

Dementsprechend großzügig sind die Vorstellungen der Beteiligten. Man denkt plötzlich in den Kategorien einer Massenorganisation und träumt von einer »amphitheatralischen Hinlagerung« für bis zu fünftausend Personen.

Um breite Schichten der Bevölkerung nicht nur Münchens, sondern auch des gesamten Umlandes anzusprechen, plant man, publikumswirksame und populäre Dramen zur bayerischen Geschichte, wie etwa »Der Schmied von Kochel« oder die »Sendlinger Bauernschlacht«, aufzuführen.

Und einen dafür hervorragend geeigneten Ort und Zeitpunkt hat man auch schon ins Auge gefaßt: die Münchner Theresienwiese zur Zeit des Oktoberfestes.

So stellt man am 1. Januar 1891 »An den hochlöblichen Magistrat der kgl. Haupt- und Residenzstadt München« einen diesbezüglichen Antrag, in dem man interessanterweise auch auf die populären Freilicht- und Passionsspiele von Oberammergau verweist.

Ausführlich wird in den »Modernen Blättern« vom 6. Juni 1891 auf den pädagogischen und volksbildenden Charakter des Unternehmens hingewiesen.

»Seit Jahren hört man in der Presse und in der Gesellschaft die Klage über die Verflachung des Oktober-Festes, welches in ein allgemeines Schlampampen und Tingeltangelei aufgehe. Für die Tausenden, die während dieser Tage vom Lande und aus den Provinz-Städten hier zusammenströmen, bietet sich bei dieser Gelegenheit die einzige Möglichkeit im Jahr, vielleicht während vieler Jahre, zu einem höheren geistigen Genuß. Was wird in dieser Hinsicht den Leuten geboten?«

Doch die zuständigen offiziellen Münchner Stellen nehmen die umfangreichen und detailliert ausgearbeiteten Vorschläge gar nicht erst zur Kenntnis. Und auch die ebenfalls informierten Münchner Zeitungen und Wochenzeitschriften übergehen das gutgemeinte Projekt.

So scheitert der Aufbau einer wirklich großen »Freien Volksbühne« in München schon in den ersten Anfängen.

Der »Akademisch-Dramatische Verein« und das Ende der »Gesellschaft«

Im Laufe der nächsten Jahre werden in München zahlreiche neue und mit der »Gesellschaft für modernes Leben« konkurrierende Literaturkreise, literarische Vereine und Kulturstammtische entstehen.

Die insgesamt erfolgreichste und künstlerisch wohl auch bedeutendste Neugründung zu jener Zeit aber ist der »Akademisch-Dramatische Verein«, der am 27. November 1891 von Studenten der Münchner Universtität zusammen mit einigen Schriftstellern und kunstinteressierten Bürgern gegründet wird. Stammlokal ist das »Café Lohengrin« in der Türkenstraße. Ziel des Vereins ist die »Pflege der Literatur mit besonderer Berücksichtigung der neueren dramatischen Produktion«.

Zahlreiche Ur- und Erstaufführungen der damals wichtigsten Autoren, darunter Henrik Ibsen und August Strindberg, Frank Wedekind und Max Halbe, Eduard von Keyserling und Oskar Panizza, werden vom »Akademisch-Dramatischen Verein« erstmals auf einer Münchner Bühne realisiert.

Man spielt im Orpheum, im alten Volkstheater in der Sonnenstraße oder in der Westendhalle, und verantaltet Lesungen in den Nebenzimmern verschiedenster Gaststätten. Zusammen mit einigen Schauspielern, vor allem aber mit studentischen Laien stellt man die neuesten Stücke auf die Bühne.

Regie führen unter anderem Ernst von Wolzogen, Otto Falckenberg und Ignaz Georg Stollberg. Wolzogen spielt dabei gerne auch noch die eine oder andere Hauptrolle. Und auch eine später legendäre Schwabinger Gräfin agiert hier erstmals als Schauspielerin. Franziska zu Reventlow.

Vor allem für Falckenberg und Stollberg wird der »Akademisch-Dramatische Verein« zum Einstieg in die große Karriere. So avanciert Falckenberg später zum Chef der Münchner Kammerspiele, die sich seinerzeit noch in der Augustenstraße 89 befinden, und Stollberg gründet das noch heute existierende und ab 1926 eben jene Kammerspiele beherbergende Schauspielhaus in der Maximilianstraße.

Nach einigen Erfolgen kommen auch immer mehr Profis dazu. Max Halbe und Joseph Ruederer stellen sich dem Akademisch-Dramatischen Verein zur Verfügung. Gleichzeitig verändern sich auch die Spielorte. So bespielt man nun neben Vorstadtsälen auch das Prinzregententheater und das Theater am Gärtnerplatz.

Um gegen weitere mißliebige Erfahrungen mit der Zensur und der Münchner Polizei vorzubeugen, finden viele der Theateraufführungen als geschlossene Versammlungen statt, zu denen grundsätzlich nur persönlich eingeladen wird.

Doch der Trick mit der geschlossenen Gesellschaft funktioniert nur bedingt. So gestattet zwar die Münchner Zensur die Aufführung der »Weber« von Gerhart Hauptmann, da »die Polizei die Sicherheit hat, daß man vor einem nicht zu Gewalttaten geneigten Publikum spielt«, doch spätestens bei Schnitzlers »Reigen« hört die Toleranz der Münchner Staatsanwaltschaft auf. Nach der Aufführung von nur drei (!) Dialogen im Münchner Kaim-Saal ist der neueste Theaterskandal perfekt.

Besonders das konservative »Bayerische Vaterland« unter dem Herausgeber Dr. Sigl, der zum wiederholten Male in diesem Zusammenhang von einer »Verjudung der Literatur« zu berichten weiß, bringt das Thema in die Schlagzeilen. Die Folge ist, daß man auch im Bayerischen Landtag über den »Akademisch-Dramatischen Verein« debattiert. Prompt wird der Verein von der Vorstandschaft der Ludwig-Maximilians-Universität in einem Disziplinarbeschluß vom 28. November 1903 zur Auflösung gezwungen.

Der »Schwabinger Literaturverein Schillerlocke«. Foto-Karikatur auf die allerorts entstehenden Literaturvereine, 1914

Nur wenige Tage später aber, am 20. Dezember, gründet sich schon die Nachfolgeorganisation »Neuer Verein«. Mit dem bekannten Münchner Schriftsteller Joseph Ruderer als erstem Vorsitzenden, dem Großverleger Georg Hirth, dem Schriftsteller Thomas Mann und dem Rechtsanwalt und späteren ersten Vorsitzenden Dr. Wilhelm Rosenthal im weiteren Vorstand, gibt sich der »Neue Verein« eine hochkarätige, angesehene und schlagkräftige Führung. So will man gegen erneute Anfechtungen von seiten der Behörden besser gewappnet sein.

Auf Grund dieser immer stärker und professioneller werdenden Konkurrenz und der veränderten Situation in Münchner Kulturleben tritt die »Gesellschaft für modernes Leben« zunehmend in den Hintergrund. Hinzu kommt, daß auch schon damals die künstlerischen Moden erstaunlich schnell wechseln. Was noch vor wenigen Monaten als nahezu revolutionär empfunden wurde, mutet plötzlich altmodisch und hausbacken an. Statt naturalistischer »Wiederspiegelung der Wirklichkeit« sind plötzlich Begriffe wie »Erotik«, »Frühling« und »Jugend« im Gespräch.

Es kommt zu ideologischen und künstlerischen Auseinandersetzungen in der Vorstandschaft der »Gesellschaft«. Gleichzeitig erlahmt das Interesse der über zweihundert Vereinsmitglieder an den eigenen Veranstaltungen. Schon Ende 1891 gibt Michael Georg Conrad seinen Rücktritt als Vorsitzender aufgrund von Meinungsverschiedenheiten in der Vereinsführung bekannt. Am 20. Februar 1893 zieht man aus den inzwischen unhaltbar gewordenen Zuständen endgültig die notwendige Konsequenz. Auf einer »Generalversammlung« beschließt man die Auflösung.

Die literarisch bedeutendsten Mitglieder aber wird man in der Zeit vor dem Ersten Weltkrieg auch weiterhin in fast allen, das aktuelle kulturelle Leben der Stadt prägenden Vereinen, Institutionen oder Organisationen wiederfinden.

»Da gab es den ›Neuen Verein‹, einen Nachkommen des Akademisch-Dramatischen Vereins der Neunziger Jahre. Ein Experimentier-Institut für moderne, gefährliche, dem Zensor unsympathische Aufführungen. Jede Veranstaltung dieses Vereins war ein Kulturereignis für München. Die von der Polizei verbotenen Stücke Wedekinds wurden vom Neuen Verein vor geladenem Publikum gespielt, und der Beifall raste und wurde am entsprechenden Ort richtig verstanden als Protestdemonstration gegen die Bevormundung des Geschmacks. Jungen Lyrikern wurden Vorträge vor einem Publikum von erlesenen Ansprüchen ermöglicht. Die Verdienste des Vereins waren sehr groß.«

Erich Mühsam

1895 gründet der Schriftsteller Josef Ruederer die Literaturvereinigung »Nebenregierung«. Sie wendet sich gegen die konservative Kulturszene um Paul Heyse, Kaulbach und Franz von Lenbach ebenso wie gegen den Naturalismus der »Gesellschaft für modernes Leben«. Über eine besonders unterhaltsam gescheiterte Veranstaltung der »Nebenregierung« berichtet Max Halbe:

»Unter den vielen bewegten Abenden der ›Nebenregierung‹ wohl der bewegteste war jener, an dem Frank Wedekind uns sein ›Sonnenspektrum‹ im ›Kaffee Minerva‹, gegenüber der Akademie, vorlas oder, um es richtiger zu bezeichnen, an den Kopf schleuderte ... Dicht gedrängt saß die Gemeinde in dem engen Nebenzimmer des Bohème-Kaffees. Von bekannten Namen erinnere ich mich an Wilhelm Hegeler, Hans Olden, Karl Strathmann, Otto Eckmann, Lovis Corinth. Natürlich war auch Ruederer an der Spitze der Seinen erschienen. Er liebte Wedekind durchaus nicht, hatte ihm aber – ob mit, ob ohne Hintergedanken – den Abend für die Vorlesung eingeräumt.«

Und der Abend wird auch dementsprechend. Denn während der Dichter in großem Ernst seinen Text vorträgt, beginnt man in den hinteren Reihen sich über den Vortragenden lustig zu machen. Und wie es manchmal so geht: Gelächter wirkt besonders bei ernsten Situationen ansteckend.

Es kommt geradezu zu »Lachsalven«, das Publikum »wiehert, brüllt und hoppst«. »Ich sah Lovis Corinth halb unter dem Tisch liegen und beinahe vor Lachen bersten.«

Wedekind versucht weiterzulesen, gibt aber dann entnervt auf und verläßt wutentbrannt den Saal, nicht ohne sich allerdings mit einem deutlichen »Götz von Berlichingen« zu verabschieden.

Die »Elf Scharfrichter« und die Erfindung der Kleinkunstbühne

»Wenn man von den künstlerischen Ereignissen in München spricht, muß man unbedingt auch von den Elf Scharfrichtern reden. Denn hier spielt dieses Überbrettl eine ganz andere Rolle wie in Berlin. Die Elf Scharfrichter sind ein eiserner Bestandteil des hiesigen Kunstlebens, der allmonatliche Programmwechsel bedeutet eine Sensation, auf die sich alle literarischen Gourmands freuen. Von dem Witz und Geist eines Scharfrichter-Abends könnten allerdings drei Berliner Überbrettl mit beschränkter und unbeschränkter Haftung ein halbes Jahr lang leben.«

Bühne und Brettl, Berlin, 31. Januar 1902

Die »Veredelung des Tingel-Tangels«

Schon seit geraumer Zeit diskutiert man in einer Gaststätte namens »Dichtelei«, die sich in der Türkenstraße 81 befindet, und im davon nicht allzu weit entfernten »Café Stefanie« an der Ecke Amalien-/Theresienstraße über ein Konzept zur Realisierung des Traums vom literarisch-künstlerischen Kabarett.

Zwar hat schon im Jahre 1897 Otto Julius Bierbaum in einem Roman mit dem etwas seltsam anmutenden Titel »Stilpe« die Grundmuster eines derartigen Literatur-Varietés entwickelt, doch erst drei Jahre später beginnt man die Idee ernsthaft in die Tat umzusetzen.

Vor allem Studenten aus dem »Akademisch-Dramatischen Verein«, einige Kunstmaler, Zeichner und Autoren aus dem Umkreis der Zeitschrift »Simplicissimus« und der Künstlervereinigung »Sezession« sowie einige Musiker interessieren sich für dieses neue Projekt.

Als künstlerisches Vorbild ist immer wieder das Pariser Kabarett »Chat Noir« im Gespräch, das schon 1881 von dem französischen Maler Rodolphe Salis auf dem Montmartre gegründet wird. Auch die Programme des »Cabaret Le Mirliton«, in dem der wegen seiner Darstellung auf Plakaten von Toulouse Lautrec auch heute noch bekannte Ari-

Titel des Scharfrichterprogramms Oktober 1903

Plakat der »Elf Scharfrichter«, gestaltet von Ernst Neumann 1901/02

Karikatur zu den »Elf Scharfrichtern« von Ernst Stern

stide Bruant seine musikalischen Triumphe feiert, dienen zur Anregung.

Als man sich nach möglichen Spielorten umsieht, entdeckt man im rückwärtigen Teil eines Hauses in der Türkenstraße 28 neben einem Pferdestall und der Werkstatt eines Sargtischlers einen leerstehenden studentischen Fecht- oder Paukboden. Dieser gehört zum Gasthaus »Zum Goldenen Hirschen«, in dem vor allem Schwabinger Arbeiter, Droschkenkutscher, Dienstleute und Soldaten aus der gegenüberliegenden Türkenkaserne verkehren.

Um das geplante Unternehmen finanzieren zu können, pumpt man sich erst einmal bei einigen

Das Gasthaus »Zum Goldenen Hirschen« gegenüber der ehemaligen Türkenkaserne

offensichtlich vermögenden Freunden und Bekannten Geld. Auf »einige 1000 Mark« berechnet sich nach kurzer Zeit das Startkapital.

Ein junger Architekt namens Max Langheinrich, der hauptberuflich mit dem Bau von Mietshäusern in der Friedrichstraße beschäftigt ist, entwirft die Innenarchitektur des Saales und stattet den Raum mit einer Guckkastenbühne aus. Für die Auswahl und Vorbereitung der Texte sind Marc Henry, Leo Greiner, Willy Rath und Otto Falckenberg zuständig. Als Kapellmeister fungiert ein gewisser Hans Richard.

Am 13. April 1901 ist es dann soweit. Das Kabarett »Elf Scharfrichter« wird eröffnet.

Stolze 9 Mark 99 kostet die Premierenkarte, und auch der Preis für eine normale Vorstellung ist mit 2 Mark 99 nicht gerade billig. Dabei ist der »Eintritt frei«, die Gebühr wird als »Garderobenpreis« berechnet. Der Grund dafür ist, daß man auch hier versucht, als »geschlossene Gesellschaft mit freiem Eintritt« der Zensur zu entkommen und dem Fiskus ein Schnippchen zu schlagen. Doch der inzwischen nicht mehr besonders originelle Trick wird von der Münchner Polizei schnell durchschaut. Schon ab Oktober 1901 unterliegen die »Elf Scharfrichter« der Zensur. Gleichzeitig verlangt die Polizei nun auch von ihnen eine richtige Theater-Konzession.

Neben Ernst von Wolzogens »Überbrettl« in Berlin, das nur wenige Wochen vorher Premiere hat, aber erheblich biederer und angepaßter an den einschlägigen Publikumsgeschmack agiert, gehören die »Elf Scharfrichter« zum frühesten Deutschen Kabarett. Erst ein halbes Jahr später, am 9. Oktober 1901, öffnet auch Max Reinhardts »Schall und Rauch« im Saal des »Viktoria-Hotels« Unter den Linden, Ecke Friedrichstraße, in Berlin seine Pforten.

Im Laufe der nächsten Monate und Jahre aber werden nicht nur in München und Berlin die Kleinkunstbühnen wie Pilze aus dem Boden schießen. Schon am 26. Juni 1901 mokiert sich die Zeitschrift »Das neue Jahrhundert« über diese neue und überraschend stürmische Entwicklung:

»Ober-, Über-, Unterbrettl! ›Buntes Theater‹ in Berlin, ›Elf Scharfrichter‹ und ›Deutsches Cabaret‹ in München, ›Perpetuum mobile‹ in Leipzig, ›Rasender Jüngling‹ in Wien, man sieht: Wolzogens literarisch-industriöse Idee schlägt überall Wurzeln, die berühmten Varieté-Nerven Bierbaums gehören bereits zu den normal-physiologischen Erscheinungen der modernen Zeitgenossen, und die Veredelung des Tingel-Tangels ist an der Tagesordnung.«

Im »Heim der Elf Scharfrichter«.

Eine »gemütliche Ecke mit Schandpfahl«

Binnen kurzem gelingt es dem Architekten Langheinrich, den ehemals spartanisch eingerichteten Fechtraum in eine moderne und zugleich gemütliche Kleinkunstbühne umzuwandeln.

Da man ganz offensichtlich weiß, wie wichtig visuelle Illusionen und eine perfekte Licht- und Schattenwirkung sind, wird die kleine Bühne mit ihrem halbrunden, blaugrauen Vorhanghintergrund und den schwarzen Bühnenvorhängen mit einer Beleuchtungsanlage ausgestattet, die zu jener Zeit eine der modernsten in München ist.

Die Bühne selbst wird von den Protagonisten als »gemütliche Ecke mit Schandpfahl« bezeichnet. Auf einer antiken Säule, die sich neben der Bühne befindet, ist ein mit Zopfperücke dekorierter Totenschä-

Der sogenannte »Wintergarten« im Hinterhof des Gasthauses »Zum Goldenen Hirschen« in der Türkenstraße

del montiert, in dessen Hinterkopf ein Henkerbeil steckt.

Seitlich neben der Bühne ist Raum für ein versenkbares Orchester nach dem Vorbild der großen Wagner-Bühne in Bayreuth eingelassen. Zusätzlich befindet sich hinter der Bühne noch Platz für eine bescheidene Garderobe und ein kleines Maleratelier zur Erstellung von Kulissenteilen und Requisiten. Im ersten Stock sind die Räumlichkeiten der »Direktion« und des »Sekretariats« untergebracht.

Die Wände des Lokals, das gerade Platz für einhundert Besucher bietet, sind über dem Holzsockel vornehm mit grauem Stoff bespannt. Neben zahlreichen Bildern von Künstlerkollegen erregen vor allem die von Wilhelm Hüsgen modellierten Masken der »Elf Scharfrichter« die Aufmerksamkeit der Besucher.

In einer Werbenummer der Zeitschrift »Bühne und Brettl« vom 2. März 1903 beschreibt der Regisseur und Schriftsteller Otto Falckenberg alias

Max Langheinrich alias »Max Knax«, ...

Robert Kothe alias »Frigidus Strang« ...

»Scharfrichter Peter Luft« noch einmal die Atmosphäre des kleinen Hinterhoftheaters:

»Ein kleiner Vorraum wird, nachdem man hier die Garderobe abgegeben hat, durchschritten, und man tritt in den Saal. Wer ein großes Theater in der feierlichen Pracht hoher Pfeiler und vergoldeter Stuckornamente erwartete, sieht sich enttäuscht. Mehr als hundert Personen haben hier nicht Platz. Glatte Wände, bis zu halber Höhe mit Holz getäfelt, darüber mit Stoff bespannt, in ruhigen, vornehmen Farben und mit den Porträtmasken der ›Elf‹ sowie auserlesenen Gemälden, Lithographien, Radierungen und Zeichnungen moderner Meister geschmückt; zu beiden Seiten des Eingangs je eine behagliche Loge, deren eine von dem ›Schandpfahl‹ mit dem Wahrzeichen der ›Scharfrichter‹ flankiert wird; einfache, aber sehr bequeme Stühle und Tische und, dem Eingang gegenüber, die Bühne – das ist das Scharfrichtertheater.«

In den Pausen werden die Gäste der »Scharfrichter« gebeten, einen sogenannten »Wintergarten« aufzusuchen. Doch wer glaubt, nun eine festliche Wandelhalle zu betreten, der irrt. Denn der nur ironischerweise »Wintergarten« getaufte Bereich ist nichts anderes als der Hinterhof des Gasthauses »Zum Goldenen Hirschen«, der »mit einer nackten, unverzierten, verrußten Wand kahl und trist anmutet« und der angefüllt ist mit »aufgestapelten, durcheinandergeworfenen Fässern, Wellblechdächern, eisernen Leitern, Gerümpel und Schutt«.[1]

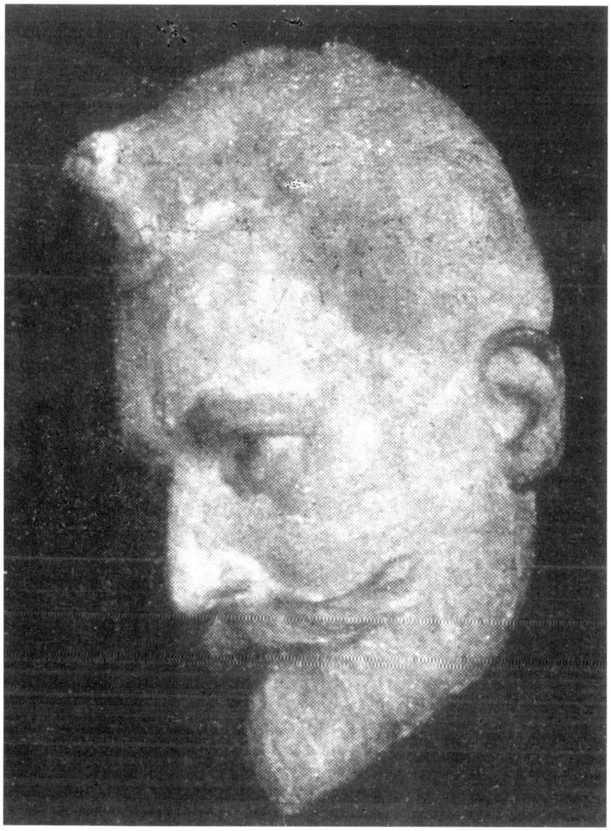

... und Willy Rath alias »Willibaldus Rost«.
Masken, von »Scharfrichter« Wilhelm Hüsgen modelliert.

Schattentanz und Puppenspott

Als Conferencier und Ansager, gekleidet im vornehmen Frack und mit Gel im schwarzen Haar, agiert der aus Paris stammende Marc Henry. In einer amüsanten Mischung aus Französisch und Deutsch führt der schlagfertige und charmante Mann mit dem kräftigen Schnurrbart durchs Programm.

»Auf der obersten Stufe jener kleinen Seitentreppe, die vom Saale zur Türe neben der Bühne emporführte, sagte er die einzelnen Nummern in einem Deutsch an, von dem man nie wußte, ob es aus mangelhafter Sprachkenntnis oder aus wohl berechnetem Raffinement so liebenswürdig gebrochen war. Und alsbald erschienen wir Elf in rotem Scharfrichterornat, mit der Gugel vermummt zu den Klängen unseres Scharfrichtermarsches, den Leo Greiner gedichtet und Hans Richard Weinhöppel, Scharfrichter Hannes Ruch, komponiert hatte.«[2]

In scharlachroten Kapuzenmänteln, das große Henkersbeil geschultert, wird das Eröffnungslied vorgetragen:

Erbauet ragt der schwarze Block,
Wir richten scharf und herzlich,
Blutrotes Herz, blutroter Rock,
All unsere Lust ist schmerzlich,
Wer mit dem Tag verfeindet ist,
Wird blutig exequieret,
Wer mit dem Tod befreundet ist,
Mit Sang und Kranz gezieret.

Wie Rausch verrinnt der bunte Sand
Der Zeit, die uns mit Nacht umwand,
Doch unsre Fackeln stehn im Land,
Hoch ihrem Flug zu lodern.
Wir leuchten dem, was rasch verfällt,
Was kaum ein Tag im Licht erhellt.
Mag uns der tolle Gott der Welt
Vor seinen Richtstuhl fordern.

Ein Schattentanz, ein Puppenspott!
Ihr Glücklichen und Glatten,
Im Himmel lenkt der alte Gott
Die Puppen und die Schatten.
Er lenkt zu Leid, er lenkt zu Glück,
Hoch dampfen die Gebete,
Doch just im schönsten Augenblick
Zerschneiden wir die Drähte.

Wer mit dem Tag verfeindet ist,
Wird blutig exequieret,
Wer mit dem Tod befreundet ist,
Mit Sang und Kranz gezieret.

Dreimal in der Woche wird gespielt. Jeden Monat wird ein neues Programm vorgestellt, zu dessen Premiere inzwischen regelmäßig auch die Kunstprominenz von Stuck bis Lenbach anwesend ist.

Die »Elf Scharfrichter«

Neben Satiren und Parodien, Sketchen und Liedern, Einaktern und Ein-Satz-Theaterstücken werden Schattentheater, Puppenspiele und Tanzgrotesken zur Aufführung gebracht.

Trotz der Modernität des Aufführungsstils benutzt man ganz bewußt Elemente und Versatzstücke aus dem Volkstheater und den Volksbelustigungen des Jahrmarkts.

Willy Rath schreibt das erste politische Puppenspiel der »Elf Scharfrichter« mit dem Titel »Die feine Familie«. Der Bildhauer Waldemar Hecker, der zusammen mit Wassily Kandinsky an der Kunstschule der »Phalanx« unterrichtet und einer der ersten Stummfilmregisseure in Berlin werden wird, entwirft und formt die rund ein Meter großen Figuren, deren Gesichter Karikaturen von bekannten Politikern sind. Im nachhinein auch als Vorahnung auf den Ersten Weltkrieg gedeutet, verweist der Text vor allem auf die Burenkriege in Afrika und auf den Boxeraufstand in China. »Die feine Familie« der Politiker aber findet das ganze gar nicht amüsant. So wird auch dieses satirisch-kritische Stück umgehend von der Münchner Zensur verboten.

Für die Schattenspiele schneidet Max Langheinrich Silhouetten aus Blech, deren Ursprungsidee den Schattenspielen im Kabarett »Le Chat noir« in Paris entstammt. Das dort mit großem Erfolg aufgeführte Stück »L'Epopée« wird bei den »Elf Scharfrichtern« unter dem Titel »Die Sphinx« und in einer Übersetzung von Willy Rath im Jahre 1901 erstaufgeführt.

Aber nicht nur Kurztheaterstücke, Gedichte und Sketche, sondern auch klassische Lyrik sowie Ausschnitte aus dem zeitgenössischen Avantgardetheater kommen ins Programm. So wird zum Beispiel der Prolog und erste Akt von Frank Wedekinds »Erdgeist« auf der Bühne der »Elf Scharfrichter« mit Jella Wagner als »Lulu« und Otto Falckenberg und Frank Wedekind in den weiteren Hauptrollen uraufgeführt. 1902 feiert man die Premiere von Ausschnitten aus der Wedekindschen »Kaiserin von Neufundland«. Erst 1923 wird Otto Falckenberg

»Der Scharfrichtermarsch«, Zeichnung von Professor Ernst Stern

dieses Stück in kompletter Fassung in den Münchner Kammerspielen inszenieren.

Auch das »automatische Zeichnen«, das später bei den Dadaisten nach dem Ersten Weltkrieg eine wichtige gestalterische Rolle spielen wird, ist immer wieder Teil des vielfältigen Programms. Bemerkenswert ist dabei, daß sich sogar ein interessierter Besucher namens Wassily Kandinsky davon beeindruckt zeigt. Franz von Stucks Assistent Ernst Stern, dem auch zahlreiche noch erhaltene Karikaturen über die Stammgäste des »Café Stefanie« zu verdanken sind, schreibt dazu in seinen Erinnerungen:

»Man gab mir ein Stück Kohle und ein riesiges Blatt Papier von zwei Metern Länge und anderthalb Metern Breite, und während die Musik spielte, skizzierte ich alles, was die Musik mir eingab. Nicht nur das, sondern meine Linien bewegten sich im Takt der Musik: Zu einem Walzer tanzten sie anmutig; zu einer Polka hüpften sie; zu einem Marsch kamen sie forsch daher, und so fort. Sobald eine Skizze fertig war, wurde das Blatt weggerissen, und darunter kam ein weiteres zum Vorschein für den nächsten Versuch.«

Zusätzliche Höhepunkte des Programms sind immer wieder die Parodien aus Hanns von Gumppenbergs »Teutschem Dichterroß« und dessen bizarre, das »Absurde Theater« der Fünfziger Jahre vorwegnehmenden Ein-Minuten-Theaterstücke unter dem Sammelbegriff »Überdramen«. Begeisterungsstürme folgen den »erotisch-verruchten« Chansons eines Frank Wedekind, vorgetragen von ihm selbst oder dem ersten »Vamp« der deutschen Brettl-Geschichte: Marya Delvard.

Zum Schluß der Vorstellung wird regelmäßig noch der populäre Ohrwurm »Schwalangscher« – nach der Bezeichnung »Chevauxleger« für die leichten Reiter – von Ludwig Thoma angestimmt. Das ganze Lokal singt bei diesem »Schlager« mit.

Eines der eher stillen, dafür aber schönsten und eigenwilligsten Kabarett-Lieder stammt aus der Fe-

Der Dichter und spätere Filmemacher Heinrich Lautensack

der des in Passau geborenen Dichters und »Henkersknechts« Heinrich Lautensack. Nach der Melodie von Hannes Ruch singt ein ins Dunkel gehüllter Nachtwächter namens »Tod« das seltsam anrührende Lied, das die Poesie der damaligen Aufführungen zumindest erahnen läßt:

Löscht aus –
zuviel des Lichts und Weins –
und träumt von Sinn und Ziel des Seins!
Und einer träumt sich kalt und bleich
Und ist am Morgen im Himmelreich . . .
Löscht aus.

Löscht aus –
und faltet die armen Händ
und betet – just wie ihr beten könnt!
Und morgen steigt ein Licht herab
und morgen legen wir ihn ins Grab . . .
Löscht aus.

Löscht aus –
gerade Mitternacht –
da wird ihm ein Kind zur Welt gebracht –
wie er so recht im Sterben ist.
Und das Kind hat die Augen Herrn Jesus Christ . . .
Löscht aus.

Löscht aus –
und ich muß wachen und gehn –
muß sterben und gebären sehn!
Löscht aus – zuviel des Lichts und Weins –
und träumt von Sinn und Ziel des Seins . . .
Löscht aus!

Max Knax, Till Blut und andere

Im Mai des Jahres 1896 kommt ein ehemaliger Student der politischen Philosophie, der sich nebenbei auch als freier Schriftsteller betätigt, in München an.

Der Mann mit dem »schönen blonden Vollbart«, der ab Mai 1892 in Paris und zwei Jahre später in London lebt, hat die letzte Zeit in Berlin verbracht, wo er sich unter anderem in den verschiedensten

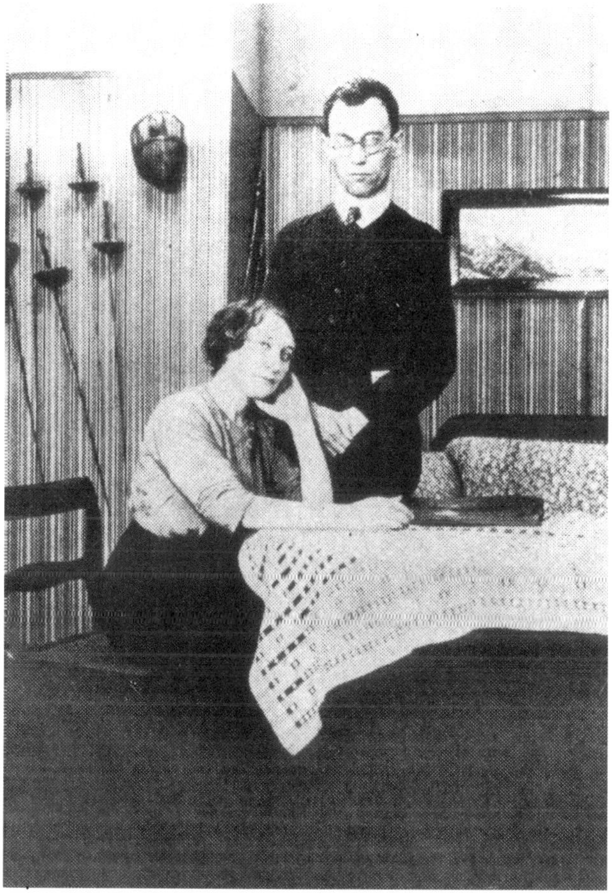

Heinrich Lautensack in seinem »Atelier«

Otto Falckenberg, Regisseur und Mitglied des Kabaretts »Elf Scharfrichter«, im Jahre 1902

Literaturkreisen bewegt und gute Verbindungen zur »Neuen Freien Volksbühne« hat. Das väterliche Vermögen, mit einem großen Musikverlag erworben, ermöglicht auch dem Sohn einen großzügigen Lebenswandel.

Nachdem er in der Kaulbachstraße ein vorläufiges Dach über dem Kopf gefunden hat, interessiert sich der Neuankömmling namens Otto Falckenberg vor allem für die Münchner Literatur- und Theaterszene.

Trotz seines Engagements, unter anderem auch beim »Akademisch-Dramatischen Verein«, für den er zahlreiche Regiearbeiten übernimmt, ist Falckenberg am einschlägigen Bohème-Leben und den nächtlichen Exzessen nur wenig interessiert. So bleibt der engagierte Theatermann mit den vornehmen Umgansformen auch weiterhin ein Außenseiter in der Schwabinger Szene.

An den abendlichen Vorgesprachen zur Gründung des ersten Münchner Kabaretts aber ist Falckenberg als treibende Kraft regelmäßig und entscheidend beteiligt. So ist es nicht verwunderlich, daß Falckenberg nicht nur als Regisseur, sondern auch als Darsteller, Texter und Dramaturg unter dem Scharfrichter-Namen »Peter Luft« eine der wichtigsten Figuren des Ensembles wird.

Neben dem Allround-Mann Falckenberg ist der Scharfrichter »Balthasar Starr«, alias Marc Henry, alias Achille Georges d'Ailly-Vaucheret von Anfang an dabei. Er ist nicht nur der attraktive, weltgewandte und Pariser Flair vermittelnde Conférencier der Truppe, sondern auch deren Geschäftsführer. Durch seine zahlreichen Auftritte im »Chat noir« und anderen Pariser »Cabarets« mit dem Metier

Der Conferencier und »Geschäftsführer« der »Elf Scharfrichter«: Marc Henry

Der spätere Regisseur der Münchner Kammerspiele Otto Falckenberg alias »Peter Luft«

Der Rechtsanwalt und Lautensänger Robert Kothe alias »Frigidius Strang«

Hans Richard Weinhöppel alias »Hannes Ruch«

Leo Greiner alias »Dionysius Tod«

Der Komponist Hans Richard Weinhöppel

bestens vertraut, gilt er als echter Profi auf diesem Gebiet. Dementsprechend ist sein Rat gefragt.

Neben seiner Schauspieltätigkeit ist Marc Henry aber auch als Journalist aktiv und zusätzlich Herausgeber einer eigenen Zeitung namens »Revue Franco-Allemande«. In einer Zeit, in der viele Deutsche Frankreich als »Feind« betrachten und chauvinistische Gesinnung zeigen, tritt Marc Henry für Versöhnung und Zusammenarbeit zwischen Deutschland und Frankreich ein.

Ebenfalls bei allen planerischen Vorgesprächen anwesend und dabei gerne das große Wort führend ist ein gewisser Leo Greiner alias »Dionysius Tod«. Der »Lyriker und Kritiker«, als Mann mit meist »grimmigem Blick« beschrieben, betreibt hauptberuflich ein eigenes Musikstudio im Musikhaus Schmid an der Theatinerstraße.

Der Vierte im Bunde ist ein ehrgeiziger Mann namens Willy Rath, alias »Willibaldus Rost«, der mit seinen Profilierungsversuchen und seinem Zwang, sich ins Rampenlicht zu stellen, immer wieder Ärger mit den Kollegen provoziert. Als es ihm nicht gelingt, sich zum allseits anerkannten Chef der Truppe aufzuschwingen, verläßt er den

Vor dem »Scharfrichter«-Theater. Links stehend Frank Wedekind, daneben der Maler Anton Azbe, vorne Mitte Michael Georg Conrad, Mitte rechts der Dichter Ludwig Scharf

Plakat des Lyrischen Theaters von Willy Rath

Die Sängerin Marie Biller alias Marya Delvard und der Conferencier der »Elf Scharfrichter« mit dem Pseudonym Marc Henry

Kreis. Mit der Gründung des »Lyrischen Theaters« in München versucht Rath eine eigenständige Karriere aufzubauen.

Dafür ist sein Nachfolger im Ensemble der »Elf Scharfrichter«, der Dichter und Lautenspieler Frank Wedekind, eine der interessantesten Figuren der damaligen Münchner Bohème. Als einziger ohne Pseudonym und Scharfrichter-Namen auftretend, wird er mit seinen geschliffenen Texten in kürzester Zeit zur Attraktion.

Doch Wedekinds Herz hängt nur sehr bedingt an Bänkelsang und Kabarett. Denn nach eigenem Bekunden dienen ihm die Auftritte neben dem Gelderwerb vor allem als Reklame für seine provozierenden Theaterstücke. Das »Hanswurst machen« für den »zahlenden Pöbel«, wie er es einmal böse formuliert, ist ihm vor allem Mittel zum Zweck.

Frank Wedekind in den Jahren der Scharfrichter-Zeit

Fünfter im Bund der »Scharfrichter« mit dem Pseudonym »Max Knax« ist der Maler und Architekt Max Langheinrich, der uns schon als Innenarchitekt des Scharfrichter-Theaters begegnet ist und laut Falckenberg nicht nur gerne »vor sich hingrantelt«, sondern dazu auch noch »ausgewählt schlechte Kleidung« trägt.

Als »Till Blut« agiert der Bildhauer und Plastiker Wilhelm Hüsgen, der sich in der Münchner Kunstszene unter anderem durch die Gestaltung der Masken der »Elf Scharfrichter« einen Namen macht. Der 1877 in Bremen geborene Bildhauer ist ab 1899 in München und gründet eine eigene Bildhauerschule mit Sitz in der Ainmillerstraße 11, die nach dem Beitritt Kandinskys 1901 in »Schule der Phalanx« umgetauft wird. Er ist an zahlreichen Ausstellungen, darunter auch im Münchner Glaspalast, beteiligt und wird nach einigen Aufenthalten in Breslau und Berlin bis zu seinem Tode 1962 in München leben.

Ebenfalls von der malenden und gestaltenden Zunft sind die Kunstmaler Viktor Frisch, Willi Oertel und der Graphiker Ernst Neumann, die unter dem Pseudonym »Gottfried Still«, »Serapion Grab« und »Kaspar Beil« agieren.

Als Komponist der meisten Scharfrichter-Lieder und Chansons zeichnet der »mähnenumwallte« und einen roten Spitzbart tragende Hans Richard Weinhöppel alias »Hannes Ruch« verantwortlich.

Der Elfte im Bunde ist der Rechtsanwalt Dr. Robert Kothe alias »Frigidius Strang«. Seines Zeichens promovierter Jurist, bekommt der Vortragskünstler und Lautensänger aber schnell Ärger mit der konservativen Münchner Anwaltskammer. Denn diese hält die Gesangskünste und das Lautenspiel des Mitglieds Kothe nicht mit der Würde und der Berufsauffassung eines deutschen Juristen für vereinbar. Prompt kommt es zu einer Verhandlung vor dem »Ehrengericht«.

Mit seinen Liedern und Vertonungen von Texten Heinrich Heines und Detlev von Liliencrons aber wird Kothe im Lauf der Jahre Karriere machen und zahlreiche Gastspiele in ganz Deutschland geben.

Als Helfershelfer und Mädchen für alles fungiert neben dem späteren Verleger Reinhard Piper als sogenannter »Henkersknecht«, – der Titel wurde für weitere Mitarbeiter eingeführt, da man die Zahl der »Scharfrichter« über die Elf hinaus nicht erweitern wollte – der Geometerstudent und Schriftsteller Heinrich Lautensack.

Nach einem kurzen Gastspiel in München wird Lautensack, dessen Theaterstücke auch heute noch gespielt werden, als einer der ersten deutschen Dichter für den damaligen Stummfilm arbeiten. Ein Manuskript zum Film »Zwischen Himmel und Erde« für den Berliner »Continental-Kunstfilm« aus dem Jahre 1912/13 ist noch erhalten.

Verhaßte – wie? Wer bin ich? Was?
Ich bin eins eurer Lichter –
Doch leucht ich nur im Pulverfaß!
Ich bin ein teutscher Tichter.

Heinrich Lautensack

Heinrich Lautensack in einer Karikatur von Ernst Stern

Er bezeichnet sich selbst als Sekretär, Requisiteur, Souffleur, Telefonfräulein, Inspizient, Schauspieler, Friseur, Vorhangzieher und Laufbursche des Ensembles, und Otto Falckenberg erinnert sich an ihn: »Lautensack kam zu uns als ein Passauer Lackl: ein magerer, langer, grotesk aussehender Kerl mit einer schwarzen Mähne und aufgerissenem Gesicht; aus dem Innviertel also, wo die Teufel hausen …«

Neben dieser reinen Männerrunde aber macht sich auch eine interessante und attraktive Frau einen Namen und wird alsbald auf den Plakaten und Programmzetteln zum Sinnbild und Markenzeichen des Kabaretts: Marya Delvard.

»Auf einmal schwebte das kleine Theater in magischem Lilalicht, und wie aus ihrem Sarge aufgestiegen stand Marya Delvard vor dem fahlen Vorhang. Es wurde still wie in der Kirche, kein Teller klapperte mehr. So totenhaft wie auf den Abbildungen wirkte sie gerade nicht; immerhin hätte einem eine unverhoffte Begegnung mit ihr in der Einsamkeit ziemlichen Schrecken eingejagt. Sie war entsetzlich bleich; man dachte unwillkürlich an Sünde, vampirisch zehrende Grausamkeit und Tod... Sie sang alles mit müder Eintönigkeit, die sie nur zuweilen mit einem wilden Aufschrei gieriger Leidenschaft unterbrach...«

So schreibt Hans Carossa über einen Auftritt des weiblichen Stars der Truppe, hinter dem sich die aus Elsaß-Lothringen stammende Sängerin Marie Biller verbirgt. Mit ihrer dunklen und düster tönenden Stimme, der schlanken Figur, dem schwarzen enganliegenden Kleid, dem weißgeschminkten Gesicht und dem grellroten Mund ist sie der damalige Prototyp des »Vamps«.

Bezeichnend für das von ihr bewußt und gezielt aufgebaute Image des »verruchten Vamps« ist die interessante Tatsache, daß Marya Delvard während der gesamten Münchner Scharfrichterzeit vorgibt, mit Marc Henry ein Verhältnis zu haben und in wilder Ehe zusammenzuleben. Daß die beiden in Wirklichkeit ganz normal mit Trauschein verheiratet sind, bleibt der Öffentlichkeit verborgen. Die bürgerliche Wohlanständigkeit hätte dem Image schaden können.

Große Pläne und ein rasches Ende

Nach den ersten beeindruckenden Erfolgen werden die künstlerischen Pläne der »Elf Scharfrichter« immer gewagter. Schon im Sommer 1901 will man das Theater erheblich erweitern und aus diesem Grunde das gesamte Anwesen Türkenstraße 28 kaufen. Neben den Plänen zum Theaterumbau denkt man an die zusätzliche Errichtung einer Ausstellungshalle mit Schwerpunkt »Kunst des Jugendstils«. Zusätzlich will man auch noch eine »schöngeistige« Zeitschrift auf den Markt bringen. Doch dann machen finanzielle Fehlspekulationen, geschäftliches Mißmanagement und die Zensur den hochfliegenden Plänen ein rasches Ende.

Als der rapide anwachsende Schuldenberg kaum noch überschaubar ist, wird ein Geschäftsmann namens Willy Salzer zum Leiter des Hauses bestellt. Salzer übernimmt einen Teil des wirtschaftlichen Risikos und finanziert die Programme vor. Um seine Investitionen rentabel zu machen, spielt man nun täglich und gibt zusätzlich zahlreiche Gastspiele in anderen Städten.

So werden Phantasie und Ideenreichtum in zunehmendem Maße durch Disziplin und Geschäftssinn ersetzt.

Hinzu kommen finanzielle Streitereien unter den Ensemblemitgliedern. Während in der ersten Zeit einheitlich jeder Scharfrichter einhundert Mark monatliche Gage bekommt, sind inzwischen die Forderungen der »Stars« auf bis zu 600 Mark gestiegen. Die Folge ist, daß die weniger populären

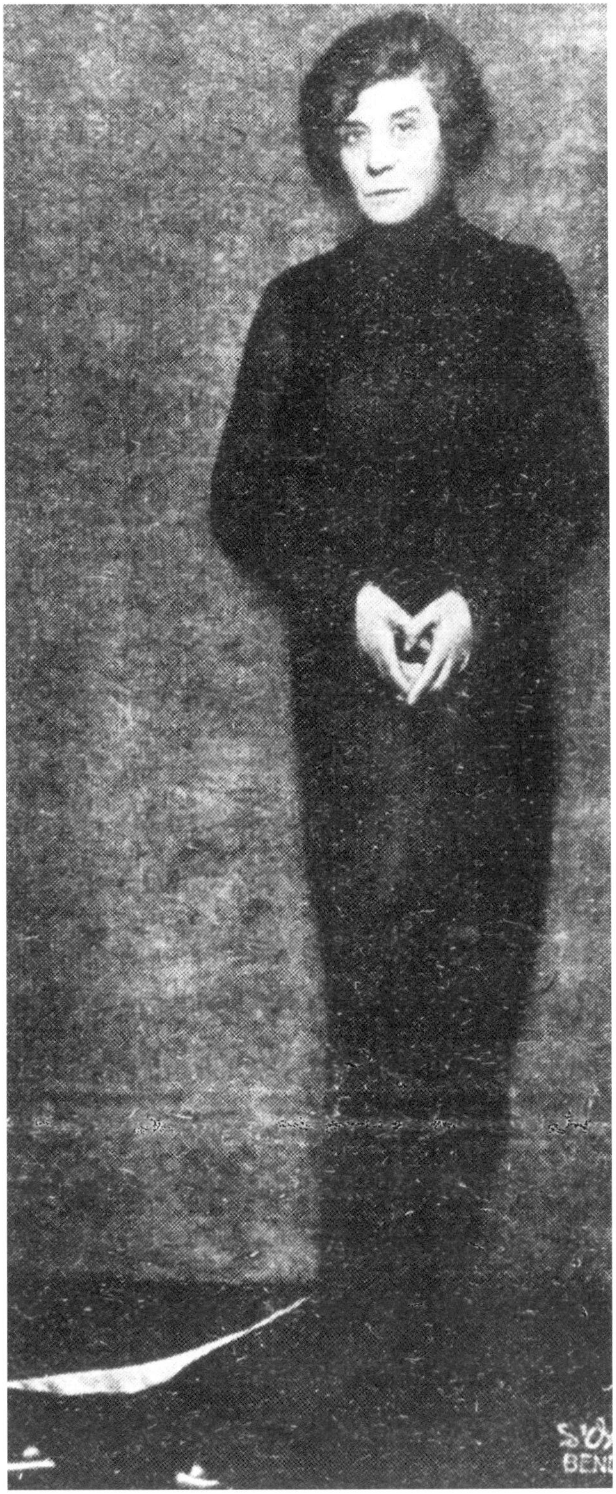

Der erste »Vamp« der Brettl-Geschichte: Marya Delvard

Mitglieder verärgert sind. Das »Kollektiv« bricht auseinander.

Zu all diesen Kümmernissen und Schwierigkeiten kommt der immerwährende Ärger mit der Münchner Zensur. Insbesondere der Zentrumsabgeordnete Franz Xaver Schädler ereifert sich unaufhörlich gegen die Münchner Unsittlichkeit und wettert gegen den verderblichen Einfluß des Kabaretts. In Folge dessen werden 1903 ganze Programmteile der »Elf Scharfrichter« verboten.

Im November 1903 läuft dann endgültig die letzte Vorstellung im Theatersaal an der Türkenstraße. Im darauffolgenden Jahr wird die Bühne, deren Eingang das Emblem der Elf Scharfrichter mit einem hängenden Beil unter einer roten Laterne ziert, geschlossen. Einige Ensemblemitglieder gehen auf Tournee.

1927 schreibt der Münchner »Theaterprofessor« und Privatdozent für Literaturgeschichte, Artur Kutscher, rückblickend:

»Zugrunde gegangen sind die Elf Scharfrichter daran, daß sie sich, um größere Einnahmen zu haben ... entschlossen, täglich zu spielen; das war schaffenden Künstlern auf die Dauer unmöglich, weil es zu Überdehnung der Kraft führte und die Produktion lahmlegte. Daneben kommt auch in Betracht, daß eine künstlerisch und geschäftlich in gleichem Maße fähige Persönlichkeit fehlte. Es war niemand da, der auch das Schwächliche und Dilettantische rechtzeitig eindämmte ...«

Noch heute gelten die »Elf Scharfrichter« als das »ruhmvollste literarische Kabarett« im Deutschland der Wilhelminischen Zeit. Sie sind die ersten, die den Typ der Kleinkunstbühne mit dem Zusammenspiel von künstlerischem Plakat, orginell und modern gestalteten Programmheften, selbst entworfenem und gestaltetem Zuschauerraum, selbstgeschriebenen Texten und Musikstücken und eigens dafür entworfenen Dekorationen und Kostümen als Gesamtkunstwerk verstehen.

Albert Langen und die Zeitschrift »Simplicissimus«

»Das Lachen ist eine Macht, vor der sich die Größten dieser Welt beugen müssen. Und wenn mit so viel Kunst, mit so viel Schönheit und so viel Freimut wie im Simplicissimus gespottet wird, dann ist es am weisesten – wie grausam der Spott auch sein mag – kaltes Blut zu bewahren und sich auf die Seite der Lacher zu stellen.«

EMILE ZOLA

Ein Jungverleger in Paris

»Jüngster Sohn aus gutem Haus, Bildung bürgerlich-durchschnittlich, Manieren gut, Schulkenntnisse ausreichend, Einjährigenreife gerade geschafft, kaufmännische Lehre begonnen – nach einem Jahr abgebrochen, kaufmännische Tätigkeit bei Horn in Hamburg – abgebrochen, Malstudien in Köln – abgebrochen.«[3]

Den in dieser Beschreibung nicht sonderlich positiv charakterisierten jungen Mann, der sich nach einigen allenfalls mittelmäßig zu nennenden Malversuchen dennoch als Künstler fühlt, zieht es im Jahre 1890 in die Weltstadt und europäische Kunstmetropole Paris. Nach dem frühen Tod der Eltern ist der einundzwanzig Jahre alte und damit gerade volljährige Sproß einer Kölner Industriellenfamilie aus der Zuckerbranche, die unter anderem mit der völlig neuen Produktion von Würfelzucker ein Vermögen macht, mit einer wahrhaft fürstlichen Erbschaft ausgestattet.

Der »veritable Snob«, der den Namen Albert Langen trägt und in Paris von seinen Freunden und Bekannten »petit Langène« gerufen wird, residiert seinen finanziellen Möglichkeiten entsprechend luxuriös am noblen »Boulevard Malesherbes«. »Zimmer an Zimmer, das eine in Chippendale, das andere in Louis XV., eines in Gotik, das andere in Renaissance; und eine Bildergalerie schmückt die Wände, mit der man mehrere Ahnenschlösser hätte gründen können.«[4]

Dabei wird ihm nicht selten seine Leichtsinnigkeit und Gutgläubigkeit zum Verhängnis. Des öfteren wird er von sogenannten »guten Freunden« ausgenützt und betrogen.

Nach einigen dilettierenden Versuchen als Kunstmaler stellt sich der auf großem Fuße lebende Mann nun als Schriftsteller vor. Doch auch hier bleiben mangels größerem Talent die Erfolge aus. Da ist er als Kunstsammler schon eher auf dem richtigen Weg, denn fast nebenbei legt er sich eine umfangreiche und exquisite Sammlung von wichtigen französischen Impressionisten zu.

Erst drei Jahre später, im August 1893, kommt es zu der Begegnung, die dem gesamten beruflichen Lebensweg Albert Langens die entscheidende Richtung geben wird. Er lernt den Schriftsteller Knut Hamsun kennen. Und der hat gerade Schwierigkeiten mit dem auch heute noch existierenden S. Fischer Verlag.

Da sich Hamsuns Erstlingswerk »Hunger« als nahezu unverkäuflich erwiesen hat, weigert sich Samuel Fischer, Hamsuns neues Buch mit dem Titel »Mysterien« ohne Druckkostenzuschuß von seiten des Autors in das Verlagsprogramm aufzunehmen.

Da weiß der junge Albert Langen Rat. Nachdem er sich bei Fischer über die Höhe des Zuschusses erkundigt hat und die Summe als viel zu hoch

Der Verleger Albert Langen während seiner Simplicissimus-Zeit . . .

. . . und um 1900

einschätzt, entschließt er sich, das Buch selbst auf den Markt zu bringen.

Nur wenige Wochen später, am 1. Dezember 1893, ist der neue Verlag gegründet und firmiert unter »Albert Langen Buch- & Kunst-Verlag, Paris & Köln«. Selbstbewußt kündigt der Jungunternehmer an: »Reiche litterarische Erfahrungen, sowie gute Verbindungen mit hervorragenden Schriftstellern, setzen mich in den Stand, Ihnen baldigst Mitteilungen über demnächst bei mir erscheinende interessante Novitäten zugehen zu lassen.«

Doch Paris erweist sich schnell als ungeeigneter Standort für einen auf den deutschen Markt ausgerichteten Buchverlag. So siedelt Langen nach einem Umweg über die Verlagsstadt Leipzig im Jahre 1895 in die bayerische Hauptstadt über. Im dritten Stock eines noblen Hauses in der Leopoldstraße 7 mietet sich Langen ein.

Das Verlagsprogramm besteht zu jener Zeit vor allem aus skandinavischer und französischer Literatur. Insbesondere über seinen Schwiegervater Björnstjerne Björnson, hat Langen inzwischen gute Beziehungen nach Skandinavien. Denn Björnson ist nichts Geringeres als Norwegens populärster Schriftsteller und Nobelpreisträger, der zu jener Zeit als ungekrönter König seines Landes gilt.

Nach nur zehnjährigem Bestehen hat der erfolgreiche »quecksilbrig, bewegliche« Mann mit dem »nicht totzukriegenden Mundwerk« nicht weniger als 78 Autoren mit 354 Titeln veröffentlicht. Darunter sind neben Knut Hamsun, Emile Zola und Guy de Maupassant auch die zumindest zeitweise in München und Umgebung lebenden Schriftsteller Otto Julius Bierbaum, Max Dauthendey, Max Halbe, Heinrich Mann, Gustav Meyrink, Frank Wedekind und Ludwig Thoma zu finden.

Die Zeitschrift mit dem roten Hund

Gerade erst in München angekommen, beginnt Albert Langen mit dem Start seines aufsehenerregendsten Projekts, der Zeitschrift »Simplicissimus«. Sie wird ihn weit über die Grenzen Deutschlands hinaus berühmt machen.

Doch erst einmal gibt es Streit. Denn Langen bestellt als ersten Chefredakteur des »Simplicissimus« den Schriftsteller Otto Erich Hartleben. Dieser erbittet sich umgehend Beiträge, Gedichte, Schnurren und Einakter unter anderem von Detlev von Liliencron und Otto Julius Bierbaum. Doch die Auswahl Hartlebens paßt Langen nicht. Langen möchte keine der obligatorischen Dichteranthologien produzieren, sondern eine Zeitschrift mit Pfiff und Biß.

Nach einem heftigen Streit gibt Hartleben auf. Beleidigt stellt er in einem Brief an Arno Holz, den er ebenfalls um Beiträge gebeten hat, fest:

»Es ist nichts mit dem Simplicissimus. Der dumme Junge hat mir deine Gedichte, ebenso eins von Liliencron usw. zurückgeschickt. Das lasse ich mir nicht gefallen. Der Esel will selber redigieren – gut: soll er sehen, wie weit er kommt. Ich mache nicht mit.«

Doch der »Esel«, dem eine Zeitschrift analog des illustrierten »Gil Blas« in Paris vorschwebt, läßt sich nicht beirren. Am 4. April 1896 kommt die erste Nummer des »Simplicissimus« mit einer riesigen Startauflage in den Handel. Doch nur ein kleiner Bruchteil der »Illustrierten Wochenschrift«, die zehn Pfennig kostet und zu einem Abonnementpreis von einer Mark fünfzig für das Vierteljahr erhältlich ist, kann verkauft werden. So bleibt Langen auf dem größten Teil der ersten Nummer sitzen.

In der fünften Ausgabe erscheint erstmals Heines grimmige Bulldogge als Markenzeichen auf dem Titelblatt. Und das bisher immer noch etwas biedere Blatt wird nun auch deutlich bissiger. Schon nach kurzer Zeit ist das jeweils dienstags erscheinende Blatt Tagesgespräch in der Stadt.

Prompt kommen auch zahlreiche Beschwerden und Angriffe einer entrüsteten Öffentlichkeit. Die Zeitschrift wird als pornographisch denunziert und der Propagierung sozialistischer Umsturzideen verdächtigt. Albert Langen selbst antwortet in der Ausgabe Nummer 7 auf diese Vorwürfe:

»Unsittlich ist der aber nicht, der mit bitterem Lachen die sittliche Erbärmlichkeit aufdeckt, in der unsere Gesellschaft versinkt. Unsittlich ist der nicht, der mit Künstlerhand Schlaglichter in jene Tiefen des sozialen Lebens wirft, in denen absterbende Vorurteile, zerbröckelnde Grundsätze, der Kultus des goldenen Kalbes, die lähmende Macht des Elends, die gesunde Leidenschaft in ein entartetes Zerrbild verwandeln. Diese Kunst soll frei sein,

Der Simplicissimus-Zeichner Eduard Thöny in seinem Atelier im Jahre 1912

ihren Vorwurf zu wählen, wo es ihr beliebt, ohne sich in die Zwangsjacke einer verlogenen Sitte oder irgendwelcher politischer Phrase einstecken zu lassen...

Wie entmannt müßte ein Bürgertum sein, das keinen freien Gedanken in Wort und Bild mehr vertragen könnte, ohne nach dem Schutz des Nachtwächters zu kreischen...«

Als Autoren schreiben im Lauf der Jahre so unterschiedliche Temperamente wie Knut Hamsun, Thomas und Heinrich Mann, Frank Wedekind, Rainer Maria Rilke, Gustav Meyrink, Kurt Tucholsky, Joachim Ringelnatz, Roda Roda, Hermann Bahr, Max Dauthenday, Max Halbe, Ludwig Thoma und viele andere mehr.

Sein charakteristisches und auch bis heute noch prägnantes Aussehen aber verdankt der »Simplicissimus« den Karikaturisten und Zeichnern.

Da ist an erster Stelle der aus Leipzig stammende Thomas Theodor Heine zu nennen, der in einem »nüchternen Atelierhause« in der Theresienstraße 148 wohnt. »Sein Arbeitsraum war sehr behaglich mit Biedermeiermöbeln eingerichtet. Auf einem schwarz-grün gestreiften Lehnsessel saß mit mürrischem Gesicht der berühmte Mops, das zahme Vorbild der bissigen »Simplicissimus«-Bulldogge.«[5]

Da ist des weiteren ein gewisser Ferdinand Von Reznicek, ein feinsinniger und kultivierter Wiener und ehemaliger k. u. k. Kavallerieoffizier, der mit seinen erotisch-dekadenten Blättern und dem »Pin-up-girl-Typ seiner Zeit« eine pikante Note in das »Witzblatt« bringt.

Da ist Eduard Thöny, der allein über 5000 Zeichnungen für den Simplicissimus anfertigen wird und der Zeichner Karl Arnold, dessen bierselig-spießige

Die Simplicissimus-Zeichner Eduard Thöny, Bruno Paul, Ferdinand von Reznicek und Rudolf Wilke (von links nach rechts)

Münchner auch heute noch das Bild des Münchner Grantlers und Dreiquartel-Privatiers prägen.

Des weiteren ist der etwas biedere Wilhelm Schulz mit von der Partie, dann Bruno Paul, der zusätzlich als Architekt Karriere machen wird und Rudolf Wilke, ein exzellenter Zeichner aus Braunschweig, der aber schon im Jahre 1909 als nur Sechsunddreißigjähriger eines viel zu frühen Todes stirbt.

1902 wird der Norweger Olaf Gulbransson von Langen angeworben. Gulbransson, den man schon mal nachts in seiner »Lieblingstracht«, dem Adamskostüm, auf Bäumen am Schwabinger Bach herumklettern sieht, ist Stammgast im Donisl und im Bratwurstglöckl, wo er nicht selten riesige Mengen von Bier vertilgt.

Unter der Regie des baltendeutschen und aus Riga stammenden Korfiz Holm, der ab 1898 den nach

Der Simplicissimus-Zeichner Thomas Theodor Heine

Die Simplicissimus-Mitarbeiter Ignatius Taschner, Eduard Thöny und Ferdinand von Reznicek

dem »Palästina-Skandal« in die Schweiz und später nach Paris geflüchteten Unternehmer Langen vertritt und im Alter von nur 26 Jahren zum Prokuristen der Firma wird, erwächst der Simplicissimus zu einer Satire-Zeitschrift erster Güte. Die wöchentliche Auflage steigt auf 85 000 Stück, so manche »Sondernummer« erreicht die »magische« Zahl von 100 000 Exemplaren.

Über Holm, der als Schüler ein Gymnasium in Lübeck besucht, kommt ein ehemaliger Mitschüler namens Thomas Mann zum Langen-Verlag. Für Hilfstätigkeiten und Korrekturlesen bekommt er zu jener Zeit einhundert Mark im Monat.

Im Dezember 1897 stößt der Rechtsanwalt Ludwig Thoma, der einige Zeit später am Promenadenplatz 7 im ersten Stock eine Wohnung bezieht, zum Künstlerkreis um Albert Langen. Ab 1898 wird Thoma als Nachfolger Wedekinds unter anderem als Peter Schlemihl für den Simplicissimus insgesamt 832 Beiträge verfassen.

Der gutaussehende und stets elegant gekleidete Verleger Langen, der inzwischen nach über vierjährigem Exil und der Bezahlung einer Geldbuße in Höhe von 20 000 Mark wieder nach München zurückgekehrt ist, dirigiert sein Unternehmen nun vom Arbeitszimmer seiner neuen Villa in der Mandlstraße aus. Er »gibt Anregungen, spendet Lob, dämpft, gleicht Rivalitäten aus, hält Umschau nach neuen, ergänzenden Talenten, rückt locker gewordene Beziehungen wieder ins Lot, prüft die Grenzen des gegenüber der Obrigkeit noch Tragbaren.«[6]

Doch der agile Unternehmer scheint mit seiner Tätigkeit im Buchverlag und der Herausgabe des

Künstler-Fasching der Zeitschrift »Simplicissimus« 1906. Im Vordergrund Albert Langen, hinten Eduard Thöny und Ludwig Thoma

»Simplicissimus« noch immer nicht ausgelastet zu sein. Denn Langen, der als Autofan »selbstverständlich« einen schnittigen Wagen fährt, ist auch in zahlreiche andere Geschäfte und Unternehmungen involviert. So ist er unter anderem Generalvertreter einer Automobilfabrik, unterhält eine eigene Autohandlung mit Reparaturwerkstatt und betreibt eine »Bayerische Chauffeurschule GmbH«.[7]

Des deutschen Knaben Morgengebet

Du lieber Gott, ich danke dir,
Daß ich ein deutscher Knabe
Und daß ich einen deutschen Gott
Und deutsche Eltern habe!

Ich kann ja freilich nichts dafür;
Wie's kommt, so muß man's nehmen.
Doch wär' mein Vater ein Franzos,
Wie müßt ich mich da schämen!

Verdorben wäre und verwelscht
Mein Denken und mein Sinnen,
Die Mutter wäre liederlich
Wie die Pariserinnen.

Der Vater, statt zum Skat zu gehn
Am Stammtisch in der Schenke,
Ging' abends ganz wo anders hin –
Mich schaudert's wenn ich's denke!

Vor allem aber: als Franzos,
Allgütiger, Allweiser
Da hätt' ich wohl ein Vaterland,
Doch hätt' ich keinen Kaiser!

Drum dank ich dir, du lieber Gott,
Daß ich ein deutscher Knabe,
Und bitte dich: nimm alles hin,
Nimm alles, was ich habe!

Nimm Geld und Gut und Glück und Ehr'
Und Ruhm und Lorbeerreiser!
Nimm Vater mir und Mütterlein!
Nur lass' mir meinen Kaiser!

Und wenn der Erbfeind ihn bedrängt
Und Tod speit und Verderben,
Vergönne mir als letzte Gunst,
Jauchzend für ihn zu sterben!

EDGAR STEIGER
in »Simplicissimus« Nr. 1, 1907

»Meine Berliner Reise hatte folgende Gründe:

Thöny und Paul lieferten aus Berlin nicht viele Zeichnungen und waren hauptsächlich sehr unpräzis in der Ablieferung. Nun verlangte Thöny telegraphisch 250 Mark (wie ich nachher erfuhr, um seine Wirtin in Berlin zu bezahlen und nach München zu kommen). Geheeb schickte ihm aber nur hundert Mark, was Thöny schon sehr verschnupfte. Tags darauf faßte Wilke, der in Berlin überhaupt noch radikal gar nichts getan hatte und kein Geld hatte und von der »Jugend« auch keins verlangen konnte, den heroischen Entschluß, an uns zu telegraphieren, wir möchten ihm 250 Mark schicken, er hätte zwei Zeichnungen für uns gemacht, die schon unterwegs seien, was natürlich alles erstunken und erlogen war. Geheeb hatt nun die bedeutende Ungewandheit, dem Wilke das zu glauben und ihm das Geld umgehend zu schicken. Das ärgerte natürlich Thöny als ständigen Mitarbeiter furchtbar, auch Paul, der Wilke wegen seiner Naivität, mit der er von uns Geld erwartet hatte, kolossal verspottet hatte und dort vor einem Kontraktabschluß stand. Er hatte schon eine Zeichnung für Eysler fertig. Hierauf ergriff ich diese Zeichnung und Thöny und nahm die beiden Gegenstände nach München mit. Thöny ist also wieder hier und muß fleißig schruppen. Paul schwärmt für Berlin und will nicht fort, jedoch hoffe ich dadurch, daß ich ihm hier einen Auftrag verschaffen kann, ein hiesiges Restaurant modern einzurichten, wieder nach München zu ziehen. Alles ist also wieder Friede und Freude, nur hat Thöny eine solche Wut auf Geheeb, daß er kaum mit ihm spricht.«

Der Chefredakteur und Prokurist KORFIZ HOLM
in einem Brief an Albert Langen vom 7. März 1899

»Thomas Mann haben wir wieder zur Aushilfe engagiert. Dagegen haben Sie wohl nichts, weil er absolut notwendig war. Der Herr Kaibel, der halb zu meiner, halb zu Mischeks Arbeit engagiert war, ist hinausgeschmissen, und da Mischek noch eine ganze statt einer halben Hilfskraft brauchte, habe ich mir Mann (ein Wort ausgelöscht), der zu Hause Korrekturen und Manuskripte in erster Instanz liest, wozu er geeignet ist.«

KORFIZ HOLM an Albert Langen
in einem Brief vom 11. Oktober 1901

Korfiz Holm im Garten seines Pasinger Hauses 1912

»Palastrevolution«

Inzwischen ist auch den Mitarbeitern aufgefallen, daß es sich beim Simplicissimus um ein finanziell ausgesprochen lukratives Unternehmen handelt. So ist alsbald nicht mehr einzusehen, daß sämtlicher Gewinn in die Taschen des Verlegers Albert Langen fließen soll. Prompt möchte man an dem Unternehmen ebenfalls beteiligt sein. Im Jahre 1906 ist es dann soweit, es kommt zur »Palastrevolution«.

Die wichtigsten Redakteure und Zeichner haben sich zusammen getan und drohen bei Ablehnung ihrer Forderungen, gemeinsam die Redaktion zu verlassen und ein Konkurrenzblatt unter eigener Regie auf die Beine zu stellen. Der Titel des neuen Blattes steht schon fest: »Till Eulenspiegel«.

Langen hat gegen die ultimativen Drohungen keine Chance. Er ist auf die brillanten, von keinem zu ersetzenden Mitarbeiter angewiesen. Langen gibt nach. So werden seine Mitarbeiter zu Mitbesitzern und Teilhabern der »Simplicissimus-Verlag GmbH« und halten insgesamt sogar mehr als 50 Prozent aller Anteile.

Als Teilhaber zeichnen Thoma und Heine mit je zwei Anteilen, Thöny, Geheeb, Bruno Paul, Gulbransson, Reznicek, Wilke und Wilhelm Schulz mit je einem Anteil. Die GmbH schüttet an die Anteilseigner eine jährliche Dividende zwischen 6500 und 20 000 Mark aus.

Langen aber zieht sich verärgert und gekränkt aus dem »Simplicissimus« zurück und entwirft ein neues Verlagsprojekt: die Zeitschrift »März«.

Am 30. April 1909 stirbt Langen völlig überraschend im Alter von nur neununddreißig Jahren. Er hat sich beim Autofahren im offenen Wagen während einer Verfolgungsjagd bei der Landung eines Luftschiffes des Grafen Zeppelin eine Erkältung und Mittelohrentzündung zugezogen. Als Langen, ohne diese erste Erkältung auskuriert zu haben, erneut im offenen Wagen einen Ausflug ins Oberland unternimmt, holt er sich einen gefährlichen Rückschlag. Erneut bagatellisiert und verschleppt Langen die Krankheit. Als dann Eiter ins Blut kommt, ist urplötzlich die Situation aussichtslos.

Noch auf dem Sterbebett verfügt Langen, daß die kommissarische und treuhänderische Leitung des Verlages bis zum vierundzwanzigsten Geburtstag seines jüngsten Sohnes an ein vierköpfiges Gremium gegeben wird. Korfiz Holm wird zum Chef des Quartetts, dem Dr. Reinhold Geheeb, Otto Gommel und Otto Friedrich angehören, ernannt.

»Zur Unterstützung der Kriegsführung«

»Der Simplicissimus ist das einzige illustrierte Kunst- und Kampfblatt Deutschlands ohne politische Tendenz, geschaffen für alle Freunde und Feinde einer freien Denkungsart.« Dies gilt vor allem für die Jahre vor dem Ersten Weltkrieg, die auch die besten Jahre dieser selbstverständlich politischen, aber nicht partei-politischen Zeitschrift sind.

Opfer des Spotts und der gnadenlosen Verhöhnung sind immer wieder Vertreter der Obrigkeit, »Frömmler und Heuchler« aus dem Kreise des Klerus und der Zentrumspartei, Pfarrer beider Konfessionen, Staatsanwälte und Richter, die verschiedensten Chargen des Militärs, und nicht zuletzt der Kaiser selbst, der den Zerfall der Monarchie auffällig zu personifizieren scheint.

Doch dann kommt der Erste Weltkrieg. Und damit ändert sich die Lage schlagartig.

Der Redakteur Thoma will die Zeitschrift umgehend einstellen. Er hält eine Satirezeitung in Opposition zu Regierung und Staat nach Beginn des Krieges für absolut inopportun. Doch Heine widerspricht und geht damit gleichzeitig über Thomas Forderung hinaus. Er fordert nicht nur das Ende der Opposition, sondern im Gegenteil einen patriotischen Simplicissimus »zur Unterstützung der Kriegsführung«.

Das läßt sich auch Thoma gefallen, und in ihrem Innersten sind alle Beteiligten froh, daß die Arbeit weitergeht und die bisher so ergiebige Einnahmequelle auch nach Kriegsbeginn erhalten bleibt.

Als sich bald herausstellt, daß die beiden Söhne Langens, die inzwischen norwegische Staatsbürger geworden sind, an dem Münchner Verlag wenig Interesse zeigen, bietet die Vormundschaft noch während des Krieges den gesamten Verlag und die restlichen Anteile des verstorbenen Langen der Redaktionsführung zum Kauf an. Und die vier Treuhänder legen das verlangte Geld auf den Tisch. Am 6. Juli 1918 erwerben sie alle Rechte am »Albert-Langen-Verlag« für die horrende Summe von insgesamt 417 000 Mark.

Doch das Unternehmen hat in der Weimarer Zeit mit ihrer gespenstischen Inflation und den zahlreichen Krisen nicht mehr den gewohnten Erfolg. Der Schuldenberg wächst. 1931 schließt man sich mit dem ebenfalls in finanziellen Nöten steckenden Georg Müller Verlag zum auch heute noch existierenden Verlag »Langen-Müller« zusammen.

Langjähriger Herausgeber des Simplicissimus wird nun Dr. Owlglaß, der auch unter dem Pseudonym Hans Erich Blaich firmiert und später als »Dichter« und Mitarbeiter der Nazi-Elite-Zeitschrift »Das innere Reich« wieder erscheinen wird.

Und Klaus Mann, der sich in seinem Roman »Mephisto« mit der Korruption und Anpassungsfähigkeit ehemals kritischer Geister im Dritten Reich auseinandersetzt, zieht auch für den Simplicissimus eine bittere und erschreckende Bilanz:

»Von allen im Dritten Reich gedruckten Widrigkeiten ist mir die ›satirische‹ Wochenschrift ›Simplicissimus‹ der widrigsten eine...: da finden sich noch immer die alten Namen – die Karl Arnold, Olaf Gulbransson, Eduard Thöny, Erich Schilling, Wilhelm Schulz, sie sind alle noch da. Nur Th. Th. Heine fehlt – aus triftigen Gründen. Er lebt und schafft im Exil; von Prag und Brünn aus muß er sich's gramvoll und beschämt mit ansehen, welch degoutante Gesinnungslumpereien seine früheren Freunde und Kollegen sich leisten. In der Tat: Was diese »Humoristen« in München treiben, überschreitet selbst das in Deutschland heute übliche und gewohnte Maß.«

Im Wirtshaus sitzt der Vater,
die Mutter im Theater,
sie schwelgt im Kunstgenuß.
Die Tochter, unschuldsreine,
liest still im Lampenscheine
den Simplicissimus.
Wie alle höh'ren Töchter
hat sie nicht der Geschlechter
Verschiedenheit gekennt.
Doch als sie *dies* gelesen,
ist alles futsch gewesen,
was man moralisch nennt.
Sie ließ den Storchenglauben
wohl über nacht sich rauben
und sonst noch mancherlei.
Sie las vergnügt die Witze,
verstand die frechste Spitze
und wußte, was es sei.
Als dies die Mutter ahnte
und ihr das Schlimmste schwante,
sprach sie nicht einen Ton.
Sie schloß in ihrer Kammer
sich ein, mit ihrem Jammer
und einem Bariton.
Noch tiefer ist gesunken
der Vater. Schwer betrunken
holt er sich bald die Gicht.
Wie war er gut katholisch!
Jetzt ist er alkoholisch,
bis daß sein Bierherz bricht.
Er geht nicht mehr von hinnen,
poussiert die Kellnerinnen
vor Gram und Überdruß.
Und wer hat das verschuldet?
Der, den man leider duldet,
der Simplicissimus!

Frank Wedekind und die »kaiserliche Palästina-Reise«

»Mit einem Stöckchen in der Hand und einer Mütze auf dem Kopf spazierte ich im Englischen Garten und besuchte Wedekind, den mein karierter Anzug interessierte. Derselbe kostete dreißig Franken. Heute sind Kleidungsstücke wesentlich teurer. Ich lobte meinerseits Wedekinds grünen Schreibtisch. Der Dichter von »Frühlings Erwachen« bot mir mit feinem Lächeln Zigaretten an.«

Robert Walser

Reklamechef bei »Maggi«

»Als ich im Sommer 1890 von Berlin nach München kommend einen kürzeren Besuch in München machte, war fast das erste, was mir meine dortigen Freunde berichteten, daß ein höchst origineller junger Literat dort aufgetaucht sei, den ich unbedingt kennenlernen müsse. Er... sei der Typus eines echten Bohémiens, der bis morgens um vier im Café Luitpold sitze und die merkwürdigsten Ansichten über Literatur, Kunst, Menschen und Welt zum Besten gebe: zweifellos ein Sonderling und ein Talent...«

Am 24. Juli 1864 wird der hier von Max Halbe beschriebene »Sonderling« als Benjamin Franklin Wedekind, benannt nach dem Vorbild des gleichnamigen amerikanischen Präsidenten, als zweites von insgesamt sechs Kindern in Hannover geboren.

Der Vater, der als engagierter Demokrat nach der gescheiterten Revolution von 1848 Deutschland verläßt und nach Amerika emigriert, arbeitet in San Francisco als Arzt. In dieser Eigenschaft lernt er eine Patientin kennen, die ebenfalls aus einer politisch verfolgten Familie aus Deutschland stammt.

Im Alter von nur sechzehn Jahren aus der Enge der inzwischen in die Schweiz umgesiedelten Familie ausgebrochen, besucht die junge Frau eine Schauspielschule in San Francisco, tingelt in den verschiedensten ortsansässigen Varietés und wird anschließend Mitglied des dortigen »Deutschen Theaters«.

Als sie das zweite Kind erwartet, beschließen die Wedekinds, nach Deutschland zurückzukehren. Kurz vor der Geburt ihres Sohnes Frank brechen die Eltern endgültig ihre Zelte in Amerika ab.

Doch kaum in Hannover angekommen, mischt sich der Vater erneut in die Politik und bekämpft nun leidenschaftlich die Bismarcksche Reichsgründungs- und Außenpolitik um 1870/71. Im Jahre 1872 sieht sich der Vater deshalb abermals gezwungen, Deutschland zu verlassen. Doch diesmal emigriert man in die Schweiz und erwirbt dort im Kanton Aargau das »Schloß Lenzburg«, wo der junge Frank auch seine Kindheit und Jugend verbringt.

Nach bestandenem Abitur am Gymnasium des benachbarten Ortes Aarau beginnt Frank, dem Wunsche des gestrengen Vaters folgend, ein Jurastudium in Lausanne und München. Doch Wedekind verbummelt in München seine Zeit und treibt sich vor allem in Musikerkreisen herum. Prompt wird er vom erzürnten Vater in die Schweiz zurückbefohlen.

Nachdem es immer häufiger zu Streitigkeiten mit dem Vater kommt, bei denen sich Frank auch zu Tätlichkeiten hinreißen läßt, ist der Bruch im Spätherbst 1886 nicht mehr zu vermeiden. Prompt werden Frank Wedekind alle elterlichen Zuschüsse für den Lebensunterhalt gestrichen. Wedekind beginnt zum Gelderwerb als freier Mitarbeiter bei der »Neuen Züricher Zeitung«.

Da trifft es sich gut, daß Wedekind inzwischen in Lenzburg gerade einen gewissen Karl Henckell kennenlernt, der uns über seine Texte aus Anlaß der Gumppenbergschen Lesung im Rahmen der »Gesellschaft für modernes Leben« schon begegnet ist.

Denn Henckell ist gerade zu Besuch bei seinem Bruder, der in eben diesem Lenzburg neben einer Landwirtschaft auch eine eigene Konservenfabrik betreibt. Noch aus der Hannoveraner Zeit, als sie für einige Zeit Nachbarn waren, sind die Wedekinds mit den Henckells gut bekannt.

Über die Beziehungen des Dichters Henckell zu einigen Industriellen kommt Wedekind 1886 zur Suppen- und Speisewürze-Fabrik eines gewissen »Julius Maggi & Co« in Kemptthal. Er wird dort Chef der neugegründeten Werbe-Abteilung und insgesamt 158 Werbetexte, teils ausgesprochen skurriler Art, für den Konzern verfassen.

Was dem Einen fehlt, das findet
in dem andern sich bereit;
Wo sich Mann und Weib verbindet
Keimen Glück und Seligkeit.

Alles Wohl beruht auf Paarung;
Wie dem Leben Poesie
Fehle Maggi's Suppennahrung
Maggi's Speise-Würze nie!

In Zürich, dem Zufluchtsort von zahlreichen Emigranten, lernt Wedekind auch Carl und Gerhart Hauptmann kennen und wird von Henckell in den dortigen Kreis verfolgter Sozialdemokraten eingeführt.

Alsbald ist Wedekind der Fließband-Dichtung für den Speisekonzern überdrüssig. So geht er ab Juli 1887 zum »Zirkus Herzog« und ist dort ein halbes Jahr als Sekretär für den Schaustellerbetrieb tätig. Aus jener Zeit stammen seine Zirkuserfahrungen, die er immer wieder in seinen Theaterstücken anklingen lassen wird.

Als im Oktober 1888 der Vater stirbt, ist Wedekind, der sich mit ihm inzwischen wieder ausgesöhnt hat, mit einer Erbschaft von 20 000 Franken plötzlich finanziell unabhängig.

Ein Snob mit Klapphut

Nach Aufenthalten in Zürich und Berlin, wo er auf Grund seiner amerikanischen Herkunft erhebliche Schwierigkeiten mit dem Paßamt hat, nimmt Wedekind zum zweiten Mal in München Quartier. Anschließend geht er nach Paris, reist durch England, verbringt einige Zeit in Südfrankreich und trifft 1890 erneut in München ein.

Noch im selben Jahr erscheint das Jugenddrama »Frühlings Erwachen«, dessen Theaterpremiere allerdings erst fünfzehn Jahre später, am 20. November 1906, in den Berliner Kammerspielen stattfinden wird.

In München fällt der seltsame Mann mit seiner »aufreizenden Erscheinung« und der »penetranten Eleganz« ziemlich auf. Denn Wedekind ist mit seinem glatt nach vorne gekämmten Haar eine bizarre und snobistische Erscheinung. Oft einen seidenen Klapphut oder Zylinder auf dem Kopf,

»Seine sehr ansehnliche Nase war zwischen den Augen eingesattelt und lief weiter unten erst zu einer kühn gewölbten Krümmung aus, so daß sie etwa einem Geierschnabel glich; die hellblaugrauen Augen hatten von Natur wohl einen sanft verträumten Blick, er gab sich aber Mühe, einen damit herausfordern und stechend anzusehen; der an sich fein geschnittene Mund schien durch das künstliche Gebiß entstellt, das er mit seinen zweiunddreißig Jahren damals schon trug, und das ihm keineswegs durch einen Meister seines Faches angemessen war. Da es sich immerfort vom Gaumen loslöste, zog Wedekind, es wieder an den rechten Platz zu bringen, seinen Mund minütlich in die Breite und die Oberlippe stramm, baute jedoch, daß man den Zweck dieser Grimasse nicht so merke, sie geschickt zu einem lästerlichen Grinsen aus. Auch seine Zungenspitze wurde häufig bei der Bändigung des Gebisses mit bemüht; dies zu maskieren, leckte er sich dann frivol die Lippen wie ein blutdürstiger Tiger der Erotik und schuf sich aus dieser Not zwar keine Tugend, aber eine Dämonie und eine Glorie von Lasterhaftigkeit . . .

Korfiz Holm über Frank Wedekind

trägt Wedekind zum eleganten schwarzen Anzug glänzende Lackschuhe und einen Zwicker an der Schnur. Als ihn Max Halbe das erste Mal in München trifft, ist Wedekind mit einem grauen Gehrock, einer »gelbkarierten Pepitahose« und dazu »passenden« gelben Glacéhandschuhen bekleidet.

Und auch Ludwig Thoma erinnert sich an die seltsame Erscheinung:

»Ich sah ihn vor seiner Flucht in die Schweiz, also vor 1898, einige Male in der Ludwigstraße; er saß auf dem Rade und hatte eine blendend weiße Kniehose, dazu lange, schwarze Strümpfe an. Dabei trug er die sieben Bärte, von denen seine Jünger zu sprechen liebten; neben einem Schnurr- und Knebelbarte hingen noch auf jeder Seite des Kinnes je zwei Haarbüschel herunter.«

Nicht selten verbringt der »riesige Nachtvogel« und »ungekrönte König von Schwabing« den halben Tag in einer der zahlreichen Gaststätten der Stadt. So ist er häufig in der für ihren Tiroler Rotwein bekannten Strasser'schen Weinstube am Viktualienmarkt anzutreffen, wo er schon mal ein Ständchen zum besten gibt, oder er spaziert bei schönem Wetter zum Biergarten des Hofbräukellers am Wiener Platz. Für lange Jahre hält er einen stadtbekannten Stammtisch in der Torggelstube und ist regelmäßig Gast im Café Stefanie, im Café Luitpold und in der »Dichtelei«, wo er auch Erich Mühsam kennenlernt. Im Café Luitpold gelingt es ihm sogar, für seinen Tisch eine Ausnahme von der Sperrzeitregelung zu erreichen. So sitzt man dort oft noch bis vier Uhr früh bei Kerzenlicht und von außen kaum einsehbar zusammen.

1894 wird die in Paris entworfene Lulu-Tragödie veröffentlicht. Ein Jahr später erscheint bei Albert Langen, den Wedekind über die Vermittlung des französischen Malers und berühmten Kunstfälschers Willi Grétor kennenlernt, das Drama »Erdgeist«. Nach einer kurzen Tätigkeit als Sekretär des durchtriebenen und mit allen Wassern gewaschenen Grétor, kehrt Wedekind erneut nach München zurück, wo ihn Langen auch für die Mitarbeit beim gerade in Vorbereitung befindlichen »Simplicissimus« gewinnt. Und nun geht's langsam aufwärts. 1898 hat der »Erdgeist« in Leipzig Premiere. Wedekind rechnet hämisch mit den Naturalisten und dem realistischen Theater eines Gerhart Hauptmann ab.

Schon im Prolog deklamiert Wedekind, der auch die Hauptrolle des Dr. Schön übernommen hat und zu Beginn des Stückes als Dompteur und Tierbändiger im roten Frack mit Peitsche und Zirkusrevolver vor das Publikum tritt:

»Der eine Held kann keinen Schnaps vertragen,
der andre zweifelt, ob er richtig liebt,
Den dritten hört ihr an der Welt verzagen,
Fünf Akte lang hört ihr ihn sich beklagen,
Und niemand, der den Gnadenstoß ihm gibt. –
Das wahre Tier, das wilde schöne Tier,
Das – meine Damen – sehn Sie nur bei mir.«

Noch im selben Jahr wird er von Ignaz Georg Stollberg an das Münchner Schauspielhaus als Regisseur und Dramaturg für 150 Mark pro Monat verpflichtet. Doch dann kommt es zum Skandal über die »Palästinareise« und zum nachfolgenden Prozeß wegen »Majestätsbeleidigung«. Zu seinem Verdruß wird die angehende Karriere erneut verzögert und gefährdet.

Sehr geehrter Herr Wedekind!

Da Sie heute nie nach Hause kamen, mus ich mich schriftlich an Sie wenden, damit nicht vielleicht auch heute Nacht die Nachbarschaft, wie die Parteien im Hause, so vil Ärgernis nehmen wie heute Morgen; von allen Seiten wurde ich angeredet und nicht auf die freundlichste Art, im Nebenhause schikte man mir die Hausmeisterin mir zu sagen, wie das noch einmahl vorkomt, wendet man sich an die Polizei, überhaupt wollen es alle dem Herrn Baron sagen, daß Herrn mit Weibsbildern bei dem Fenster aus und einsteigen. Hätten es einzelne Menschen gesagt, würde ich weniger beachtet haben, aber es haben zu vile gesehen; ich muß Ihnen nun höflich ersuchen, bester Her Wedekind, alle Unruhe von jetzt an zu vermeiden, den es wird aufgepaßt und es wird für Sie dan auch nicht angenehm enden, man will die Gendarmeri besonders auf Ihr Fenster aufmerksam machen . . .

. . . also bitte sehr zu beherzigen, den ich möchte nicht alle Tage so vil Kummer erleben wie heute, ich habe genug zu tragen; schließlich bitte ich, wen möglich, um den Rest der Rechnung, ich hätte Zahlung.

Mit bestem Gruß hochachtungsvoll
A. Mühlberger

Brief der Wohnungsvermieterin A. Mühlberger Akademiestr. 21, vom 14. August 1891

»Hieronymus« wird enttarnt

»Ende Oktober kam der große Eklat. Sein Anlaß war die Orientreise Wilhelms II. Das Kaiserpaar hatte mit großem Gefolge am 11. Oktober von Potsdam aus seine Reise angetreten. Sie führte die Majestäten über Wien nach Italien, wo sie sich, nach einem Aufenthalt in Venedig, auf der »Hohenzollern« einschifften, um die Reise auf dem Seeweg fortzusetzen. In Konstantinopel wurde dem Kaiser von Sultan Abdul Hamis II. (1842–1918) ein triumphaler Empfang bereitet. Am 25. Oktober ging der Kaiser in Haifa an Land, und am 29. hielt er Einzug in Jerusalem. Die Reise führte über Beirut, Athen und Genua nach Deutschland zurück.«[8]

Am 23. Oktober 1898 erscheint die Nummer 31 des Simplicissimus mit einer aus heutiger Sicht eher harmlosen Karikatur zu eben jenem Thema auf dem Titelblatt. Ergänzend zu dieser Zeichung aus der Feder von Thomas Theodor Heine ist im Heft ein Gedicht abgedruckt, dessen anonymer Autor mit dem Pseudonym »Hieronymus« signiert:

Der König David steigt aus seinem Grabe,
Greift nach der Harfe, schlägt die Augen ein
Und preist den Herrn, daß er die Ehre habe,
Dem Herrn der Völker einen Psalm zu weihn.
Wie einst zu Abisags von Sunem Tagen
Hört man ihn wild die Saiten schlagen,
Indes sein hehres Preis- und Siegeslied
Wie Sturmesbrausen nach dem Meere zieht.

Willkommen, Fürst, in meines Landes Grenzen,
Willkommen mit dem holden Eh'gemahl,
Mit Geistlichkeit, Lakaien, Exzellenzen
Und Polizeibeamten ohne Zahl.
Es freuen sich rings die historischen Orte
Seit vielen Wochen schon auf deine Worte,
Und es vergrößert ihre Sehnsuchtspein
Der heiße Wunsch, photographiert zu sein.

Ist denn nicht deine Herrschaft auch so weise,
Daß du dein Land getrost verlassen kannst?
Nicht jeder Herrscher wagt sich auf die Reise
Ins alte Kanaan. Du aber fandst,
Du sei'st zu Hause momentan entbehrlich;
Der Augenblick ist völlig ungefährlich;
Und wer sein Land so klug wie du regiert,
Weiß immer schon im voraus, was passiert.

Es wird die rote Intenationale,
Die einst so wild und ungebändig war,
Versöhnen sich beim sanften Liebesmahle
mit der Agrarier sanftgemuten Schar.
Frankreich wird seinen Dreyfus froh empfangen,
Als wär' auch er zum Heil'gen Land gegangen.
In Peking wird kein Kaiser mehr vermißt,
Und Ruhe hält sogar der Anarchist.

So sei uns denn noch einmal hoch willkommen
Und laß dir unsere tiefste Ehrfurcht weihn,
Der du die Schmach vom Heil'gen Land
genommen,
Von dir bisher noch nicht besucht zu sein.
Mit Stolz erfüllst du Millionen Christen;
Wie wird von nun an Golgatha sich brüsten,
Das einst vernahm das letzte Wort vom Kreuz
Und heute nun das erste deinerseits.

Der Menschheit Durst nach Taten läßt sich stillen,
Doch nach Bewund'rung ist ihr Durst enorm.
Der du ihr beide Durste zu erfüllen
Vermagst, sei's in der Tropenuniform,
Sei es in Seemannstracht, im Purpurkleide,
Im Rokokokostüm aus starrer Seide,
Sei es im Jagdrock oder Sportgewand,
Willkommen, teurer Fürst, im Heil'gen Land!

Doch für derlei Späße hat die zuständige Staatsanwaltschaft nur wenig Verständnis. Da der Simplicissimus zu jener Zeit in Leipzig gedruckt wird, beschlagnahmen dortige Stellen umgehend alle noch vorhandenen Exemplare der indizierten Nummer und stellen zusätzlich die zugehörigen Druckstöcke in der Druckerei »Hesse & Becker« sicher. Und weil man schon beim Konfiszieren ist, beschlagnahmt man die gerade entstehende Nachfolgenummer 32 auch gleich mit.

Gegen den verantwortlichen Herausgeber Langen, den Zeichner der Karikatur auf dem Titelblatt und »gegen Unbekannt« wird umgehend ein Haftbefehl wegen »Majestätsbeleidigung« erlassen.

Entgegen der allgemeinen Rechtslage, die die Länderhoheit der jeweiligen Staatsanwaltschaft zur Folge hat, schickt der Leipziger Staatsanwalt einen sächsischen Untersuchungsrichter nach München und läßt von eigenen »zuverlässigen« Leuten die Redaktionsräume des Simplicissimus durchsuchen. Und tatsächlich: Man findet, was man sucht.

Ausgerechnet Langen ist es, der – wahrscheinlich aus Versehen – der Staatsanwaltschaft das Originalmanuskript des Gedichts in die Hände spielt. Nach Vergleichen mit anderen Schriftproben ist der unbekannte Autor rasch entdeckt.

Wedekind tobt. Er fühlt sich von Langen verraten und mißbraucht. Den vermeintlichen Vertrauensbruch wird Wedekind seinem Verleger nie so recht verzeihen.

Langen geht auf Anraten seines juristischen Beraters Dr. Rosenthal für unabsehbare Zeit – am Ende werden es viereinhalb Jahre sein – ins Exil. Wedekind wird ihm wenig später nachfolgen. Heine aber stellt sich den sächsischen Behörden und wird prompt festgenommen und eingesperrt.

Von der »Jahreszeiten-Bar« nach Zürich

Am 29. Oktober 1898 ist die Premiere des »Erdgeist« im Münchner Schauspielhaus. Da erfährt der Prokurist des Simplicissimus-Verlages, Korfiz Holm, von einem Schwabinger Polizeikommissar, der sich vom selbständigen Handeln und den Eigenmächtigkeiten der Leipziger Staatsanwaltschaft provoziert und übergangen fühlt, von der Enttarnung Wedekinds und dessen unmittelbar bevorstehender Festnahme:

»Also, Herr Holm, daß sich fei net täuschen, heut' wissen wir's noch net, aber morgen Mittag, da wissen wir's bestimmt.«[9]

Und Holm versteht diesen Wink mit dem Zaunpfahl.

Noch während das Premierenpublikum im Schauspielhaus applaudiert, verschwindet Wedekind, der auch in München als »Dr. Schön« im »Erdgeist« eine Hauptrolle übernommen hat, mit seinen Freunden in die nicht allzu weit entfernte »Jahreszeiten-Bar«. Die Premiere wird begossen. Gegen Morgengrauen aber ruft man für Wedekind eine Droschke herbei.

»Kurz nach fünf Uhr morgens bestieg er in vorzüglicher Laune am Ostbahnhof den ersten Zug nach Kufstein, von wo er nach Zürich weiterfuhr. Hier erwartete ihn bereits der vorgeflohene Simplicissimus-Verleger Langen . . .«[10]

Der Simplicissimus-Redakteur Thoma aber reimt den Flüchtigen spöttisch und schadenfroh hinterher:

»Wer reist so spät durch Nacht und Wind?
Herr Langen und Herr Wedekind!
So nachts zu reisen ist kein Genuß,
Und das kommt vom Hieronymus.«

Im Juli 1899 ist Wedekind des Davonlaufens überdrüssig. Er stellt sich dem zuständigen Leipziger Gericht, von dem er zu insgesamt sieben Monaten Gefängnis verurteilt werden wird. Die schon abgebüßte Untersuchungshaft »wegen Fluchtgefahr« wird angerechnet.

Nachdem seine Strafe durch Gnadenerlaß des Königs von Sachsen in Festungshaft, die als »nicht ehrenrührig« gilt, umgewandelt ist, trifft Wedekind am 21. September 1899 auf der Festung Königstein ein. Dort erwartet ihn schon der Kollege Heine, der wegen seiner Zeichnung in der Palästina-Nummer sechs Monate absitzen muß.

Doch allem Ärger zum Trotz scheint die Haft auf Wedekind besonders einschüchternd nicht gewirkt zu haben. Denn kaum aus der Festung Königstein entlassen, schreibt Wedekind ein Spottgedicht auf Wilhelm II. und die Justiz. Es trägt den frohgemuten Titel »Der Zoologe von Berlin« und wird – von Wedekind selbst zur Laute vorgetragen – unter anderem auf der Bühne der »Elf Scharfrichter« zur frenetisch bejubelten Attraktion des Abends werden.

Vor der Majestät, das kann ich schwören,
Hegt' ich stets den schuldigen Respekt;
Ja, es freut mich oft sogar zu hören,
Daß man den Beleidiger entdeckt;
Denn dann wird die Majestät erst sehen,
Ob sie majestätisch nach Gebühr.
Deshalb ist ein Mops, das bleibt bestehen,
Zweifelsohne doch ein Säugetier.

Ebenso hab' vor den Staatsgewalten
Ich mich vorschriftsmäßig stets geduckt,
Auf Kommando oft das Maul gehalten
Und vor Anarchisten ausgespuckt.
Auch wo Spitzel horchen in Vereinen,
Sprach ich immer harmlos wie ein Kind.
Aber deshalb kann ich von den Schweinen
Doch nicht sagen, daß es Menschen sind.

Viel Respekt hab' ich vor dir, o Richter,
Unbegrenzten menschlichen Respekt!
Läßt du doch die ärgsten Bösewichter
In Berlin gewöhnlich unentdeckt.
Doch wenn »Hoch!« zu rufen ich mich sehne
Von dem Schwarzwald bis nach Kiautschau,
Bleibt gestreift nicht deshalb die Hyäne,
Nicht ein schönes Federvieh der Pfau?

Also war das Wort des Zoologen,
Doch dann sprach der hohe Staatsanwalt;
Und nachdem er alles wohl erwogen,
Ward der Mann zu einem Jahr verknallt.
Deshalb vor Zoologie-Studieren
Hüte sich ein jeder, wenn er jung;
Denn es schlummert in den meisten Tieren
Eine Majestätsbeleidigung.

»Das Stück ist die Ausgeburt eines verworrenen Kopfes voll von psychologischen Unwahrheiten und nirgends zu Ende gedachten ethischen Anschauungen ... Daß dann ... nur verlogene Gestalten entstehen können, ist selbstverständlich. Damit sinkt aber der künstlerische Wert auf Null. Die Wandlung der jungfräulichen Bekämpferin des Mädchenhandels zum Freudenmädchen auf Grund eines geistlosen Dialogs ist schon das stärkste Stück, was eine anmaßende Dichtkunst einem gedankenlosen Publikum vorzusetzen wagen darf. Das Stück hat weder künstlerischen noch wissenschaftlichen Wert, dafür aber eine um so deutlichere perverse Tendenz und ist aus diesem Grunde zu verbieten.«

Der Zensurbeirat und Stadtschulrat Anton Kerschensteiner über Frank Wedekinds Theaterstück »Totentanz«, das auf Grund dieses Befunds am 24. Mai 1910 erneut von der »Kgl. Polizeidirektion München« verboten wird.

Die Zensur wählt einen Beirat,
Und der Beirat rät genau,
wie in einer Musterheirat
die normale Ehefrau.

Dreimal »Ja« auf alle Fragen,
wie der Zensor sie bespricht.
»Nein« darf nur der Zensor sagen,
für den Beirat gibts das nicht.

Sollte je ein Rat sich lohnen,
weil ihr Leid die Menschheit klagt,
dann, um sein Gehirn zu schonen,
wird der Beirat nicht gefragt.

Und zu solchen Narrenpossen,
aller Menschenwürde bar,
bieten heut sich unverdrossen
lauter Ehrenmänner dar.

FRANK WEDEKIND

Eine Ehrengabe zum Fünfzigsten

1906 heiratet der inzwischen zweiundvierzig Jahre alte Wedekind in Berlin die über zwanzig Jahre jüngere Schauspielerin Tilly Niemann-Newes. Wedekind, der in München auch eine Liaison mit der in Scheidung lebenden zweiten Frau August Strindbergs hat und der der eigentliche Vater des 1897 geborenen Friedrich Strindberg ist, entpuppt sich plötzlich als gestrenger Ehemann.

Denn ausgerechnet der »Erotiker« Wedekind, der in seinen Theaterstücken so kräftig mit den Tabus aufräumt, wacht nun eifersüchtig über die Tugend seiner Ehefrau. Sogar auf das Theaterpublikum bezieht sich seine Eifersucht.

1908 zieht der zu Wohlstand gelangte Wedekind in die noble Prinzregentenstraße 50 um. »Im Arbeitszimmer, in dem die letzten großen Werke des Dichters entstehen, ist alles rot. Rote Teppiche, rote Tapeten, rote Vorhänge und die spartanisch-primitiven Büromöbel, die je nach seiner Stimmung bemalt werden.«[11]

Insgesamt hat sich Wedekind zu diesem Zeitpunkt durchgesetzt. Allein im Jahre 1909 ist er in sieben seiner Stücke, dem »Erdgeist«, »König Nicolo«, »Marquis von Keith«, »Hidalla«, »Der Kammersänger« und »Die Zensur« auch als Schauspieler zu sehen.

Zu seinem 50sten Geburtstag im Jahre 1914 organisieren zahlreiche Kollegen ein großes Fest und sammeln für eine »Ehrengabe«. Auch in Erich Mühsams Zeitschrift »Kain« ist der zugehörige Aufruf des »Komitees«, das unter anderem aus Herbert Eulenberg, Maximilian Harden, Thomas Mann und Georg Müller besteht, schon auf der Titelseite abgedruckt:

»AUFRUF!

Am 24. Juli ds. Js. wird Frank Wedekind 50 Jahre alt ... An alle Freunde seiner Persönlichkeit und seines Werkes ergeht hiermit die Bitte, sich durch Stiftung einer Summe zu der geplanten EHRENGABE, die Frank Wedekind an seinem Geburtstag überreicht werden soll, an dieser Feier zu beteiligen und in ihren Kreisen dafür zu wirken. Es handelt sich hier selbstverständlich nicht um die Unterstützung einer bedürftigen, sondern um die demonstrative Ehrung eines hervorragenden Dichters. – Die Zahlung der Beiträge, zu denen das Komitee mit 1000 Mk den Grund gelegt hat, wird an die Bayrische Vereinsbank, München, Promenadenstr. 1, Konto »Ehrengabe Frank Wedekind« erbeten ...«

Frank Wedekind, Dichter und Dramatiker

Der Wahnsinn bricht aus

Im Jahre 1914 wird Wedekind in einem Nymphenburger Krankenhaus der Blinddarm entfernt. Doch die offensichtlich auch fehlerhaft ausgeführte Operation führt zu Komplikationen. Immer und immer wieder bricht die Narbe auf, die Beschwerden lassen trotz zahlreicher Arztbesuche und dem Tragen von Bandagen nicht nach.

Frank Wedekind mit Gattin Tilly in »Erdgeist«. Münchner Kammerspiele

ERDGEIST

Greife Wacker nach der Sünde;
Aus der Sünde wächst Genuß.
Ach, du gleichest einem Kinde,
Dem man alles zeigen muß.

Meide nicht die ird'schen Schätze:
Wo sie liegen, nimm sie mit.
Hat die Welt doch nur Gesetze,
Daß man sie mit Füßen tritt.
Glücklich, wer geschickt und heiter
Über frische Gräber hopst.
Tanzend auf der Galgenleiter
Hat sich keiner noch gemopst.

Frank Wedekind

Als die Schmerzen kaum noch auszuhalten sind, begibt sich Wedekind erneut ins Krankenhaus an der Hubertusstraße.

Gegen den Rat seines Hausarztes beauftragt Wedekind den dort amtierenden Professor Krecke mit einer zweiten Operation.

Am Samstag, dem 2. März 1918, dreieinhalb Jahre nach dem ersten Klinikaufenthalt, wird Wedekind zum zweitenmal operiert. Doch dann kommen, wie vom Hausarzt befürchtet, Probleme mit dem Herzen und eine Lungenentzündung hinzu.

»Er lag sehr bleich und mit völlig vergeistigtem Gesicht im Bett. Da verbarg er sich nicht vor mir und sagte: ›Wenn es jetzt mit mir aufhörte – was läge schon daran? Die Kultur geht zugrunde, der lebendige Nachwuchs fällt im Kriege, die Alten und die Temperamentlosen bleiben übrig. Man fühlt sich überflüssig auf der Welt.‹«[12]

Am 9. März 1918 erliegt Wedekind den Folgen dieser zweiten Operation.

Am Nachmittag des 12. März wird Wedekind auf dem Münchner Waldfriedhof beerdigt. Zahlreiche Künstler, Literaten, Theatermacher, Vertreter der Stadt München und viele Schaulustige haben sich auf dem großen Friedhof versammelt. Max Halbe, Heinrich Mann, Felix Holländer und Justizrat Dr. Rosenthal sprechen noch einmal am Sarg. Und dann wird das Gedränge immer größer.

In »Namen und Menschen« berichtet Erich Mühsam über die seltsame Beerdigung, deren zum Teil chaotischer Ablauf ebenfalls einem Theaterstück des Toten entstammen könnte:

»Eine riesige Beteiligung von weinenden Männern und Frauen und von taktlosen Neugierigen füllte die Einsegnungshalle ... Endlich ging es von der Halle zum Grab. Der lange Zug zerriß, und der abgelöste Teil eilte nach, stürmte über den Friedhof, rannte spornstreichs zur Stätte, wo der Sarg gerade hinabgeseilt wurde. Aus dem Gefolge aber löste sich eine wirre Gestalt, suchte Bilder zu stellen, sprach von Filmen und davon, daß er am nächsten Tage bei Frau Tilly Wedekind uns alle versammeln werde, denn er sei jetzt Kinoregisseur und wolle Wedekind ein unvergängliches Denkmal setzen ... Aber in demselben Augenblick ... riß sich Lautensack von meiner Hand, stürzte am Grabe nieder und rief zum Sarge hinab: »Frank Wedekind! Dein letzter Schüler – Lautensack!« Der Wahnsinn war ausgebrochen. Es war die erschütterndste Szene, die ich erlebt habe. Mir brachen die Tränen hervor, daß ich gestützt werden mußte.«

Heinrich Lautensack, der nur wenige Monate später wegen geistiger Umnachtung in das »Sanatorium Ebenhausen«, anschließend in die »Heilanstalt Eberswalde« in der Nähe von Berlin eingewiesen wird, will sich zum Sarg in die Grube stürzen. Er inszeniert dieses wirre Spektakel, um das Ganze von einem eigens dafür mitgebrachten Kameramann filmen zu lassen. Denn Lautensack ist inzwischen Filmemacher in Berlin und hat für die Beerdigung Wedekinds ein eigens mit dem Titel »Flammen wie Homunculus« überschriebenes Drehbuch verfaßt:

»Grablegung Frank Wedekinds,
des größten deutschen Dramatikers,
im Waldfriedhof in München, Dienstag, den
12. März 1918.
Pantomime für den Film
– Flammen wie Homunculus –

1. Die Hiobsbotschaft. Der Dichter am 9. 3. verschieden! Bahnhof. Droschke. Lautensack kommt. Der Regisseur: Dramatiker Heinrich Lautensack, Schüler Frank Wedekinds. Mit Gepäck . . .

6. Haus, Innere Prinzregentenstraße 50. Droschke hält vor der Haustür. Lautensack über Bürgersteig . . . Er sieht Läutewerk mit Bewohnerliste. Nahaufnahme. Seine Hand drückt auf

7. III. Wedekind . . .

9. Das klösterlich-mönchisch beschauliche und doch so prächtig eingerichtete geistige Arbeitszimmer des Verewigten. Schreibtisch. Wie wenn der Dichter und Dramatiker noch lebte . . .

19. Gedächtnishalle im Waldfriedhof. Der Giebel aufgenommen, wie wenn alles zum Himmel emporflöge. Noch drehen! . . . Himmel darüber. Wieder Halle von außen. Chorgesang. Mählich beginnt Chopinscher Trauermarsch. Orchester. Alles groß. Homunculus . . .

20. Der wandelnde Sarg. Die tiefgebeugte und doch innerlich aufrechte Witwe. Die geistige Elite Münchens . . .

25. Rückfahrt per Auto durch Waldfriedhof. Drei schönste Motive aus Beethovens Heroica. Auto mitphotographiert . . .

– Blende – Fabrikmarke – Frank-Wedekind-Film –.

»Die Gestalt der Lulu fand im cholerischen Münchner das widersprüchlichste Echo. Selbst den Kellnerinnen war kein Wort zu schwer, um für oder gegen dieses Weibsbild Lulu Stellung zu nehmen. Entsprechend den eigenen guten oder schlechten Erfahrungen in der Liebe bewegte sich die Skala ihrer Wertungen von verführerisch, verwegen, imponierend bis verworfen, schamlos, teuflisch und verbrecherisch. Nahezu einstimmige positive Reaktionen gab es im Café Luitpold. Wassermädel und Büfettfräulein, die bisher Anneliese, Josefine und Kreszenzia hießen, wollen nunmehr »Lulu« gerufen werden. Die heimlichen Geliebten von Söhnen Münchner Geschäftsleute, die als stille Abfindung einen kleinen Zigarrenladen oder eine Färbereifiliale bekamen, wünschten sich Logenkarten für eine Lulu-Aufführung.«

Ernst Hoferichter

Ludwig Thoma in Stadelheim

Immer wieder ist der Simplicissimus-Redakteur und gelernte Rechtsanwalt Thoma wegen seiner Spottgedichte und Satiren vor Gericht. Aber nicht nur mit seinen satirisch-politischen Beiträgen, auch mit »ernsthaften« Theaterstücken, wie der Tragödie »Maria Magdalena«, gibt es Ärger mit der Justiz. Doch jedesmal hat Thoma Glück und wird freigesprochen.

Doch mit dem Gedicht »An die Sittlichkeitsprediger zu Köln am Rheine«, das in der Simplicissimus-Nummer 31 am 25. Oktober 1904 erscheint, erwischt es auch ihn. Unter dem inzwischen schon zu einem Markenzeichen gewordenen Pseudonym Peter Schlemihl, von dem die meisten wissen, wer sich dahinter »verbirgt«, veröffentlicht Thoma unter anderem folgende Zeilen:

Ezechiel und Jeremiae Jünger,
Was beschmeußen Sie uns mit dem Bibeldünger?
Was gereucht Ihnen zu solchem Schmerze,
Sie evangelische Unschlittkerze?

Was wissen Sie eigentlich von der Liebe
Mit ihrem Pastoren-Kaninchentriebe,
Sie multiplizieren Kindererzeuger,
Sie gottesseliger Bettbesteuger?

Prompt fühlen sich die Vertreter der »XVI. allgemeinen Konferenz der deutschen Sittlichkeitsvereine« und der »Internationale Kongreß gegen unsittliche Literatur«, der Anfang Oktober in Köln stattfindet, verunglimpft und in ihrer Ehre gekränkt. Der evangelische Oberkirchenrat von Berlin erstattet am 15. Dezember 1904 Anzeige wegen »grober Beleidigung von evangelischen Geistlichen« und »Beschimpfung der Bibel«.

Am 6. März 1905 wird von der Stuttgarter Staatsanwaltschaft – der »Simplicissimus« wird zu jener Zeit in Stuttgart gedruckt – Anklage erhoben. Am Montag, den 19. Juni 1905 beginnt die Hauptverhandlung vor der dortigen »Strafkammer I«.

Obwohl zahlreiche namhafte Autoren als Sachverständige geladen sind, darunter der geachtete und wohlbekannte Ludwig Ganghofer, der bei seinen Ausführungen vor Erregung und Wut mit der Faust krachend auf den Richtertisch schlägt, wird Thoma erstmals verurteilt. Das Stuttgarter Landgericht spricht ihn am Montag, den 26. Juni 1905, für schuldig und verurteilt ihn zu sechs Wochen Gefängnis.

Thoma aber legt Berufung ein und geht in die Revision. Doch das zuständige Reichsgericht bestätigt am 22. Februar 1906 das Stuttgarter Urteil.

Vom 16. Oktober bis 27. November 1906 sitzt Ludwig Thoma in Stadelheim ein. Langen begleitet seinen Starautor zum Gefängnis. Nachmittags um vier Uhr kommen die beiden dort an. In den Münchener Neuesten Nachrichten vom 16. 10. 1906 steht zu lesen:

»Der Schriftsteller Dr. Ludwig Thoma hat sich in Stadelheim eingefunden, um die sechswöchige Haft abzubüßen, welche ihm wegen Beleidigung von Vertretern der Sittlichkeitsvereine zuerkannt wurde.«

Nach seiner ersten Nacht im Gefängnis notiert Thoma in sein Tagebuch:

»Mittwoch, 17. Oktober:
Nach sechs Uhr auf; die Riegeln rasseln, man bringt mir Kaffee. Von acht bis neun Uhr mache ich einen Spaziergang im Hofe. Es ist prachtvolles Wetter. Gegen elf kommt der Arzt; sehr wohlwollend und voll Entgegenkommen. Ich erhalte Krankenkost und darf vier Zigarren rauchen. Am Abend bringt mir der Verwalter meine Bücher und legt absichtlich vergnügt vier Zigarren dazu.«

Und Thoma macht es sich in der Zelle, die zwei vergitterte Fenster hat und mit insgesamt vier

Betten, vier Stühlen und einem Tisch eingerichtet ist, so weit wie möglich bequem.

Er macht täglich einen einstündigen Spaziergang im Hof, hat Schreiberlaubnis, darf die einlaufende Post entgegennehmen und Besuche empfangen. Täglich werden ihm für seine Studien zwei druckfrische Zeitungen zur Verfügung gestellt. Um ihm mehr Platz zum Arbeiten zu ermöglichen, werden zwei der vier Betten aus dem Raum geschafft.

Nachdem Thoma im Umgang mit den Wächtern und der Stadelheimer Direktion keine Probleme hat, darf er nach kürzester Zeit bei schönem Wetter auch zwei Stunden spazierengehen. Ab 28. Oktober erhält er zusätzlich täglich abends einen halben Liter »anständigen Pfälzer

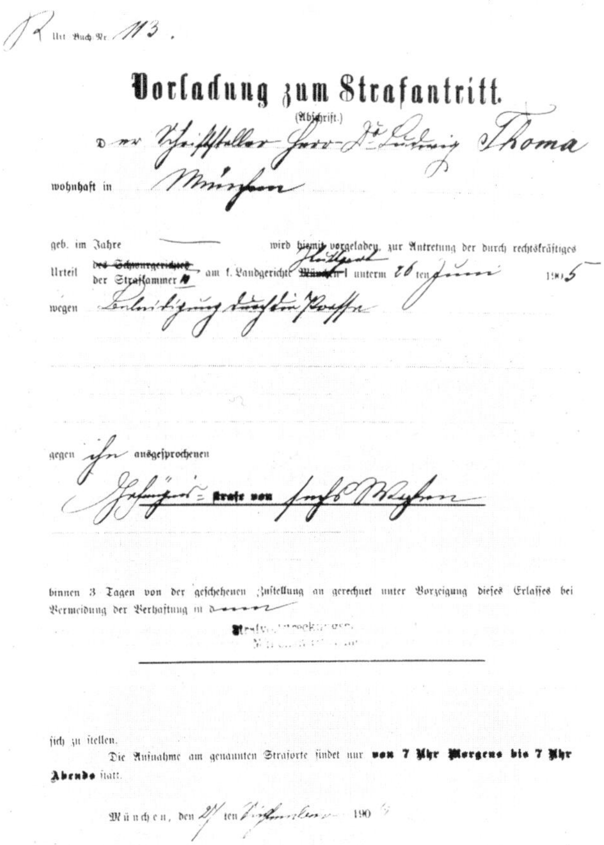
Urt. Buch Nr. 113.

Vorladung zum Strafantritt.

(Abschrift.)

Der Schriftsteller Herr Dr. Ludwig Thoma

wohnhaft in München

geb. im Jahre — wird hiemit vorgeladen, zur Antretung der durch rechtskräftiges Urteil der Strafkammer am k. Landgerichte München I unterm 26ten Juni 1905

wegen Beleidigung durch die Presse

gegen ihn ausgesprochenen

Gefängnis-Strafe von sechs Wochen

binnen 3 Tagen von der geschehenen Zustellung an gerechnet unter Vorzeigung dieses Erlasses bei Vermeidung der Verhaftung in der

sich zu stellen.

Die Aufnahme am genannten Straforte findet nur von 7 Uhr Morgens bis 7 Uhr Abends statt.

München, den 27ten September 1906

»Vorladung zum Strafantritt« Ludwig Thomas

Wein«. Die Verleger Georg Hirth und Albert Langen, der Simplicissimus-Zeichner Olaf Gulbransson und der Schriftstellerkollege Ludwig Ganghofer besuchen ihn. Und sogar der Oberstaatsanwalt schaut bei dem »Edelgefangenen« einmal vorbei.

Thoma nützt die Zeit. Er schreibt in diesen eineinhalb Monaten das Theaterstück »Moral« und gleichzeitig täglich an seinem »Stadelheimer Tagebuch«. Noch während seiner Haft wird Thomas Zelle im zweiten Stock der Haftanstalt mit der Nummer »71« in »Zelle 70« umbenannt. Die Zellentüren werden neu markiert.

Mit den kargen Wänden dieser »Prominentenzelle 70«, werden im Lauf der Jahre auch zahlreiche andere Persönlichkeiten aus Kultur und Politik ihre Bekanntschaft machen, – darunter der spätere erste Ministerpräsident des Freistaats Bayern, Kurt Eisner, dessen Mörder Anton Graf Arco-Valley, der rechtsradikale Verleger und Förderer der frühen NSDAP Julius Lehmann, der 1923 gescheiterte Putschist Adolf Hitler, der Führer der Bayerischen SPD Erhard Auer und der SA-Chef Ernst Röhm, der 1934 beim sogenannten »Röhm-Putsch« in eben dieser Zelle erschossen werden wird.

Ludwig Thoma aber freut sich erst einmal über seine anstehende Entlassung und auf ein dem Anlaß entsprechendes opulentes Festessen. So schreibt er am 27. 11. 1906 an seine Frau Marion:

»Liebstes Kätzle!

Ich mache mir heute schon den Speisezettel für meine Entlassung. Peter wird Dir zwei Hasen schicken. Da bitte ich um Hasenragout mit Knödel (viel Ragout). Zuerst einige Schweinswürstel mit Kraut. Und Obst; wenn es Weintrauben noch gibt, dann viele Trauben ... Einen Rat laß Dir noch wegen des Geräucherten geben. Laß es jetzt noch einmal mit Salz und Wacholder einreiben, doch nicht zu stark ... Halte mich nicht für gefräßig, liebstes Kätzle, wenn ich Dir so ins Handwerk pfusche. Es macht mir Zerstreuung in dem vielen, vielen Lesen und Arbeiten.«

Treffpunkte der Münchner Bohème

Im Café

Gläser klirren,
Plaudereien schwirren,
Übers Billard saust der glatte Ball;

Zigaretten glimmen,
Blaue Wölkchen schwimmen,
Flinke Kellnerschöße überall.

KARL HENCKELL

»Umschmiegt von feingebräunter Holzbeschalung«

»Was zusammengehörte und zueinanderstrebte, fand sich in den Caféhäusern, Weinstuben und Bierkellern an den Tischen, welche zu verschiedenen Tageszeiten die verschiedenen Sammelpunkte der verschiedenen Freundes- und Kollegenkreise abgaben. Aber der Stammgast des Cafés Stefanie war kein lästiger Fremdling, wenn er einmal im Café Luitpold bei den Ästheten, im Café Noris bei den Schwabinger Honoratioren, oder im Café Orlando di Lasso bei den kritikverschlingenden Hofschauspielern auftauchte. Wer sonst abends die letzten Krach-Sensationen innerhalb der zahlreichen Künstlerbünde bei der Kathi Kobus oder in der Torggelstube mit den unmittelbar Beteiligten zu erleben... liebte, wurde gleichwohl willkommen geheißen... Man kannte sich in München, man grüßte sich auf der Straße, man setzte sich im Hofgarten zum Nachmittagskaffee zusammen an den Tisch, man traf sich bei allen Premieren im Theater...«[13]

Neben den einstmals legendären Bohème-Gaststätten, wie der »Dichtelei« in der Türkenstraße, in der sich zahlreiche Vertreter aus dem Umkreis der »Gesellschaft für modernes Leben« treffen, der auch heute noch – allerdings unter ganz anderen Bedingungen – existierenden »Künstlerkneipe Simplicissimus« und dem »Café Stefanie«, das im Volksmund nicht ganz zu unrecht »Café Größenwahn« genannt wurde, trifft sich die einschlägige Kunst- und Kulturszene zusätzlich auch in zahlreichen anderen Kneipen der Stadt.

Im »Café Leopold« sieht man des öfteren den eleganten Albert Langen mit Freunden und Bekannten feiern. Nur wenige Tische weiter hat Karl Wolfskehl einen festen Platz, wenn er nicht gerade im Café Luitpold mit seinen Freunden aus der Runde der »Kosmiker« um Stefan George, Alfred Schuler und Ludwig Klages diskutiert.

Im »Bunten Vogel«, einem Weinlokal unter der Regie der Wirtin Hedi König, ist neben mehreren Künstlergruppen auch die »Freie deutsche Holzbühne« des »Vereins süddeutscher Bühnenkünstler« beheimatet. Unter der Federführung Erich Mühsams und mit Figuren aus der Hand des im Ersten Weltkrieg gefallenen Malers Albert Weisgerber werden dort erfolgreich Kasperlstücke für Erwachsene aufgeführt.

Die Gaststätte »Dichtelei«, Türkenstraße 81, in den Fünfziger Jahren

»Im Nachthemd durchs Leben« heißt das Erfolgsstück, das von Mühsam und Karl Arnold »in zwei durchzechten Nächten« verfertigt wird und eine Parodie auf die damals existierenden und ewig moralisierenden »Sittlichkeitsvereine« ist.

Im »Weinhaus zur Brennessel«, das nach dem Ersten Weltkrieg auch zum Treffpunkt rechtsradikaler Intellektueller im Umkreis des Hitler-Mentors und Schriftstellers Dietrich Eckart werden wird, treffen sich Politiker, Maler und Schriftsteller.

In der Osteria Bavaria, in der Max Halbe, Joseph Ruederer und Lovis Corinth regelmäßig zu speisen pflegen, hat auch ein junger Fotograf aus einem nahegelegenen Fotoatelier namens Heinrich Hoffmann seinen Stammplatz. Durch ihn, den späteren »Leibfotografen«, wird ein gewisser Adolf Hitler, die dort angebotenen hausgemachten Ravioli kennen und schätzen lernen.

Aber nicht nur in Schwabing, auch im Zentrum der Stadt trifft »man« sich.

»Osteria Bavaria« in der Schellingstraße 62, um 1910

Nach den obligatorischen Theaterpremieren steuern viele regelmäßig die »Ceylonteestube« am Anfang der Maximilianstraße an oder das »Operncafé«, wo man in den neunziger Jahren alltäglich pünktlich wie die Uhr Henrik Ibsen mit seinem »weißmähnigen Löwenkopf« sitzen und diverse Zeitungen studieren sieht.

Nach einem Theaterbesuch im neuerrichteten Schauspielhaus in der Maximilianstraße frequentiert man die erste Bar Münchens im Keller des Hotels »Vier Jahreszeiten«. In der Silvester 1898 eröffneten »American Bar« verkehren neben zahlreichen Hotelgästen vor allem Direktion und Darsteller des gegenüberliegenden Schauspielhauses. Für viele ist die »American Bar« zu jenem Zeitpunkt das »behaglichste kleine Lokal in München«.

In der schon erwähnten Parodiensammlung »Das Teutsche Dichterroß« beschreibt Hanns von Gumppenberg, den Stil Stefan Georges karikierend, das neue Lokal:

»American Bar

ein ruhgelaß schrägab dem rädertreiben
da müden seelen in gedämpfter stille
sich mählich wieder ebnet sinn und wille
im schimmerglast der zarten kräuselscheiben

umschmiegt von feingebräunter holzbeschalung
bleichhell getönt verwölben sich die wände
und friedlich labt den blick verstreute spende
der dämmerkunst in altersdunkler malung

der fliese mattes rot wer könnt es singen
die schneegedecke die willkommen sagen
der schlummerlehnen schmeichelndes behagen
der silbernen geräte leises klingen?

vielleicht doch lieber wink ich mit den augen
dem kellner in der milden weißen bluse
zum wohle meiner nervenschwachen muse
blaßkühlen saft durch hohles stroh zu saugen«

Nr. 38 1903

American Bar
(In der vornehmen Stefan-George-Weis empfunden)

Ein Ruhgelaß schrägab dem Rädertreiben
Da müden Seelen in gedämpfter Stille
Sich mälich wieder ebnet Sinn und Wille
Im Schimmerglast der zarten Kräuselscheiben

Umschmiegt von feingebräunter Holzbeschalung
Bleichhell getönt verwölben sich die Wände
Und friedlich labt den Blick verstreute Spende
Der Dämmerkunst in altersdunkler Malung

Der Fliese mattes roth wer könnt es singen
Die Schneegedecke die Willkommen sagen
Der Schlummerlehnen schmeichelndes Behagen
Der silbernen Geräthe leises Klingen?*)

Vielleicht doch lieber wink ich mit den Augen
Dem Kellner in der milden weißen Bluse
Zum Wohle meiner nervenschwachen Muse
Blaßkühlen Saft durch hohles Stroh zu saugen

Hanns von Gumppenberg

*) Dieses Fragezeichen als einzig übriggebliebene Interpunktion dürfte von ganz besonderer Wirkung sein!

Hans Christiansen

Zahlreiche weitere Stammtische sind in den Cafés am Odeonsplatz und am Hofgarten stationiert. Im »Café Heck« und im Kaffeehaus »Lutz Liebig« trifft sich alles, was im Zeitungswesen Rang und Namen hat. Neben den Schreibern und Zeichnern des Simplicissimus verkehrt dort nahezu die gesamte Redaktion der Zeitschrift »Jugend«, und auch Nikolaus Cossmann und Joseph Hofmiller von den konservativ-nationalen »Süddeutschen Monatsheften« sind dort regelmäßig anzutreffen. Freunde und Bewunderer des Dichters und Gelehrten Franz Dülberg sieht man in den Hofgarten-Cafés ebenso wie Studenten und Professoren der nahegelegenen Universität und regelmäßige Besucher der benachbarten Staatsbibliothek.

Vom Odeonsplatz nicht weit entfernt befindet sich der 1888 von Otto Lasne errichtete Luitpold-Block mit seinem »Café Luitpold« als mondänem Anziehungspunkt. Wedekind ist dort für lange Zeit Stammgast und lobt in seinem Tagebuch die Atmosphäre des Lokals:

»Was mir besonders gefällt, ist die Beleuchtung, bei Tag ein mildes Oberlicht, das jeden Winkel erreicht ohne zu blenden, und nachts die Beleuchtung der helldekorierten Kuppeln durch unsichtbare Lichtquellen, wodurch die Säulengänge und seitlichen Kollonaden etwas anmutig Feenhaftes erhalten. Sodann kommt für mich Einsiedler die Menge Publikum sehr in Betracht, die unablässig die Säle durchströmt.«

Doch am 9. September 1889 hat sich Wedekinds Begeisterung schon wieder etwas gelegt:

»(Es) werden einem die Knöpfe von den Hosen gestohlen, und wer einen neuen Paletot mitbringt, tut gut, sich gleich draufzusetzen. Er möchte später keine Gelegenheit mehr dazu finden. Die illustrierten Zeitungen verschwinden meistens schon den ersten Tag aus ihren Mappen; die leeren Mappen erfüllen den Leser mit einiger Beschämung vor sich

selbst, wenn er sie sich mühsam herausgesucht, an seinen Platz geschleppt und dort eine nach der anderen mit sinkender Zuversicht aufschlägt.«

Im Café »Größenwahn«

»Zum Stammlokal wurde das Café Stefanie gewählt, an der Peripherie des Künstlerviertels, im Münchener Quartier latin gelegen. Hier verkehrten massenhaft Maler, Schriftsteller und Genieanwärter jeder Art, auch viele ausländische Künstler, Russen, Ungarn und Balkanslawen, kurz das, was der Münchner Eingeborene in dem Sammelnamen ›Schlawiner‹ zusammenfaßt.«[14]

An der Ecke Amalienstraße 14/Theresienstraße befindet sich dieses legendäre Schwabinger Kaffeehaus mit dem Namen »Wiener Café Stefanie«, im Volksmund aber meist nur »Café Größenwahn« genannt. Schon damals gehört dieses Lokal zu den wenigen Gaststätten Münchens mit einer 3-Uhr-Konzession.

»Das Bohème-Café Stefanie bestand aus einem Nebenraum, an dessen Fenstertischen Münchener Berühmtheiten jeden Nachmittag Schach spielten vor zuschauenden Straßenpassanten, und dem größeren Hauptraum mit einem glühenden Kohlenofen, versessenen, stark nach Moder riechenden Polsterbänken, rotem Plüsch, und dem Kellner Arthur, der in ein zerschlissenes Büchlein, notdürftig zusammengehalten von einem Gummiband, die Pfennigsummen notierte, die seine Gäste ihm schuldig blieben. Der überfüllte Hauptraum hatte seinen eigenen warmen Geruch, eine spezielle Mischung aus Kaffee- und dumpfem Moderduft und dickstem Zigarettenrauch. Wer hier eintrat, war daheim.«[15]

Als Stammgäste trifft man auch hier auf Mitglieder und Mitarbeiter des Kabaretts »Elf Scharfrichter«, auf Erich Mühsam, der sich zur Entspannung – den Zwicker auf der Nase – regelmäßig dem Schachspiel widmet, auf den Lyriker Johannes R. Becher, der es viele Jahre später zum Kulturminister der DDR bringen wird, und für einige Zeit treffen auch täglich gegen fünf Uhr nachmittags Frank Wedekind und Peter Altenberg ein.

Der düstere und geheimnisvolle Gustav Meyrink, der es als Autor des schauerlichen »Golem« zu Berühmtheit gebracht hat, ist dort ebenso zu bestaunen wie der ehemalige k. und k. Militärreitlehrer und Offizier Roda Roda mit obligatorischer roter Weste und Monokel, der ebenfalls zahlreiche Kneipen frequentierende Theaterschriftsteller Max Halbe und der avantgardistische Dichter Max Dauthenday

Zu den auffälligsten Gestalten im Café Stefanie aber gehört der »feine, kluge und ironische« Romancier und Novellist Graf Eduard Keyserling, der sich aufgrund seiner schlechten Gesundheit und

Karikaturen von Ernst Stern

zunehmenden Blindheit von einem Diener begleiten läßt.

Auch der Maler Albert Weisgerber vergnügt sich hier regelmäßig mit Freunden beim Billardspiel. »Dahinter auf der langen Bank unter dem Spiegel hocken Höxter und Spela ... Er ein »schwarzgekleideter morbider Décadent mit dem blassen Pferdegesicht unter dem steifen Hut und Spela mit ihrem großen schneeweiß gepuderten Antlitz hinter den Absinthgläsern.«[16]

Neben »Spela« wird das Bohème-Lokal auch von anderen selbstbewußten und couragierten Frauen besucht. Für so manchen braven Bürger aber ist dies immer noch verpönt. Darum allerdings schert sich die Schwabinger Gräfin Reventlow, der in diesem Buch ein eigenes Kapitel gewidmet ist, ebensowenig, wie die avantgardistische Malerin Marianne von Werefkin.

Johannes R. Becher, der sich im Café Stefanie des öfteren mit Emmy Hennings trifft, die nur kurze Zeit später die Lebensgefährtin des Dadaismusmitbegründers Hugo Ball werden wird, erinnert sich in einem allerdings erst 1946 veröffentlichten Gedicht an diese Zeit:

In München wars, im Café Stefanie.
Als ich dir, Emmi, die Gedichte sagte,
Die ich allein dir nur zu sagen wagte,
Und häufig kam das Wort vor: »Irgendwie«.

Am Tisch daneben spielte Mühsam Schach,
Und Frank saß einem Geldmann auf der Lauer.
(Vielleicht saß der indes im Café Bauer?)
Ein Denker hielt mit Kokain sich wach.

Franz Jung erschien mit einer Tänzerin,
Und Bing, der Zeichner, ließ das Billard fahren,
Denn Däubler nahte sich mit Bauch und Bart.

Ihr Freunde, die ihr gute Freunde wart,
Ich schreib euch dies zum Angedenken hin
An jene Zeit, als wir noch Kinder waren.

Das Cafe Stefanie an der Ecke Amalinestraße 14/Theresienstraße

Stammtisch in der »Torggelstube«

Den ruhelos die zahlreichen Kneipen und Gaststätten der Stadt durchstreifenden Wedekind aber zieht es immer häufiger in die »Torggelstube«, eine gemütliche Gaststätte neben dem Münchner Hofbräuhaus am Platzl und unter der Regie eines »dicken Wirts« namens Rauschenbach.

Im zweiten Stock des Hauses tagt schon seit längerem regelmäßig die Gesellschaft »Hölle«, die sich aus Kollegen und Freunden des Hofschauspielers Gustl Waldau sowie Mitgliedern des der modernen Dichtung verpflichteten »Neuen Vereins« um dessen Vorsitzenden Justizrat Dr. Rosenthal zusammensetzt.

In einem kleinen Nebenraum des Parterre und abgetrennt vom großen bierkellerartigen Hauptraum aber trinkt nun allabendlich Wedekind seinen Rotwein. Auf dem Tisch vor ihm liegt wie immer ein großes, rund einhundert Zigaretten fassendes, silbernes Zigarettenetui.

Die Wände des gemütlichen Raumes sind holzgetäfelt, die eichenen Tische mit Tischtüchern gedeckt. An der Wand hängt die mit »prächtigen Gloriabändern gezierte Klampfe« Wedekinds. Darunter ist der Stammplatz des »Meisters«.

Wedekinds Stammtisch gilt vielen für lange Zeit als »geistiger Mittelpunkt Münchens«. »Das geistige Niveau der Torggelstuben-Gesellschaft überragte hoch das der bloßen Vergnügungsstätten oder das des Cafés Stefanie.«

Bei den jeweiligen Gesprächen ist nicht selten der Literaturprofessor Artur Kutscher mit anwesend, der manchmal zusammen mit Roda Roda erscheint.

Der Münchner Großverleger Georg Hirth und dessen Theaterkritiker von den Münchner Neuesten Nachrichten, Hanns von Gumppenberg, der auch als eigentlicher Entdecker der Gaststätte gilt, sitzen regelmäßig mit am Tisch. Der Dichter Franz Werfel und der umstrittene kurzfristige Direktor des neuerrichteten Deutschen Theaters und Begründer des Nobel-Kabaretts »Bonbonniere«, Emil Meßthaler, schauen ebenfalls dann und wann vorbei.

Mit von der Partie ist für lange Zeit auch der Schriftsteller Max Halbe, der Wedekind in einer Art Haßliebe verbunden ist. Immer wieder kommt es zwischen den beiden Theaterautoren zu häßlichen Streitereien und lautstarken Auseinandersetzungen.

So manchem unbeteiligten, über die Aggressivität der beiden Protagonisten erschrockenen Beobachter, erscheint der schlagfertige Wedekind zynisch und gemein. Halbe wiederum wirkt auf einen anderen »aufgeregt, rechthaberisch, ohne Würde pathetisch« und spricht mit »bullerndem, sich überstürzendem Redefluß«.

Die Streitereien am Stammtisch nehmen nicht selten dermaßen beleidigende Formen an, daß man sich wochen- oder gar monatelang nicht mehr ins Gesicht sehen kann und deshalb aus dem Wege geht. Insbesondere Wedekinds Kommentare und Bemerkungen, denen Halbe nichts gleichwertig Zynisches entgegenzusetzen hat, heizen die Stimmung an.

Als Halbe sich zu rächen versucht, indem er Wedekind in dem Theaterstück »Die Insel der Seligen« als den Intriganten Dubsky auf die Bühne bringt, geht der Schuß nach hinten los. Das Publikum ist eher peinlich berührt als amüsiert.

Zahlreiche Anekdoten sind über die Auseinandersetzungen und Streitereien zwischen Wedekind und Halbe überliefert. Eine davon soll hier kurz erzählt werden:

Nach der Erstaufführung von Max Halbes »Mutter Erde« trifft sich die einschlägige Szene zur Premierenfeier am Stammtisch in der »Torggelstube«. Dabei entwickelt sich folgender Dialog:

Wedekind: »Max, dies ist das beste Stück, das du bis jetzt geschrieben hast.«

Halbe: »Es freut mich, Frank, daß du das Stück gut findest.«

Wedekind: »Ich habe gesagt, es ist das beste Stück, das du bis jetzt geschrieben hast; ich habe nicht gesagt, daß es gut ist.«

In Folge dessen grüßt man sich wieder einmal einige Wochen nicht mehr.

»Buffalo Bill« und die Pension »Fürmann«

»Schwabing, habe ich hier früher schon einmal behauptet, ist, wie Montmartre, weniger ein geographischer als ein kultureller Begriff. Äußerlich ein Münchner Stadtteil wie jeder andere, mit Läden, langen Straßen, hohen Wohnhäusern, einzelnen Villenstraßen in den an den Englischen Garten angrenzenden Bezirken und mit sehr gemischter Bevölkerung: reiche Leute, hohe Beamte, Staatspensionäre, Professoren, Studenten, Kleinbürger, viel Arbeiter, und ganz nördlich, wo die Häuser niedrig und spärlich sind, noch rustikales Ackerbürgertum.«[17]

Und dort draußen, ganz am Ende des ehemaligen »alten Türkengrabens« und der heutigen Belgradstraße, findet man zu jener Zeit unter der Hausnummer 57 die »Pension Fürmann«.

Der Besitzer Henry-Heinrich Fürmann, von seinen Freunden meist »Buffalo Bill« genannt, ist ein alter und erfahrener Weltenbummler, der nach abgeschlossener Apothekerlehre die halbe Welt bereist. Von Hamburg aus fährt er nach Indien, lebt für einige Zeit in Shanghai, reist nach Amerika weiter und läßt sich in Kalifornien als Farmer nieder.

Da erhält Fürmann eines Tages eine für ihn völlig unerwartete und überraschende Mitteilung. Ein unbekannter Onkel aus München, den Fürmann zeit seines Lebens nie zu Gesicht bekommen hat, ist gestorben und vermacht dem Neffen ein Münchner Grundstück mit Haus. Umgehend gibt der so Beschenkte das Farmerleben auf und reist mit seiner Gattin in Richtung Deutschland ab.

Das ererbte Anwesen aber entpuppt sich zum Leidwesen der beiden nicht als attraktives Münchner Bürgerhaus, sondern als ehemaliger Pferdestall.

Doch die beiden entwickeln für dessen Nutzung eine ganz ausgezeichnete Idee. So entwirft man das Konzept für eine preiswerte »Künstlerpension« und baut das »nur ebenerdige Haus mit niedrigem Obergeschoß« dementsprechend um. In kürzester Zeit wird sich das kleine Anwesen zu einem der beliebtesten Treff- und Anziehungspunkte Schwabings entwickeln.

»Er entdeckte seine Begabung als Innenarchitekt, gestaltete das ganze Haus von oben bis unten eigenhändig um, tapezierte alle Räume selber und stattete sie mit echten Biedermeiermöbeln aus. Diese reizvollen dünnwändigen Zimmerchen von Streichholzschachtelgröße, diesen Speise- und Tanzsaal mit der dämmerigen Kerzenbeleuchtung, der niedrigen Decke, all das hatte Fürmann mit der improvisierenden Findigkeit des echten Wildwestfarmers selbst gebaut. Auch den herrlichen Fliederpark hatte er umgestaltet und die kleinen kühlen Rasenplätze mit Statuen geschmückt. Daneben aber hatte er auch einen geräumigen Gemüsegarten angelegt, wo neben allen Früchten der Jahreszeiten auch der üppige Rhabarber wuchs, das Hauptingredienz der berühmten, nach Geheimrezepten gebrauten Fürmann-Bowle. Dazu kam ein Ziegenstall, eine Gänsezucht und ein Hühnerhof...«[18]

Als Klingel des seltsamen Anwesens dient eine Kuhglocke. Das Wasser muß von einem Pumpbrunnen geholt werden.

Die frisch entstandene »Pension« allerdings ist vorerst noch ein klassischer Schwarzbau. Doch da das Haus schon einmal steht und die erstaunlich toleranten Behörden beide Augen zudrücken, bekommt Fürmann tatsächlich auch im nachhinein die notwendige Umbauerlaubnis und die Konzession für einen Übernachtungs- und Beherbergungsbetrieb.

Über die ausgesprochen individuelle Zimmergestaltung berichtet Roda Roda:

»Stahlgrün – karmesinrot – schwefelgelb – es kriegte jedermann sein Zimmer nach Gefallen. Preis: täglich 2 M 50 tout compris: Wohnung, Frühstück, Mittag- und Abendessen ... Viele Menschen hausten dort bei Fürmann: persische Khane, holländische Forscher; Ärztinnen aus Lissabon, Sankt Petersburg; Maler aus Hindostan und Honolulu. Was jung ist und einen Namen hat in der Münchener Literatur, Koloratur, Architektur und Skulptur hat irgendeinmal bei Vater Fürmann in Futter und Kreide gestanden.«

Fürmanns Feste, die ganzjährig jeden Samstag stattfinden, sind alsbald weit über die Grenzen Schwabings hinaus bekannt. Beim allwöchentlichen Ball wird der jeweilige Pianist am Klavier nicht selten auf exotischen Trommeln und sonstigen fremdartigen, von den Reisen mitgebrachten Instrumenten begleitet.

Ägyptische Abende finden statt, Frühlingsfeste werden veranstaltet, die obligatorischen Faschingsfeste dauern jeweils mehrere Tage lang, und eine ganze Reihe von Sommerfesten findet im großräumigen und dann ebenfalls dekorierten Garten statt.

Und Fürmann hat seine leicht chaotischen Gäste fest im Griff. Denn der kräftige und durchtrainierte Mann kann durchaus auch handgreiflich werden. Und wer einmal bei ihm »Lokalverbot« hat, sieht sich urplötzlich unnachgiebig von einem der schönsten Treffpunkte Schwabings ausgeschlossen. Der damalige Nachwuchs-Schwabinger René Prévot schreibt in seinen Erinnerungen: »Ich habe die unheilbarsten Gemütsanarchisten unter Tränen und Besserungsversprechungen um die Wiederaufnahme in die Fürmann-Familie wimmern und betteln sehen.«

Prévot, der bei der sozialdemokratischen Münchner Post Theaterkritiker und damit Nachfolger des damals legendären Hermann Eßwein wird, wohnt für einige Monate ebenfalls in Fürmanns Pension. Für das vormals von der Schriftstellerin Ricarda Huch bewohnte Zimmer zahlt er 90 Mark im Monat, wobei drei Tagesmahlzeiten sowie der Nachmittagskaffee mit Kuchen beim samstäglichen Tanztee inbegriffen sind.

Lulu Fürmann, die agile Ehefrau, ist der gute Geist des Hauses. Sie organisiert nicht nur den gesamten Haushalt, sondern hört sich auch noch kostenlos die nicht selten ausgesprochen merkwürdigen Sorgen der oftmals exzentrischen Gäste an.

Scherenschnitt von Ernst Moritz Engert: Papa Fürmann

Aber auch für sich selbst hat das Ehepaar Fürmann ein durchaus nachahmenswertes Rezept, um – zum Beispiel familieninterne – Probleme auf elegante Art zu lösen.

»Ein köstliches Rezept hatte das Paar sich zurechtgelegt, um ehelicher Zwistigkeiten Herr zu werden. Bei jeder leichten Trübung der häuslichen Eintracht ging das Ehepaar Fürmann an den Kleiderschrank, zog sich feiertäglich an und begab sich in ein vornehmes Café. In diesem zwingenden Milieu, das vorbildliche Haltung voraussetzte, wurden dann die Meinungsverschiedenheiten besprochen, und nach solchen diplomatischen Café-Démarchen sah man regelmäßig die beiden Arm in Arm heimkehren.«[19]

»Der Komponist Vrieslander, in rheinischer Mundart schwadronierend, startete, mit der Zigarre über dem roten Knebelbärtchen im Munde, fast zynisch-leichtfertig, Rößler schlurrte nach jedem Schub wie ein geschlagener Mann zurück, fast wie von einem Begräbnis, und murmelte matte Entschuldigungen vor sich hin, und wenn der afrikanisch-dunkle Bohèmedichter Ludwig Scharf in die Schranken trat, so rief ein peinlicher Zwang die Totenstille hervor, in der man sein Kunstbein quietschen hörte. Da waren ferner die Maler Albert Weisgerber, C. O. Petersen und Hans Müller-Dachau . . ., der Humorist Roda Roda mit goldgefaßtem Monokel und knallroter Weste, der E.T.A.-Hoffmann-Forscher und Bibliophile Carl Georg von Maaßen . . ., der junge Privatdozent Artur Kutscher, der, obwohl aus Hannover stammend, schon wie ein Autochthone sein Brot mit dem griffesten Taschenmesser schnitt . . . und viele andere, Mitglieder und Gäste, in Dauer und im Wechsel.

Max Halbe führte ein strenges und selbstherrliches Präsidium. Der untersetzte, bärbeißige und stichelhaarige, cholerische Westpreuße trat mit kurzschrittigem Watschelgang ein, aufgeregt, wie er immer war . . . Er gab die Lose der schwarzen und weißen Brettsteine aus, nach denen sich die Zusammengehörigkeit zu einer der beiden Parteien entschied, Name und Farbe wurden aufgerufen und aufgeschrieben, und jedesmal, wenn Blei Weiß gezogen hatte, gab es natürlich die witzige Angabe »Bleiweiß«, die ebenso beliebt wie die Bestellung »Für Halbe eine Halbe!« war, obwohl dieser stets eine Ganze wünschte. Während des Spieles duldete unser Tyrann keine ablenkende Unterhaltung. »Meine Herren, ich muß doch bitten«, fuhr er dann dazwischen, »wir sind zum Kegeln hier!« Und nur wenn das Thema des Gesprächs ihn reizte, boshafte Bemerkungen beizusteuern, ließ er es eine Weile gelten und sich hineinziehen.«

Hans Brandenburg
in »München leuchtete«

Max Halbes Kegelbahn: Die »Unterströmung«

Vorbereitungen zur Redoute »Meerleuchten« im Jahre 1912 durch die »Vereinigung Münchner Künstler« mit Sitz in der Praunerstraße

Gespensterfest am Faschingsdienstag

»Zwischen vier und fünf Uhr morgens wurde in der Bar des Café Luitpold der Plan gefaßt, für den Abend des angebrochenen Faschingsdienstags die erweiterte Freundesschar zum Gespensterfest zu laden. Fest stand bisher nur der Schauplatz, das geräumige Atelier des Freundes Köster. Die in den späten Morgenstunden von verschiedenen Bällen zusammenströmenden Freunde sagten mit Freuden zu.

Um vier Uhr nachmittags versammelte sich das Komitee, um, wenig ausgeschlafen, mit einigem Grauen festzustellen, daß in fünf Stunden ausgeführt sein müsse, was sonst wohl in Tagen und Wochen geplant und bewirkt würde...

Vermittels einer großen Maskeradenkiste, die (in Seewalds Atelier) auf dem Treppenflur stand, wurde dort bei spärlichem Kerzenlicht die Metamorphose vorgenommen. Junge, schöne Menschenkinder verwandelten sich in Wasserleichen, Selbstmörder und Lemuren – kunstvoll wurden Verwesungserscheinungen, Schußlöcher und Wunden geschminkt, und dennoch, bei den Damen zumal, ein gewisser ästhetischer Reiz nicht außer Acht gelassen... Zufrieden mit der Verwandlung, begab sich das gespenstische Häuflein einige Häuser weiter zum Festlokal. Wie hatte sich das verändert.

Das ausgeräumte Atelier war mit riesigen Fresken geschmückt, die dem Thema des Abends dratischen Ausdruck gaben. Die Beleuchtung war durchweg nur spärliches Unterlicht, da die Beleuchtungskörper am Boden standen. Unter dem großen Atelierfenster, durch das der Mond schien, lag in profaner Gewandung, vom Kragen bis zum Stiefel angekleidet, der grün patinierte »gefesselte Sklave« von Michelangelo aus der stadtbekannten Fabrik von Felix Nanny.

Das Empfangskomitee... war fürchterlich anzuschauen. Watte oder Stearinflecken bedeckten ihren Oberkörper und machten bei einiger Schminke ein furchtbar höllisches Gesindel... Der Effekt bei einer eintretenden weißen Nonne war dementsprechend: ihr wurde gleich schlecht, und die malerisch daliegende Gestalt vermehrte die Stimmung des Raumes aufs beste! Das Fest war bald auf der wünschenswerten Höhe...«

Rolf von Hoerschelmann

Weihnachtsfeier im Atelier, 1911

Silvester 1913/14 in einem Schwabinger Atelier

»Simplicissimus-Künstlerkneipe«

Mitternacht ist's. Längst im Bette
Liegt der Spießer steif und tot,
Ja, dann winkt das traulich nette
Simpel-Gasglüh-Morgenrot.
Und mich zieht's mit Geisterhänden,
Ob ich will, ob nicht, ich muß
Nach den bildgeschmückten Wänden
In den Simplicissimus.

Wo sich zum gemeinen Wohle
Künstler und Bohème trifft,
Wo die Kathi still zur Bowle
Mischt das tödlich scharfe Gift;
Wo mit Mandolinenklängen
Sich verwebt der Weißwurst Dampf,
Lausch ich fröhlichen Gesängen
Und dem Mords-Klaviergestampf.

Hans Bötticher alias Joachim Ringelnatz

Umzug zum »Kronprinz Rudolf«

In den 90er Jahren des vorigen Jahrhunderts arbeitet eine burschikos-legere Traunsteinerin, die im Alter von siebzehn Jahren nach München gekommen ist, als Bedienung in der Gaststätte »Dichtelei«. Das Künstlerlokal, das von Michael Georg Conrad und Otto Julius Bierbaum ebenso gern besucht wird, wie von Detlev von Liliencron, Frank Wedekind, Zeichnern und Textern aus der Simplicissimus-Redaktion und dem nun schon obligatorischen Erich Mühsam, ist zu jenem Zeitpunkt ein ausgesprochen beliebter Treff.

Als es wieder einmal Ärger mit dem zuständigen Hausherrn gibt und gleichzeitig die nahegelegene Weinwirtschaft »Kronprinz Rudolf« in der Türkenstraße 57 zu pachten ist, greift die Kellnerin namens Kathi Kobus zu. Das geschäftliche Risiko ist dabei ausgesprochen gering, denn alle wichtigen und umsatzstarken Stammgäste der »Dichtelei« haben auf ihr Drängen hin inzwischen zugesagt, in das neue Lokal mitzuziehen.

Der genialische, aus Slowenien stammende Maler Anton Azbe, seines Zeichens Besitzer und Leiter einer bekannten Münchner Malschule, finanziert Kathi Kobus einen Teil der notwendigen Gelder zum Erwerb der Gaststätte vor.

Noch nach dem Tod des Malers wird sich Kathi Kobus dafür erkenntlich zeigen, indem sie jahrelang die Pflege des Künstlergrabes eigenhändig übernimmt.

In der Nacht vom 30. April zum 1. Mai 1903 ist es dann so weit. Der Großteil der ehemaligen Stammkundschaft der »Dichtelei« zieht in einer »Prozession« in die neuen Räume der Kathi Kobus um. An diesem seltsamen Geschehen beteiligt sind unter anderem die Zeichner und Karikaturisten Olaf Gulbransson, Eduard Thöny und Thomas Theodor Heine sowie die Schriftsteller Ludwig Thoma und Otto Julius Bierbaum. Frank Wedekind hat mit dem

Kathi Kobus: *Wirtin des »Simplicissimus«*

Vortrag von Liedern auf seiner Laute die Führung des Zuges übernommen.

»Wir waren alle vollzählig versammelt. Galt es doch, in einem grotesken Umzug ohnegleichen, ohne Möbelwagen, alles, was die ›Dichtelei‹ enthielt – außer Wänden und Mauern – in das neue Lokal hinüber zu schaffen. Mit brennenden Kerzen setzte sich der Zug in Bewegung. Wedekind mit der Gitarre voran, hintendrein marschierten wir anderen mit Tischen und Stühlen, Theke und Weinregalen, Eisschrank und Vorräten.«[20]

Doch dann bekommt die Kobus erst mal Probleme mit dem Besitzer der »Dichtelei«. So ist dieser nicht nur über den Wegzug der besten Stammgäste verärgert, sondern auch über den Namen des neuen Konkurrenzlokals. Denn ausgerechnet »Neue Dichtelei« nennt Kathi Kobus ihr Lokal. Verständlich, daß der ohnehin düpierte Wirt entrüstet ist. Als Kathi den Namen nicht ändern will, geht er vor Gericht. Und Kathi verliert den Prozeß.

So muß sich Kathi Kobus nun nach einem neuen Namen umsehen. Und in diesem Zusammenhang

Der vordere Raum der Gaststätte »Simplicissimus«

kommen ihr die Stammgäste aus der Simplicissimus-Redaktion gerade recht.

Doch Albert Langen reagiert auf Kathis Wunsch, das Lokal nach seiner berühmten Zeitschrift zu benennen, ausgesprochen verstimmt. Kathi aber versichert umgehend, sie hätte die Idee des Namens »Simplicissimus« bereits vom Zeichner Rudolf Wilke »gekauft«. Langen glaubt kein Wort und lehnt weiter ab. Erst nach dem fadenscheinigen Verweis auf schon entstandene Kosten und Auslagen, – so habe man doch schon die Eingangsschilder und Zeitungsanzeigen unter diesem Namen bestellt – gibt Langen nach und willigt zögernd ein. Kathi aber ist damit am Ziel. Denn der berühmte und einprägsame Zeitschriftenname ist eine glänzende Werbung für das neue Lokal.

Der Zeichner Heine entwirft nun auch das Lokal-Signet mit dem roten Simplicissimus-Hund auf gelbem Grund, der in diesem Fall aber nicht die »Ketten sprengt«, sondern eine Sektflasche entkorkt.

Im vorderen Teil des Lokals, das schon bald bis drei Uhr morgens geöffnet ist, sitzen fürs erste auch weiterhin die diversen Zufallsgäste und einige Kutscher, die schon seit Jahren regelmäßig dort ihr Bier bestellen. Im hinteren Teil der Gaststätte aber, der über den sogenannten »Darm«, einen Engpaß, in dem ebenfalls Tische und Stühle aufgestellt sind, zu erreichen ist, befinden sich mittlerweile ein Mini-Podium und Tische mit weißen Tischdecken.

Im Lauf der Jahre wird sich das Lokal ganz nebenbei auch zu einer Galerie für moderne Malerei und Grafik entwickeln.

»Jedenfalls waren alle bekannten Zeichner des Patenblattes ihres Lokals an den Wänden des ›Simpli-

Im Hinterzimmer

cissimus« vertreten: Th. Th. Heine und Eduard Thöny, Rudolf Wilke und Wilhelm Schulz, Pacin und Karl Arnold. Von Albert Weisgerber gab es eine ganze Menge ausgezeichneter Bilder und Zeichnungen, darunter ein vorzügliches Porträt von Ludwig Scharf über dessen Stammplatz. Josef Futterer hatte etliche seiner Werke gestiftet, und neben Silhouetten von E. M. Engert hingen Tierbilder von Franz Marc und Frauenakte von Max Unold.«

Kathi, die gern im Bauerndirndl oder in Chiemgauer Tracht bedient und alle Gäste wie selbstverständlich duzt, schenkt auch weiterhin ihre wohlbekannte und »berüchtigte« Ananasbowle aus. Sollten allerdings Ringelnatz' Verse die Bowle richtig beschreiben, so kann die Ananas bei der Zusammenstellung des »scharfen« Getränks nur eine eher symbolische Zutat gewesen sein:

»Im Hofe links steht eine Tonne.
Am Himmel oben steht die Sonne.
Und zwischen Sonne und dem Faß
Steht Kathi mit der Ananas.
Besagtes Faß enthält statt Bier
Aqua und H2 SO4.
Und wenn (jetzt wird die Kathi blaß)
Der Schatten von der Ananas
Dann auf die Wassertonne fällt,
Dann – ist die Bowle hergestellt.«

Schon wieder Kabarett

Von Anfang an treten auf der schmalen Bühne, »mit einem Klavier links und einem Harmonium rechts«, »original« Schlierseer und Tegernseer Bauerngruppen auf. Auf dem Klavier und dem Harmonium

Der Dichter und »Simplicissimus-Stammgast« Ludwig Scharf

spielt ein gelernter Kapellmeister namens Klieber, ein Komiker namens Kubasch unterhält die Gäste. Ein anderes Mal spielt eine kleine Kapelle Wiener Lieder, und im Zweifelsfall singt Kathi selbst mit »rostiger Stimme« einige Gstanzln.

Doch dann hat Kathi erneut Glück. Denn nach der Schließung der »Elf Scharfrichter« entwickelt sich das dafür räumlich eigentlich nicht besonders geeignete Lokal ohne großes Zutun zu einer Art Nachfolgekabarett.

Der Stammgast Hugo Koppel improvisiert nun auf dem Harmonium über die Speisekarte des Lokals, und der Maler Albert Weisgerber singt allabendlich lautstark das »König-Ludwig-Lied«, das Doktor Gudden und Bismarck für den Tod des Königs verantwortlich macht und lautstark von den Gästen bejubelt wird.

Erich Mühsam brilliert mit beißenden Satiren und protestiert immer wieder vehement, aber vergeblich, gegen die Polizeistunde. Frank Wedekind singt seine Lieder, Detlev von Liliencron und Georg Queri tragen Gedichte vor.

Auch der Dichter Ludwig Scharf, ebenso wie Mühsam mit Vollbart und struppigem Haar, ist alltäglicher Mittelpunkt eines eigenen Künstlerstammtisches.

Höhepunkt seines Vortrags ist regelmäßig der »Prolet«:

»Cabarett-Raum« im »Simpl« 1931

»Ich bin ein Prolet, vom Menschengetier
Bin ich bei der untersten Klasse!
Ich bin ein Prolet! was kann ich dafür,
wenn ich keine Zier eurer Gasse?

Ich lebe stets von der Hand in den Mund,
Trag, was ich verdien, in der Tasche:
Ich darf nicht denken, das macht mich gesund –
Zur Betäubung dient mir die Flasche.

Ich bin ein Prolet, was kann ich dafür?
Doch gibt es gleich mir Millionen:
Das tröstet mich, wenn die Not vor der Tür,
Das tröstet mich beim Fronen!

Wir haben kein Haus, wir haben kein Gut,
Wir haben nichts als Fäuste,
Mit Schwielen bedeckt, zum Frondienst gut –
Wir wissen nicht viel vom Geiste.

Wir sind vielleicht ein erbärmlich Geschlecht,
Geboren, den Nacken zu beugen –
Wir führen auch unseren Namen mit Recht:
Wir sind nur da, um zu zeugen.

Mit Samensträngen sind wir begabt,
Millionenfach uns zu vermehren,
Daß ihr, ihr Obern, die Hände habt,
Die euch gemählich ernähren.«

Wir denken, denken nicht mehr daran,
Daß wir euch könnten erschlagen:
Still ziehen wir unsere Lasten bergan –
Wir können ja Lasten tragen.

»Künstlerkneipe-Simplicissimus« um 1920, links im Vordergrund Kathi Kobus.

Wir sind ein erbärmliches, ekles Geschlecht
Und werden uns nie ermannen:
Ihr könnt uns getrost an den Wagen der Zeit
Als Zugvieh der Zukunft spannen.«

Alsbald aber ist Scharf, der eines Holzbeines wegen auffällig hinkt und auch einmal mit Kathi »verlobt« gewesen sein soll, gut verheiratet. Und seine frisch angetraute Gemahlin ist nichts Geringeres als eine echte ungarische Gräfin. So wohnt unser »Prolet« in seinen späteren Jahren gutbürgerlich mit seiner Frau auf einem »Schloß Pátosfa« am Plattensee.

Schon nach kürzester Zeit ist der »Simplicissimus« jeden Tag rappelvoll. Dicht gedrängt sitzen die Leute, und Kathi bringt immer noch zusätzliche Besucher unter. Der hintere Raum, in dem normalerweise maximal fünfzig Leute Platz haben, ist nun täglich mit bis zu 150 Menschen überfüllt. Man munkelt, daß Kathi ihre Gäste auch noch auf den Bilderrahmen unterbringt.

Fast täglich trifft man dort den Simplicissimus-Redakteur Ludwig Thoma, den Dichter Johannes R. Becher, die »engelhaft-ruchlose« Puppen-Macherin Lotte Pritzel, alle ehemaligen »Elf Scharfrichter« sowie Max Halbe und Julius Schaumberger. Auch die Autoren Leonhard Frank und Max Dauthendey sowie die Maler Franz Marc und Albert Weisgerber sind regelmäßig anwesend. Und sogar der bayerische »Heimatdichter« Ludwig Ganghofer läßt sich des öfteren sehen.

»Bildnis Ludwig Scharf«, Gemälde von Albert Weisgerber, 1905

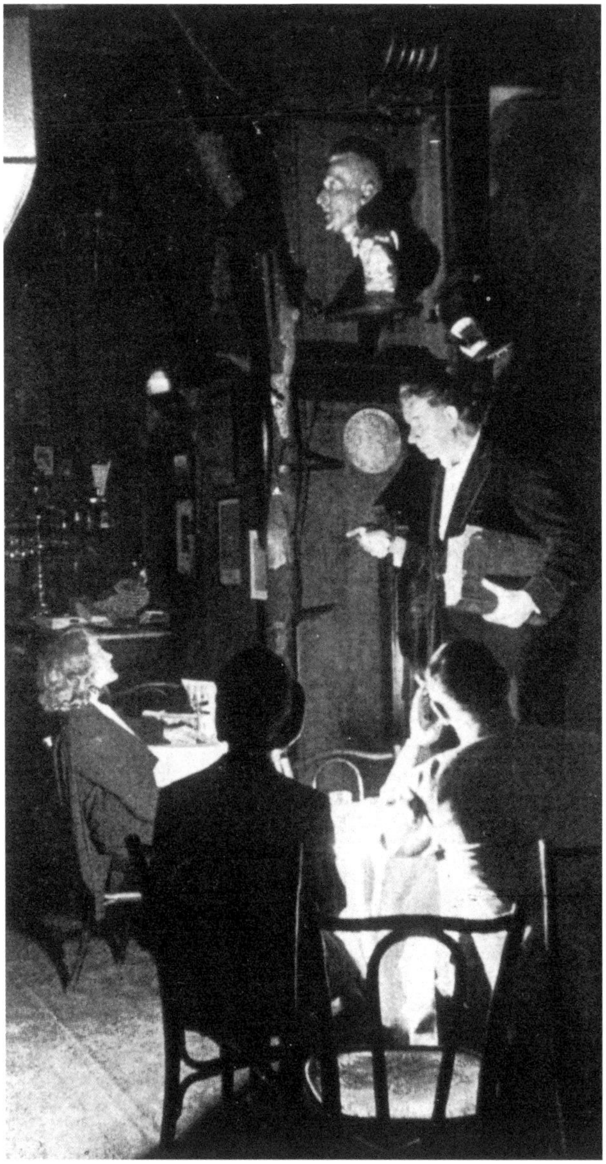

Im »Simpl«

Auch die Dichterin Emmy Hennings, der mit ihr befreundete und für kurze Zeit an den Kammerspielen als Dramaturg angestellte Hugo Ball und der Schwabinger Silhouettenschneider Moritz Engert geben sich hier ein Stelldichein.

Und das leicht exhibitionistisch veranlagte Malermodell Marietta Kirndörfer trägt vor:

»...
Ich will Marietta werden.
Ich schwanke noch.
Ein funkelndes Feuer.
Und sehr viel Rauch.
Ich habe eine unordentlich zugeknöpfte orangine Bluse und verkünde nachts blaue Fabeln und graue Anekdoten von Klabund.
Manche nur sind leise rosa und schmecken wie Himbeerkompott.
Ich kriege für den Abend vier Mark und nicht mal warmes Abendbrot.
Ich suche nach Nebenverdienst...«

Ebenfalls Stammgast ist der »präraffaelitische Frauenheld«, Waldemar Bonsels, der in den zwanziger Jahren durch seine »Biene Maja« ein Vermögen verdienen wird. Und auch Anton Azbe, der Förderer Kathi Kobus', von allen nur »Professor Nämlich« genannt und mit Fug und Recht als einer der größten Trinker Schwabings bekannt, ist täglich an-

Die Dichterin Emmy Hennings und der spätere Dadaist Hugo Ball 1914

Mary Irber. Als Tochter eines Brauers im Münchner Stadtteil Au geboren und aufgewachsen, ist sie unter anderem auch mit Karl Valentin gut bekannt. Schon mit zehn Jahren tritt sie im Ballett des Deutschen Theaters auf und wechselt dann zum Gärtnerplatz-Theater über. Mit nur sechzehn Jahren debütiert sie im »Überbrettl«, dem Nachfolger der »11 Scharfrichter«, als Barfußtänzerin und Chansonsängerin und wird der erste Star des späteren »Intimen Theaters«. Nach einer Tournee, die sie von Wien aus durch halb Europa führt, ist sie auch international bekannt. Obwohl als Vorstadtkind ohne größere geschäftliche Erfahrung, tätigt sie von Anfang an all ihre Verträge und Verhandlungen selbst und kommt zeit ihres Lebens ohne Manager aus.

wesend und schläft zu später Stunde seinen Rausch auf der »Stammbank« im »Simplicissimus« aus.

So dann und wann schaut auch Mary Irber, von ihren Freunden nur »Mizzi« genannt und einer der bekanntesten damaligen Stars des Kabaretts, mit einigen Verehrern vorbei. Ist sie gut gelaunt, singt sie schon mal das Lied vom »Bettelprinzesschen« oder auch Wedekinds »Ilse«.

»Sie war ein sehr schlankes, schwarzhaariges Geschöpf ... Sie trug die Haare kurz, gescheitelt und nach den Seiten hin gelockt, es war eine Art weniger von Bubi- als von Pudelfrisur, sie hatte einen reizenden Wuchs, reizende Bewegungen, die elegantesten Kleider und – nach den Aussagen aller, die ihr verfielen – den Teufel im Leib.«[21]

Wedekind, in dessen Stücken sie des öfteren eine Hauptrolle spielt, widmet seiner »entzückenden Kollegin Mary I.« ein Lied mit dem Titel »Von vorn besehn«:

»Von vorn besehn bist du die schönste Maid,
Die je mein Herz aus Liebesnot befreit,
Doch, wenn du halb nur dich zur Seite kehrst,
Dann dünkt mich schon, daß du ein Knabe wärst.
Drum bleib ich wie dem Glücksrad stets dir nah,
Du – venus duplex Amathusia!«

Die ebenso geschäftstüchtige wie clevere Kathi Kobus aber, die sich mit ihrem Lokal alsbald eine goldene Nase verdient, spricht nur ungern über Geld und den geschäftlichen Erfolg. Ihre von mehreren Berichterstattern bestätigten Worte, die den Fragesteller abwimmeln sollen und von Understatement getragen sind: »Vui Gschroa um an Dreeck!«

»Ich sehe (Kathi Kobus) vor mir in ihren guten Jahren, dem Alter nach schwer schätzbar, doch nicht mehr jung, eine stattliche Frau in schwer bestickter Chiemgauer Bauerntracht, die sie gern trug, mit klugen, etwas kalten Augen, einem Anflug von Bart auf der Oberlippe und einem leicht ironischen Lächeln um den Mund.«
Korbinian Lechner

Der »Hausdichter« Hans Bötticher alias Joachim Ringelnatz

Der Hausdichter Joachim Ringelnatz

Im Jahre 1907 trifft ein ehemaliger Schiffsjunge und Matrose namens Hanns Bötticher in München ein. Neben zahllosen Berufen und Hilfstätigkeiten ist der Sächsisch redende Mann auch schriftstellerisch tätig und hat vor nicht allzu langer Zeit das »Tagebuch eines Schiffsjungen« veröffentlicht.

In München schreibt der Neuankömmling alsbald einige kleinere Geschichten für den satirischen »Grobian«. Doch als er für seine Beiträge von der Ein-Personen-Redaktion des Blattes nur Pfennig-Beträge erhält, verdingt er sich erst einmal als Vertreter für Bohnenkaffee. Einige Zeit später ist er als Buchhalter beim Reisebüro »C. Bierschenk« am Karlsplatz angestellt.

Ganz nebenbei ist Bötticher, dessen späteres Pseudonym »Ringelnatz« sich von »Ringelnasse«, dem Namen für Seepferdchen und damit einem Maskottchen und Glücksbringer der Matrosen herleitet, auch für die Werbung tätig. Noch heute ist in einigen älteren Münchner Gaststätten der von ihm erfundene Werbespruch für eine Sektmarke auf vergilbtem Papier zu lesen:

Quält dich Kummer Leid und Kreuz,
Trinke »Geldermann & Deutz«.
Geht es wieder besser dann,
Trinke »Deutz und Geldermann«.

Ab 1907, dem Jahr, in dem auch Karl Valentin das erste Mal im »Simplicissimus« auftritt, entwickelt

Festwagen der Künstlerkneipe »Simplicissimus«, Faschingszug 1910.

Die »Simplicissimus-Künstlerkneipe« nimmt auch mit einem eigenen, selbstgestalteten Wagen am Münchner Faschingszug teil. Kathi Kobus fährt dem Faschingswagen in einer Kutsche voraus. Ringelnatz alias Hans Bötticher sitzt im Samtanzug auf dem Kutschbock.

Hausball im »Simpl« 1909

sich Ringelnatz mit seinen Simpl-Texten zum »Hausdichter« des Lokals. Ringelnatz mimt dabei regelmäßig einen betrunkenen Matrosen, wobei Spiel und Realität nicht immer auseinanderzuhalten sind. Denn Ringelnatz trinkt auch in Wirklichkeit ganz gerne einen über den Durst und gilt dem Schwabinger Grafiker Rolf von Hoerschelmann zudem als »Radaubruder«.

Als Tagesgage erhält der »Hausdichter« neben freien Getränken die Summe von sage und schreibe einer Mark.

Um sich ein Zubrot zu verdienen, betreibt Ringelnatz – allerdings nur für kurze Zeit und erfolglos – ein eigenes Zigarettengeschäft in der Schellingstraße 23, nicht weit vom »Simpl« entfernt. Neben einem gelben Ladenschild, auf dem mit blauer Farbe der Schriftzug »Tabakhaus Zum Hausdichter« zu lesen ist, erregt vor allem das Schaufenster die Aufmerksamkeit zahlreicher Passanten. Denn in der Auslage, zwischen Zigarren und Zigaretten, liegt ein komplettes und naturgetreues menschliches Skelett. Daneben sind zusätzlich zahlreiche andere seltsame Dinge zu bestaunen:

»... ein Riesenkäfer, ferner künstlich ausgestopfte Gebilde, die wie exotische Tiere aussahen, Bilder, Stiche ›verkäuflich‹ und Totenköpfe aus Gips. Das Innere des Ladens schmückte ich ebenfalls aus mit Bildern, Photos, Büchern, läppischen Inschriften und Trophäen aus meiner Seefahrerzeit.«[21a]

Doch der Laden wird nicht das erwartete Geschäft. Unverständnis und Ignoranz sind die Ursache. Da beschwert sich zum Beispiel die adelige Hausbesitzerin über das gelbblaue Ladenschild. Sie duldet nur schwarze Schilder mit goldener Schrift. Da hat der Hausmeister immer wieder etwas auszusetzen, und

Hans Bötticher vor seinem Tabak-Laden

dann kommt auch noch die Polizei. Das zu Menschenansammlungen vor dem Schaufenster führende Gerippe muß entfernt werden.

Auch wegen Lärmbelästigung gibt es zahlreiche, durchaus verständliche Beschwerden. Denn nach der Simpl-Sperrstunde um drei Uhr nachts zieht man nicht selten mehr oder minder lautstark zum naheliegenden Tabakgeschäft, um dort bis in den frühen Morgen weiter zu feiern.

Ende des Jahres 1909 gibt Ringelnatz das Geschäft auf. Da er keinen Käufer als Nachfolger findet, verschenkt er die noch vorhandene Ware.

Schellingstrasse 23.

Tabakhaus „Zum Hausdichter"

Vorzügliche Cigarren und Cigaretten.

(Bisher noch kein Todesfall).

Prompte Lieferung nach Auswärts.

Sehensw. Kunstschätze u. Merkwürdigkeiten.

Treffpunkt der gebildeten Raucherwelt.

Damen und Herren werden auf Wunsch gegen Bezahlung angedichtet.

Jedermann wird gebeten, recht zahlreich zu erscheinen.

Es grüßt der Hausdichter!

Die lärmende Runde aus dem »Simplicissimus« aber ist nun des öfteren im Wartesaal des Münchner Hauptbahnhofes anzutreffen, wo man rund um die Uhr Kaffee erhält, wenn man sich pro forma eine Bahnsteigkarte löst.

Bötticher aber ist inzwischen die Geschäftstüchtigkeit der Wirtin Kathi Kobus leid: »Die Goldgier und Rücksichtslosigkeit der Kathi empörte bald den einen, bald den anderen von uns. Einer war immer mit ihr böse.«

Nachdem sich Bötticher mit seiner Wirtin endgültig zerstritten hat, verläßt er 1911 München und geht nach Riga. Dort verdient er sein Geld für kurze Zeit auch mit Handlesen für Bordellmädchen. Anschließend findet er eine Stelle als Privatbibliothekar.

Ein männlicher Briefmark erlebte
Was Schönes, bevor er klebte.
Er war von einer Prinzessin beleckt.
Da war die Liebe in ihm erweckt.

Er wollte sie wiederküssen,
Da hat er verreisen müssen.
So liebte er sie vergebens.
Das ist die Tragik des Lebens!

Silvesterfeier im »Simplicissimus« 1912

Die Villa »Kathis Ruh« in Wolfratshausen

Prinzen und Lebemänner

Ab 1910 wird der »Simpl« in zunehmendem Maße zum In-Lokal. Die ehemalige Bohème-Gaststätte mit ihren Stammgästen aus der Kunst- und Kulturszene wandelt sich zum Treffpunkt eleganter Snobs und illustrer Lebemänner sowie Adeliger aus diversen Herrschaftshäusern. So kommen nun »exotische Prinzen«, Industrielle und Geschäftsleute. Auch Touristen aus Amerika drängen sich vermehrt im Lokal. Die alten Stammgäste aber, denen der »Simpl« Atmosphäre und Flair verdankt, bleiben in zunehmendem Maße aus.

Ein Jahr vor dem Ersten Weltkrieg verkauft die inzwischen zu Wohlstand gekommene Kathi den »Simplicissimus« und zieht sich mit einem »Goldschatz von annähernd einer Million Mark« zurück. Sie erwirbt eine stattliche Villa in Wolfratshausen und tauft diese auf den Namen »Kathis Ruh«.

Nach Kriegsbeginn 1914 aber denken auch im »Simplicissimus« viele der Gäste national und schließen sich der allgemeinen Kriegsbegeisterung an. Erich Mühsam, der zu den wenigen gehört, die schon 1914 das Grauen des Krieges erahnen, zieht sich nun endgültig zurück. Emmy Hennings erhält nach einem Streit vom neuen Wirt wegen mangelnder nationaler Gesinnung Lokalverbot.

Nach dem verlorenen Krieg und den darauffolgenden Wirtschaftskrisen mit ihrer wahnwitzigen Inflation zerrinnt auch das ehemals stattliche Vermögen der Kathi Kobus in kürzester Zeit. Noch einmal sieht sich die inzwischen auch gesundheitlich angegriffene Frau gezwungen, im »Simplicissimus« zu arbeiten. Doch diesmal ist sie nicht mehr die im Mittelpunkt stehende Besitzerin, sondern nur noch Angestellte eines fremden Wirts.

»Ich habe Kathi Kobus erst wiedergesehen, nachdem sie so ziemlich alles verloren hatte und wieder im Simplicissimus, diesmal als Angestellte, die Honneurs machte. Sie war alt und gebrechlich geworden, ihr starkknochiges Gesicht trug einen Ausdruck stillen Vorwurfs. Ihre herrliche schwarze Perücke, sie hatte schon immer falsches Haar getragen, war ergraut, und es ist mir unvergeßlich, wie sie sich mühsam und müd von Stuhllehne zu Stuhllehne tastete und mit matter Stimme und dem bloßen Schein eines Lächelns die nicht mehr zahlreichen Gäste begrüßte. Ihre Welt war dahin.«[22]

Am 7. August 1929 stirbt Kathi Kobus.

Die Wirtin Kathi Kobus in den zwanziger Jahren

Erich Mühsam, »Künstlermensch« und Anarchist

»Jetzt wird auftreten Erich Mühsam. Er hat kolossal lange Haare. Er ist das Prototypus von eine Bohémien. Er kann rauchen, wie wenn nichts wäre.«
(Ankündigung eines Kabarettauftrittes durch den Conferencier Marc Henry)

»Für alle Unzufriedenen«

»Ein Bohémien ist in erster Linie Skeptiker, ein Mensch, der die Welt so fatalistisch wie nur denkbar ansieht, einer, der vom Leben nichts erhofft, und der deshalb darauf los lebt mit der erhabenen Wurstigkeit, die ihm dem bourgeoisen Geschäftstrotter gegenüber als Ausnahmewesen, als komischer Kauz erscheinen läßt. Es ist nicht notwendig, daß man Künstler ist um Bohémien zu sein; aber daß man, um mit Peter Altenberg zu reden, ›Künstlermensch‹ ist, das ist allerdings Voraussetzung dazu.«

Und diese Voraussetzung erfüllt der Autor dieser Definition, die einem am 18. August 1904 an Julius Bab gerichteten Brief entnommen ist, wie kein anderer.

Denn in den letzten Jahren vor Beginn des Ersten Weltkriegs gibt es in München nur wenige einschlägige Künstlerkneipen und Kulturzirkel, denen der Autor dieser Zeilen, der Dichter, Satiriker, Kabarettist, politische Essayist und anarchistische Agitator Erich Mühsam nicht zumindest zeitweise verbunden ist.

Kaum ein Schwabinger Stammtisch oder Literaturverein, kaum eine politische oder kabarettistische Veranstaltung, kaum eine Kegelgemeinschaft oder Künstlervereinigung, an der der eher schmächtige und feindgliedrige Mann nicht in irgendeiner Form beteiligt ist.

Am 6. April des Jahres 1878 wird Erich Mühsam als Sohn eines wohlhabenden Apothekers namens Siegmund Seligman Mühsam in Berlin geboren. Die gutbürgerliche Familie, die sich christlichen Idealen verpflichtet sieht, zieht nur ein Jahr nach der Geburt des Sohnes nach Lübeck um.

Schon im Alter von 18 Jahren wird Mühsam zum Schrecken seines Vaters, der den Werdegang des in seinen Augen mißratenen Sohnes mit zunehmender Skepsis verfolgt, wegen »sozialistischer Umtriebe« vom Gymnasium relegiert. Der renitente Knabe hat zum Verdruß der Schulleitung in einer sozialdemokratischen Zeitung namens »Lübecker Volksbote« einige nicht für die Öffentlichkeit bestimmte Schulinternas ausgeplaudert und eine Rede des Schuldirektors unbotmäßig kommentiert.

So wechselt Mühsam auf Anraten der besorgten Eltern den Ausbildungsort und besucht nun eine Schule in Parchim in Mecklenburg. Anschließend tritt er beruflich in die Fußstapfen seines Vaters und macht nach dreijähriger Apotheker-Lehre in Lübeck die Gehilfenprüfung. Alsbald jedoch wird dem unruhigen Geist das biedere und eher provinzielle Leben in der Handelsstadt zu eng. Mühsam geht, gerade einunzwanzig geworden, nach Berlin.

Dort wird er alsbald Mitglied der von Heinrich und Julius Hart gegründeten Gruppe »Neue Gemeinschaft«. Die beiden Brüder sind die ersten, die für seine politischen Vorstellungen Verständnis haben und seine literarischen Versuche unterstützen.

Doch dann verläßt Mühsam Berlin und begibt sich auf eine insgesamt fünf Jahre dauernde Wanderschaft durch Frankreich, Österreich, Italien und die

Schweiz. Die wichtigsten Stationen seiner Reise sind Paris, Wien, Zürich und Ascona. Im Jahre 1908 kommt Mühsam in München an.

Noch im selben Jahr gründet er die Gruppe »Tat«. Dieser Vereinigung, die sich als Teil des von Gustav Landauer ins Leben gerufenen »Sozialistischen Bundes« versteht, gehören unter anderem auch der Psychoanalytiker Otto Groß und der so überaus begabte Kunststudent Georg Schrimpf an. Des weiteren ist der noch jugendliche Oskar Maria Graf mit von der Partie, der im Alter von siebzehn Jahren auf der Flucht vor seinem tyrannischen Bruder in München gelandet ist, wo er vorläufig als Müllergehilfe in der »Tivoli-Mühle« Arbeit finden kann.

Und zusammen mit diesem Kreis will Mühsam ausgerechnet das von Karl Marx so verachtete Lumpenproletariat für seine politischen Vorstellungen gewinnen. So sieht man Mühsam alsbald regelmäßig in Kneipen und Spelunken wie dem »Soller« im Tal, dem Wirtshaus »Zur Lacke« und im »Liebherrnhof«. Die »Benachteiligten und Ausgestoßenen«, die »Verbrecher, Landstreicher und Huren«, sind nun seine bevorzugten Ansprechpartner. Unter dem Titel »Für alle Unzufriedenen« hält er vor ihnen Vorträge.

Doch seine Zuhörer sind nicht selten weniger an den politischen Ausführungen Mühsams, als an dessen finanzieller Großzügigkeit und dem so dann und wann angebotenen Freibier interessiert. Alsbald ist Mühsam von seinen idealistischen Vorstellungen wieder kuriert.

Abgesehen von einigen wenigen »famosen Kerlen« werden seine Erwartungen von den »Psychopathen, dummen Jungens, geldgierigen Deklassierten« fast ausnahmslos enttäuscht. Im Jahre 1912 gibt Mühsam seine diesbezüglichen Versuche fürs erste wieder auf. Doch vorher bekommt Mühsam auch noch Ärger mit dem Staatsanwalt. Denn Ende Oktober des Jahres 1909 explodiert in München ein selbstgebastelter Sprengkörper. Der noch jugendliche Sprengstoffexperte aber schiebt schon bei der ersten Vernehmung durch der Polizei Schuld und Verantwortung für die Straftat auf Mühsam und dessen Vorträge.

So sitzt Mühsam erst einmal für elf Tage in Untersuchungshaft. Acht Monate später, im Juni des Jahres 1910, wird gegen ihn Anklage wegen »Geheimbündelei« erhoben. Doch in der Verhandlung brechen die Vorwürfe Punkt für Punkt in sich zusammen. Denn nichts ist weniger »geheim«, als Mühsams öffentliches Agitieren in den Gaststätten der Stadt. So gewinnt Mühsam den Prozeß und wird freigesprochen.

Doch der Makel der Gewalttätigkeit bleibt trotz des Freispruchs an Mühsam haften. In Folge dessen verzichten nun viele Zeitschriften und Magazine auf seine Mitarbeit. Der Boykott aber trifft Mühsam schwer.

Denn dessen Finanzlage ist zeit seines Lebens nicht besonders rosig. Obwohl er oft die notwendigsten eigenen Anschaffungen nicht bezahlen kann, stellt er Freunden und Bekannten, aber auch völlig unbekannten Notleidenden immer wieder Geldmittel zur Verfügung. Sogar Bürgschaften – in einem besonders gravierenden Fall von mehreren tausend Mark – übernimmt Mühsam für Schriftstellerkollegen und Dichterfreunde. Daß er sich dadurch häufig finanziell übernimmt, merkt er meistens zu spät.

Mitarbeiter dankend verbeten

Im April des Jahres 1911 beginnt Mühsam mit der allmonatlichen Herausgabe einer eigenen, in leuchtend gelben Karton gebundenen Heftreihe namens »Kain, Zeitschrift für Menschlichkeit«. Wahrscheinlich durch das Vorbild von Karl Kraus' »Fakkel« ermuntert, schreibt Mühsam alle Artikel des Blattes selbst. In einer Anzeige in eigener Sache macht er unmißverständlich deutlich: »Mitarbeiter dankend verbeten.«

Insgesamt hat die Zeitschrift eine Auflage von immerhin 3000 Stück, der Preis pro Heft betragt dreißig Pfennige. Mühsam ist alsbald recht optimistisch und hofft, sich mit seiner Ein-Mann-Zeitschrift den notwendigen Lebensunterhalt verdienen zu können.

Der »Edelbohémien« und »Künstlermensch« Erich Mühsam

In seinem Blatt polemisiert der Herausgeber gegen das Kaiserreich, agitiert gegen die staatliche Obrigkeit und verulkt immer wieder und in Fortsetzung das Treiben des Münchner Polizeipräsidenten. Die »Bekämpfung des Staates« und dessen »Erscheinungsformen, wie Kapitalismus, Imperialismus, Militarismus, Klassenherrschaft, Zweckjustiz und Unterdrückung in jeder Gestalt« ist das erklärte Ziel all seines literarischen und politischen Tuns.

Immer wieder agitiert der «brilliante Essayist« gegen die von ihm verachtete Sozialdemokratie. Schon in der Nummer 2 des ersten Jahrgangs grenzt er sich deutlich von seinen sozialdemokratischen und marxistischen Gegnern ab:

»Die entsetzliche Theorie, daß sich die Zeit nach naturnotwendigen Gesetzen wandeln muß, die Karl Marx und seine demagogischen Spießgesellen anwenden, hat in Millionen Menschen den Wahnsinn kultiviert, sie dürften nur zusehen, wie sich der Kapitalismus selbst auffrißt. Man muß ihn nur nähren und pflegen und auswachsen lassen, bis er . . . platzt.«

Eines seiner bekanntesten, immer wieder auch auf der Bühne der »Künstlerkneipe Simplicissimus« vorgetragenen Gedichte, ist folgerichtig auch »der deutschen Sozialdemokratie gewidmet«.

War einmal ein Revoluzzer,
im Zivilstand Lampenputzer;
ging im Revoluzzerschritt
mit den Revoluzzern mit.

Und er schrie: »Ich revolüzze!«
Und die Revoluzzermütze
schob er auf das linke Ohr,
kam sich höchst gefährlich vor.

Doch die Revoluzzer schritten
mitten in der Straßen Mitten,
wo er sonsten unverdrutzt
alle Gaslaternen putzt.

Sie vom Boden zu entfernen
rupfte man die Gaslaternen
aus dem Straßenpflaster aus,
zwecks des Barrikadenbaus.

Aber unser Revoluzzer
schrie: »Ich bin der Lampenputzer
dieser guten Leuchtelichts.
Bitte, bitte, tut ihm nichts!

Wenn wir ihn' das Licht ausdrehen,
kann kein Bürger nichts mehr sehen,
laßt die Lampen stehn, ich bitt!
Denn sonst spiel ich nicht mehr mit!«

Doch die Revoluzzer lachten,
und die Gaslaternen krachten,
und der Lampenputzer schlich
fort und weinte bitterlich.

Erich Mühsam mit Ehefrau »Zenzl«, geborene Kreszenzia Elfinger. Am 15. September 1915 heiratet das Paar in der Gaststätte »Bunter Vogel« und zieht anschließend in eine Wohnung in der Georgenstraße.

Dann ist er zuhaus geblieben
und hat dort ein Buch geschrieben:
nämlich, wie man revolutzt
und dabei noch Lampen putzt.

Aber auch unzählige Glossen und satirische Kurzgeschichten, zum Beispiel über den provinziellen Charakter des Münchner Nachtlebens, sind im »Kain« enthalten. Dabei werden vordergründig-heitere Themen mit einem aufs Ganze zielenden Schuß Gesellschaftskritik verknüpft. So regt Mühsam in der Februarausgabe des Jahres 1914 unter dem Titel »GROSSTÄDTISCHES« an:

»Es wäre hübsch, wenn die Münchner Polizei einmal die Abrechnung über ihre Einnahmen aus den Strafmandaten wegen Polizeistundenübertretung publizierte. Die geschädigten Wirte könnten dagegen den Ausfall ihrer Einnahmen bekanntmachen und wir könnten berechnen, für welche Summe der Polizeifiskus Münchens Entwicklungsmöglichkeiten als Fremdenstadt preisgibt. Nicht zu berechnen aber ist der Schaden, der den Wirten tatsächlich zugefügt wird, und nicht zu zählen und noch weniger wiederzugeben sind ihre Flüche. Aber Herr Dr. Roth hat erklärt: »München ist keine Großstadt!« und der muß es wissen. Denn er verfügt über die persönliche Macht, einer Stadt von 700 000 Einwohnern die Existenz als Großstadt zu unterbinden, und macht, wie jeder täglich beobachten kann, von dieser Macht ausgiebig Gebrauch. Natürlich wird die Melodie, die er uns aufspielt, nicht in der Weinstraße gepfiffen, sondern höheren Orts. Eine sehr hochgestellte (neuerdings noch höher gestellte) ältere Dame soll von dem Wunsch beseelt sein, daß man in München zeitig zu Bett gehen soll. Ein Cafétier, der sich schwer geschädigt fühlt, raunte es uns neulich zu. »Dees is der Dank«, flüsterte er konspirativ. »Dees is der Dank!« – und ich erkannte erschrocken, bis in wie weite Volkskreise hinein der monarchische Gedanke schon wankend geworden ist.«

Und gänzlich unbürokratisch, aber wohl auch sein gestiegenes Selbstbewußtsein spiegelnd, schreibt Mühsam in der Juniausgabe des Jahres 1912:

»Der ›Kain‹ wird in Zukunft nicht mehr an einem bestimmten Tage erscheinen, da es dem Herausgeber lieber ist, seine Zeit nach Stimmung und Bequemlichkeit einzurichten. Das Blatt soll nach Möglichkeit in der ersten Hälfte jedes Monats fertiggestellt werden. Die Abonnenten werden aber gebeten, bei kurzen Verzögerungen nicht ungeduldig zu werden.«

Doch nur zwei Jahre später, im Juni 1914 erscheint die vorläufig letzte Ausgabe. Der durch den Ausbruch des Ersten Weltkriegs völlig deprimierte, von Weinkrämpfen und Nervenzusammenbrüchen geplagte Mann, gibt die Zeitschrift auf. Er gleitet in einen Zustand von »Angst, Grauen, Schrecken und körperlicher Depression«. Gleichzeitig hat er die nicht ganz unbegründete Angst, daß man im Taumel der nationalen Begeisterung dem erklärten Kriegsgegner Mühsam nach dem Leben trachten könnte.

Erst am 18. November 1918, zehn Tage nach der Ausrufung des Freistaates Bayern, erscheint die Zeitschrift »Kain« wieder.

Fotoatelier »Elvira«

»Jugendstil heißen die Stühle, auf denen man nicht sitzen, Schränke, in die man nichts hineintun, Gläser, aus denen man nicht trinken, Löffel, mit denen man nicht essen kann! Es ist um aus der Haut zu fahren!«

Hanns von Gumppenberg

»Tituskӧpfe« und männliche Kleidung

Die ersten öffentlichen Abende der »Gesellschaft für modernes Leben« im Jahre 1891 werden regelmäßig von zwei Frauen besucht, die allein schon durch ihren Haarschnitt und ihre auffällige Kleidung deutlich aus dem Rahmen fallen.

So tragen beide eine moderne Kurzhaar-Frisur, die in den 80er Jahren als sogenannter »Tituskopf« bezeichnet wird. Zusätzlich bevorzugen beide »männlich geschnittene« Kleidung und setzen sich damit bewußt vom allgemeinen Erscheinungsbild der Münchnerinnen ab.

Auf Anfrage durch die Veranstalter stellt sich heraus, daß es sich bei den beiden um engagierte Frauenrechtlerinnen handelt, die zusätzlich der frühen Friedensbewegung nahe stehen.

Die etwas ältere der beiden außergewöhnlichen Damen ist im Jahre 1857 in Verden an der Aller geboren und stammt aus durchaus begüterten Verhältnissen und einem gutbürgerlichen, aber auch politisch engagierten Elternhaus.

Nach Abschluß des Gymnasiums geht die frisch gebackene Abiturientin zur Lehrerausbildung nach Berlin und nimmt dort zusätzlich auch noch intensiven Schauspielunterricht.

Nach einem weiteren Studium, diesmal ist es der Besuch einer Landwirtschafts-Hochschule, wird das Multitalent im Alter von fast vierzig Jahren an der Münchner Universität noch einen Antrag auf Zulassung zum Jura-Studium stellen, der am 11. Mai 1896 allerdings erwartungsgemäß negativ beschieden wird. Bis 1903 werden in München Frauen zum Staatsexamen nicht zugelassen.

Anita Augspurg

Doch die Bewerberin gibt nicht auf, sondern reist umgehend nach Zürich ab, um an der dortigen Universität nach einem nur achtsemestrigen Jurastudium zum Doktor zu promovieren. Im Jahre 1928 wird die inzwischen schon Siebzigjährige sogar noch zur Führerscheinprüfung antreten und auch diese trotz des hohen Alters bestehen.

Die spätere »Hofphotographin« Sophia Goudstikker 1895

Während eines Aufenthalts bei ihrer als Kunstmalerin tätigen Schwester in Dresden aber lernt die resolute Frau im Jahre 1886 eine acht Jahre jüngere Frauenrechtlerin aus Amsterdam kennen. Die am 15. Januar 1865 geborene Holländerin will zwar eigentlich Malerin werden, kann aber ebenfalls kein reguläres Studium beginnen, da auch an Kunstakademien zu jener Zeit nur Männer zugelassen sind. So besucht sie fürs erste eine private Kunstschule.

Jahre später wird die ehemalige Malschülerin, die 1898 vom jüdischen zum protestantischen Glauben übertritt und die Bayerische Staatsbürgerschaft erwirbt, die erste zugelassene weibliche Strafverteidigerin Münchens sein.

Die beiden Damen mit den »schönen, ausdrucksvollen Jünglingsköpfen«, die allerdings von so manchem verunsicherten Münchner als »überspannte Gehirn- und Zwitterwesen« verspottet werden, machen in München nicht nur Frauen-Politik, sondern auch Kulturgeschichte. Ihre Namen sind: Anita Augspurg und Sophia Goudstikker.

Kurse über Stickereien

Im Jahre 1894 wird in München ein Verein mit dem etwas umständlichen Namen »Gesellschaft zur Förderung der geistigen Interessen der Frau« gegründet.

Alsbald stellt es sich heraus, daß zu den wichtigsten Erfordernissen einer modernen Frauenbewegung auch eine effiziente Rechtsberatung gehört. So wird dem Verein nur kurze Zeit später eine »Rechtsschutzstelle für Frauen in Not« angegliedert. Sophia Goustikker, die langjährige Lebensgefährtin der damaligen Vereinsvorsitzenden Ika Freudenberg, übernimmt die wichtigsten Vorbereitungsarbeiten. Für über fünfundzwanzig Jahre wird sie dann die Leitung dieser Rechtsschutzstelle innehaben.

Rund fünfzehn Jahre nach seiner Gründung wird der Verein, der inzwischen einprägsamer zu »Verein für Fraueninteressen« umgetauft worden ist und seinen Sitz in der Briennerstraße 37 hat, auf über eintausend Mitglieder angewachsen sein. Vorsitzende des Vereins und damit Nachfolgerin von Ika Freudenberg ist nun Luise Kiesselbach.

Anita Augspurg, die für einige Zeit auch Mitglied der liberalen »Deutschen Freisinnigen Volkspartei« ist, aber die Mitarbeit in einer »Männerpartei« auf Dauer als unzweckmäßig erachtet, hat inzwischen den 1899 in München stattfindenden »Allgemeinen bayerischen Frauentag« mitorganisiert und bereitet gerade die Gründung eines »Deutschen Vereins für Frauenstimmrecht« vor, der im Jahre 1902 in Hamburg ins Leben gerufen wird.

Als in München die erste Nummer der Zeitschrift »Frauenstimmrecht« herauskommen soll, schreibt Anita Augspurg den Leitartikel. Prompt organisieren sich die aus den verschiedensten konservativen Lagern stammenden Gegner in einem »Bund zur Bekämpfung des Frauenstimmrechts«. Die Auseinandersetzung schlägt überraschend hohe Wellen. Den Zeitschriftenmacherinnen aber ist dies durchaus recht, denn noch nie war dieses Thema in der Öffentlichkeit und in den jeweiligen Medien so präsent.

Um das neue Selbstbewußtsein gebührend zur Schau zu stellen, organisiert man einen propagandistisch gut geplanten Demonstrationszug durch München.

»In fröhlicher Reihe geht es mit zwanzig girlandengeschmückten Wagen quer durch die Innenstadt bis zum Englischen Garten. Tafeln mit der Aufschrift ›Frauenstimmrecht‹ werden von Frauen getragen, die gar nicht wie Blaustrümpfe oder zigarrenqualmende Emanzen in den Witzblättern aussehen. Die Münchner sind verblüfft, nehmen's als Gaudi, und das Bild der verbissenen, furchteinflößenden Suffragetten ist gebannt.«[23]

Neben Themen der Politik und des Rechts aber werden im Rahmen des »Vereins für Fraueninteressen« auch verschiedenste Fragen im Bereich der zeitgenössischen modernen Kunst behandelt. So sind zum Beispiel die Jugendstilkünstler und -architekten Hermann Obrist und August Endell nicht nur seit 1896 zahlende Mitglieder des Vereins, sondern auch immer wieder als Referenten gefragt.

Der spätere Lehrer an der 1902 gegründeten »Debschitzschule«, den sogenannten »Lehr- und Versuch-Ateliers für angewandte und freie Kunst«, Hermann Obrist, hält zahlreiche Vorträge über das nur auf den ersten Blick seltsame Thema »italienische und deutsche Stickerei«. Dabei stehen nicht etwa Fragen der Heimarbeit oder Freizeitbeschäftigung zur Debatte, sondern die ästhetischen Grundstrukturen von sich organisch entwickelnden ornamental abstrakten Grundmustern.

Alsbald gilt Obrist, der aus der freien Verwendung dieser bildnerischen Grundmuster und anderen, der Natur nachempfundenen Ornamenten, die Möglichkeiten einer neuen Bildsprache entwickelt,

Die Jugendstilkünstler und -architekten Hermann Obrist und Wilhelm von Debschitz, 1902

als der eigentliche Erfinder des abstrakten Jugendstils. Der vermögende Mann aber, der ein luxuriöses Haus in der Karl-Theodor-Straße bewohnt, kann die weit verbreitete Ignoranz dieser neuen Kunst gegenüber nicht verstehen. So versucht er in seinen Vorträgen immer wieder deutlich zu machen, »daß hier der erste Akt des Dramas der Kunst der Zukunft gespielt wird. Der Kunst, die aus dem Kunsthandwerk zur Architektur und von dieser weiter zur Plastik und wieder zur großen Malerei führen wird.«[24]

Und der seit 1892 in München lebende August Endell schwärmt emphatisch von dieser »ganz neuen Kunst mit Formen, die nichts bedeuten und nichts darstellen und an nichts erinnern« und dennoch »unsere Seele so tief, so stark erregen, wie es nur immer die Musik in Tönen vermag.«

Die beiden Frauenrechtlerinnen Augspurg und Goudstikker aber sind von den ästhetik-theoretischen Ausführungen Obrists und des mit ihm befreundeten Kollegen Endell fasziniert. Alsbald werden die beiden Frauen für die Realisierung eines der auffälligsten und umstrittensten Jugendstilprojekte der Stadt München sorgen.

Denn beide haben sich inzwischen nicht nur in der Münchner Frauenbewegung profiliert, sondern sind gerade dabei, sich auch als Fotografinnen einen hervorragenden Namen zu machen.

Die »Drachenburg«

»In einem der besten photographischen Ateliers ließ man sich einen Winter hindurch in Technik und Betrieb einweihen und eröffnete dann in München das Atelier ›Elvira‹, welches ebenso durch seine Leistungen wie durch die Neuheit der weiblichen Leitung und Ausübung über Erwarten prosperierte.«[25]

Im Jahre 1897 erwerben Anita Augspurg und Sophia Goudstikker für 170000 Mark ein Grundstück in der Von-der-Tann-Straße 15. Ein Jahr später wird mit dem Bau des Fotoateliers »Elvira«, einem »niederen Haus« an der Stelle des heutigen »Generalkonsulates der Vereinigten Staaten von Amerika«, begonnen. Insbesondere die Fassade des Hauses wird ein Skandal und eine Sensation zugleich. Den Auftrag zur Gestaltung der Fassade und der Innenräume bekommt Endell. Allerdings ist er mit seinen Entwürfen an die schon vorher fertige Gestalt des Hauses, einer modernen Konstruktion aus Beton und Eisen, gebunden. Und Endell entwirft eine wahrlich außergewöhnliche Fassadenform.

Obwohl die eingereichte Skizze im Verhältnis 1:50 miserabel gezeichnet und – vielleicht auch absichtlich – denkbar undeutlich ausgeführt ist, befürwortet der zuständige Sachbearbeiter der Lo-

Der von August Endell im Jugendstil gestaltete Empfangsraum des »Ateliers Elvira«

kalbaukommission das Projekt. Er gibt grünes Licht, da »angenommen werden kann, daß nach der Persönlichkeit des mit der Ausführung betreuten Künstlers, die Herstellung der Facadendekoration den in ästhetischer Hinsicht zu stellenden Anforderungen Genüge leisten wird.«[26]

Als das Haus und die zur Straße gewandte Jugendstil-Fassade endlich fertig sind, ist halb München geschockt. Die erstaunten Passanten sehen sich mit einem seltsamen Stuckdrachen konfrontiert, der sich als »grellviolette, tiefsee-faunahafte Urform quer über die ganze meergrüne Fassade eines kurvenfenstrigen photographischen Ateliers«[27] zieht.

Das drachenähnliche Ornament ist »cyclam-violett«, der Untergrund des Reliefs türkisgrün gefärbt. Und Endell schwärmt: »Es ist wie ein Rausch, wie ein Wahnsinn, der uns da überkommt.«

Im Volksmund aber heißt das Haus alsbald nur noch »die Drachenburg«.

Aufgrund gehässigster persönlicher Angriffe und auch weiterhin ausbleibender adäquater Aufträge

Das Fotoatelier Elvira

verläßt Endell im Jahre 1903 deprimiert die Stadt. Von München tief enttäuscht wendet er sich nach Berlin, wo er nun auch für Ernst von Wolzogens »Buntes Theater« tätig ist. Nach dem Ersten Weltkrieg wird Endell in Breslau zum Direktor der dortigen »Akademie für Kunst und Kunstgewerbe« ernannt.

»Königlich Bayrische Hofphotographin«

Das Fotoatelier Elvira aber wird ein glänzendes Geschäft. Zahlreiche Politiker, Geschäftsleute und Künstler lassen sich in dem extravaganten Studio ablichten. Insbesondere die Starphotographien »erster Künstler des Hoftheaters und der Oper«, in großer Serie aufgelegt und vertrieben, machen einen wichtigen Teil der Aufträge aus.

Die Beziehungen Augspurgs, die als ehemalige Schauspielerschülerin immer noch gute Kontakte zu Kollegen hat, erweisen sich dabei immer wieder als nützlich und sorgen für die notwendige Stammkundschaft.

Auch mit exzellenten Kinderdarstellungen, die aufgrund der langen Belichtungszeiten gerade ein für Kinder endlos erscheinendes bewegungsloses Verharren vor der Kamera erfordern, verschafft man sich schnell ein ausgezeichnetes Renommee.

Als sich dann auch noch die königliche Familie zum Porträttermin aus Anlaß des fünfundzwanzigsten Hochzeitstages anmeldet, ist man endgültig in der Spitzengruppe der Münchner Photographen etabliert. Sophia Goudstikker erhält sogar den Ehrentitel einer »Königlich Bayerischen Hofphotographin«.

Anita Augspurg, der standardisierte Begrüßungsformeln und routinierte Höflichkeiten – insbesondere der adeligen und großbürgerlichen Kundschaft gegenüber – nur schwer über die Lippen gehen, arbeitet bevorzugt im kundenfernen Bereich und in der Dunkelkammer. Sophia Goudstikker hingegen kümmert sich um Begrüßung und Empfang der Kunden und um die Abwicklung des Geschäfts.

Acht Angestellte und das immer wieder zur Hochsaison zusätzlich angeworbene Aushilfspersonal sorgen für einen reibungslosen Ablauf des Betriebs. Für einige Zeit eröffnet man sogar eine Zweigstelle in Augsburg, die von einer Schwester Sophia Goudstikkers geleitet wird.

Zu jener Zeit trifft sich übrigens auch der »Verein für Fraueninteressen« regelmäßig in den Räumen des Münchner Ateliers.

Alsbald aber entfremden sich die Photographinnen, und auch die einsetzende Routine trägt das ihrige zum Anwachsen der Mißtöne zwischen den beiden bei:

»Für Sophia Goudstikker besaß das selbstaufgebaute Atelier allein schon deshalb einen Sinn, da es finanzielle Unabhängigkeit und gesellschaftlichen Status garantierte. Dagegen betrachtete Anita Augspurg das Photoatelier als bloße Durchgangsstation, als zeitweiliges Mittel zur Existenzsicherung, das darüber hinaus keinen Wert besaß und auf Dauer einer größeren Mobilität, der Entwicklung der eigenen Persönlichkeit und einem stärkeren Engagement in der Frauenbewegung, auf die sich ihre Interessen immer stärker richteten, im Wege stand.«[28]

Im Jahre 1907 gibt Anita Augspurg ihre ohnehin schon stark reduzierte Tätigkeit im »Atelier Elvira«

20jähriges Betriebsjubiläum des »Atelier Elvira«

endgültig auf und verkauft ihren Anteil an dem erfolgreichen Unternehmen an ihre Geschäftspartnerin. Nur ein Jahr später aber zieht sich auch diese aus dem Atelier zurück.

»Ursache für den Rückzug war, daß sie sich nun noch stärker ihrer Tätigkeit als Leiterin der Rechtsschutzstelle des ›Vereins für Fraueninteressen‹ widmen wollte. Schließlich wurde sie Ende 1908 als erste Frau in München als Verteidigerin am hiesigen Jugend- und Schöffengericht zugelassen.«[29]

Noch im selben Jahr wird der gesamte Betrieb an die Photographin Emma Pförtner-Uibeleisen verpachtet. Im Rückgebäude zieht die »Färberei und Reinigung Merbitz« ein.

Das »Atelier Elvira« mit abgeschlagenem Ornament im Jahre 1937

Das »Ornament« muß weg

Und dann kommt der Erste Weltkrieg. Im Gegensatz zu den bürgerlichen Frauenverbänden, die sich zumindest pflegerisch in den Kriegsdienst einschalten, lehnt Anita Augspurg jedwede Kriegsunterstützung kategorisch ab.

1915 gehört auch sie zu den Organisatorinnen des »Internationalen Frauenkongresses« gegen den Krieg. Vom 28. Februar bis zum 1. Mai des Jahres 1915 treffen sich zu diesem Zweck in Den Haag eintausendfünfhundert Frauen aus zwölf Ländern.

Doch die Münchner Bevölkerung erfährt davon nichts. Die Zensurstelle des Kriegsministeriums verbietet jedwede Information über diesen Kongreß und untersagt die Verbreitung der dort gefaßten Beschlüsse.

Am 22. Januar 1933 bricht Anita Augspurg, die noch einige Tage vor (!) dem Hitlerputsch im November 1923 das bayerische Innenministerium zur Ausweisung des »Österreichers« Hitler aufgefordert hat, mit ihrer Lebensgefährtin Lida Gustava Heymann zu einer Reise nach Spanien, Algerien und Marokko auf. Gerade auf der Insel Mallorca angekommen, erhalten sie die Nachricht von Hitlers Machtantritt in Deutschland. Umgehend bricht man die Reise ab. Am 7. April 1933 trifft Anita Augspurg mit ihrer Lebensgefährtin in Genf ein und begibt sich ins Schweizer Exil.

Im Herbst 1933 ziehen im ehemals avantgardistischen Photoatelier neue Mieter ein. In den bizarren Räumlichkeiten des jetzt als »dekadent« eingestuften Jugendstil-Architekten Endell singt nun ein SA-Sturm das Horst-Wessel-Lied.

Und dann beginnt man mit der Errichtung des Ausstellungsgebäudes »Haus der Deutschen Kunst« und damit verbunden mit der Erweiterung der Von-der-Tann-Straße als Fortsetzung der herrschaftlichen Prinzregentenstraße.

Und in diesem Zusammenhang ist den neuen Machthabern die auffällige Jugendstil-Fassade des ehemaligen Photoateliers im Weg. Da ist es gut, daß es schon eine Anordnung des Innenministers zu »Schönheit und Sauberkeit in Stadt und Land« vom 11. November 1935 gibt.

Sich auf diesen Beschluß berufend wird die neue Eigentümerin des Anwesens, Frau »Nanna Merbitz, Färbereibesitzerswitwe«, von der »Hauptstadt der Bewegung« am 1. 7. 1937 aufgefordert, das Ornament umgehend zu beseitigen und bis zum 10. 7. desselben Jahres die Vorderseite des Hauses zusätzlich glatt verputzen zu lassen.

Frau Merbitz ist damit einverstanden. Allerdings nicht ohne vorher der Stadt deutlich gemacht zu haben, daß sie nicht gewillt sei, auch noch die dabei anfallenden Kosten zu tragen.

Der Nazi-Stadtrat Otto Schiedermaier, zufälligerweise auch in Besitz eines eigenen Bauunternehmens, bekommt den Auftrag. Die avantgardistisch-bizarre Fassade wird nun abgeschlagen und verputzt. Da die Arbeiten schlampig ausgeführt sind, sieht man auch nach dem Kahlschlag noch die Umrisse des ehemaligen Reliefs. An Stelle des farbigen Ornaments aber ziert nun das Löwenbräuschild des Gasthauses »Kammerer« das Haus.

Der Preis dieser »Fassadenrenovierung« beträgt 570,95 Mark und ist nach längerem Hin und Her mit der Münchner Stadtverwaltung doch von der Hausbesitzerin zu bezahlen.

Bei einem Bombenangriff am 25. April 1944 wird das Haus »Elvira« endgültig zerstört.

Anfang und Ende

Um Liebe werben! – Morgenrot,
Das hold die Menschenseele weckt,
Mit Rosenschleiern, sonn'gem Schein
Des Lebens Ernst und Strenge deckt.

Besitzen! – Goldnes Zauberwort,
Das auf der Menschheit Höhen trägt.
Den Göttern gleich wähnt sich das Herz,
Wenn's nur im andern webt und schlägt.

Gwöhnen! – Eis'ger Todesreif,
Der tausend Blütenkelche knickt.
Wo blieb der göttergleiche Traum?
Gleichgültigkeit hat ihn erstickt! –

Anita Augspurg

Die »Insel« und die Münchner Nobelbohème

»Schöne Frauen, schöne Pferde, schöne Blumen, englische Bücher in schmiegsamen Lederbänden, viel gutes Essen und Trinken und viele, mehr oder weniger gute Freunde im Schlepptau, so vergingen den jungen Bremensern Tage und Nächte, und dabei wurden moderne Gedichte, literarische Leckerbissen aus allen Zeiten und Ländern, geistreiche Essays auf schweres Büttenpapier gedruckt in köstlicher Ausstattung gebunden . . .«

Rolf von Hoerschelmann

Bierbaum wird Herausgeber

Im März des Jahres 1894 beginnt der uns schon von der »Gesellschaft für modernes Leben« bekannte Dichter und Romancier Otto Julius Bierbaum mit den Vorbereitungsarbeiten für eine neue und höchsten Ansprüchen verpflichtete Kulturzeitschrift. Der Name des luxuriös aufgemachten und dadurch allerdings auch nicht gerade preiswerten Kulturorgans: »Pan«.

Noch im August desselben Jahres wird Bierbaum zusammen mit einem gewissen Julius Meier-Graefe, der zu einem der profiliertesten deutschen Kunsthistoriker und Kulturkritiker avancieren wird, zum offiziellen Herausgeber dieser Luxuszeitschrift ernannt. Im April des darauffolgenden Jahres erscheint die erste Ausgabe.

Nur wenige Tage später aber steht für Bierbaum und seinen Mitherausgeber erster Ärger ins Haus. Insbesondere die internationale Tendenz des Blattes führt zu Protesten des Aufsichtsrats.

Nach einigen heftigen Auseinandersetzungen mit den verärgerten Geldgebern gibt Bierbaum nur ein halbes Jahr später im Herbst 1895 seine Tätigkeit als Herausgeber und verantwortlicher Redakteur entnervt wieder auf. Die ehemaligen Partner trennen sich im Streit. Die zum Teil schmerzlichen Erfahrungen mit dem »Pan« aber werden Bierbaum nur einige Zeit später wieder von Nutzen sein.

Der Mitbegründer des »Insel-Verlages« Alfred Walter Heymel um 1900

Signet des Insel-Verlages

Denn inzwischen hat der Ex-Herausgeber zwei außergewöhnlich motivierte, aber auch noch naiv-hoffnungsvolle Jungverleger aus Bremen kennengelernt. Und die beiden eleganten jungen Herren, die gerade mit der Planung einer avantgardistischen und gleichwohl vornehm-stilvollen Literaturzeitschrift beschäftigt sind, machen ihm ein überaus interessantes und großzügiges Angebot.

Denn im Gegensatz zu den Finanziers des »Pan« scheint Geld für die offensichtlich mit nahezu unbegrenzten Finanzmitteln ausgestatteten Jungunternehmer keine Rolle zu spielen. So nimmt Bierbaum nach kurzer Bedenkzeit das überaus attraktive Angebot an. Er erhält umgehend von den beiden gerade volljährig und damit soeben erst geschäftsfähig gewordenen Verlegern einen gut dotierten Fünfjahres-Vertrag.

Eine »ästhetisch-belletristische Monatsschrift«

Die Premiere der neuen Zeitschrift mit dem – romantische Assoziationen weckenden – Namen »Insel« ist für den September 1899 geplant. Doch der Start verzögert sich. Erst im Dezember erscheint die erste Nummer mit einer Auflage von insgesamt 10 000 Stück.

Das Heft zeigt sich in einer für damalige Verhältnisse völlig neuartigen Aufmachung. So ist der erste Jahrgang nicht nur auf für Zeitschriften eigentlich viel zu teures Büttenpapier gedruckt, sondern überrascht auch durch ein großzügiges und ausgesprochen übersichtliches Lay-out. Der gesamte Satz unterliegt einem einheitlichen ästhetischen und grafischen Konzept. Die Herausgeber legen im Gegensatz zu vielen anderen Buch- und Zeitschriftenproduzenten entscheidenden Wert auf die bis dato meist gröblichst vernachlässigte Kunst der Typographie.

Die neue Kultur- und Literaturzeitschrift, die unter anderem auch »Essays mit künstlerischem Standpunkt« publiziert, ist von Anfang an auf den Abdruck kompletter Neuerscheinungen spezialisiert. Auch Wedekinds »Münchner Szenen, nach dem Leben aufgezeichnet«, die später unter dem Titel »Der Marquise von Keith« erscheinen, werden hier in Fortsetzung über mehrere Ausgaben hinweg erstmals dem interessierten Leser vorgestellt.

»Formuliert wurde die Ablehnung des politischen und gesellschaftlichen Engagements, in den Vordergrund trat das Individuum mit seinen persönlichen Problemen.«[30]

Für Fragen der bildenden und angewandten Kunst ist Bierbaums Ex-Kompagnon Julius Meier Graefe als Berater zuständig, für Literatur und Schauspiel der Lyriker Franz Blei. Als Mitarbeiter und Autoren des Verlags können neben Frank Wedekind der »naturalistische« Dichter und Schriftsteller Detlev von Liliencron und der Kleinkunstbühnenfachmann Ernst von Wolzogen gewonnen werden. Des weiteren werden immer wieder Texte von Maximilian Dauthendey, Reiner Maria Rilke und der Erzählerin Anna Croissant-Rust veröffentlicht.

Alfred Walter Heymel und die Geschwister seines Freundes Rudolf Alexander Schröder

Mehr als 400 Abonnenten aber sind zum Erstaunen aller Beteiligten nicht zu gewinnen. Obwohl man nach einiger Zeit auch den Preis der Hefte deutlich reduziert und ab Oktober 1901 sogar als »Ästhetisch-Belletristische Monatsschrift mit Bilderbeigaben« firmiert, wird keine nennenswerte Auflagensteigerung erzielt.

Die Enttäuschung der Verleger aber bezieht sich nicht nur auf den mangelhaften Absatz ihres Produkts, sondern auch auf so manches eilig angebotene Manuskript. So findet zum Beispiel Reiner Maria Rilkes erstes an die Redaktion gesandte Gedicht nur wenig Anerkennung.

Die nicht gerade begeisterte Antwort des Verlags besteht einzig und allein aus einem ironisch gemeinten und auffällig holprigen Vers:

Das Gedicht: Die Waisenkinder
Ist ganz nett, doch etwas minder.
Doch behalte ichs noch da.
Weiß noch nicht, ob nein ob ja.
Die verrückte Leichenode
Ist ein albernes Gemächte
Nach der Mombert-Dehmel-Mode
Und von ungemeiner Schlechte.

So was kann auch ein Friseur
Oder Trambahncondukteur.

»Rudolf Alexander Schröder«, Ölgemälde von Adolf Heller

Einer der »elegantesten aller Schwabinger«: Alfred Walter Heymel

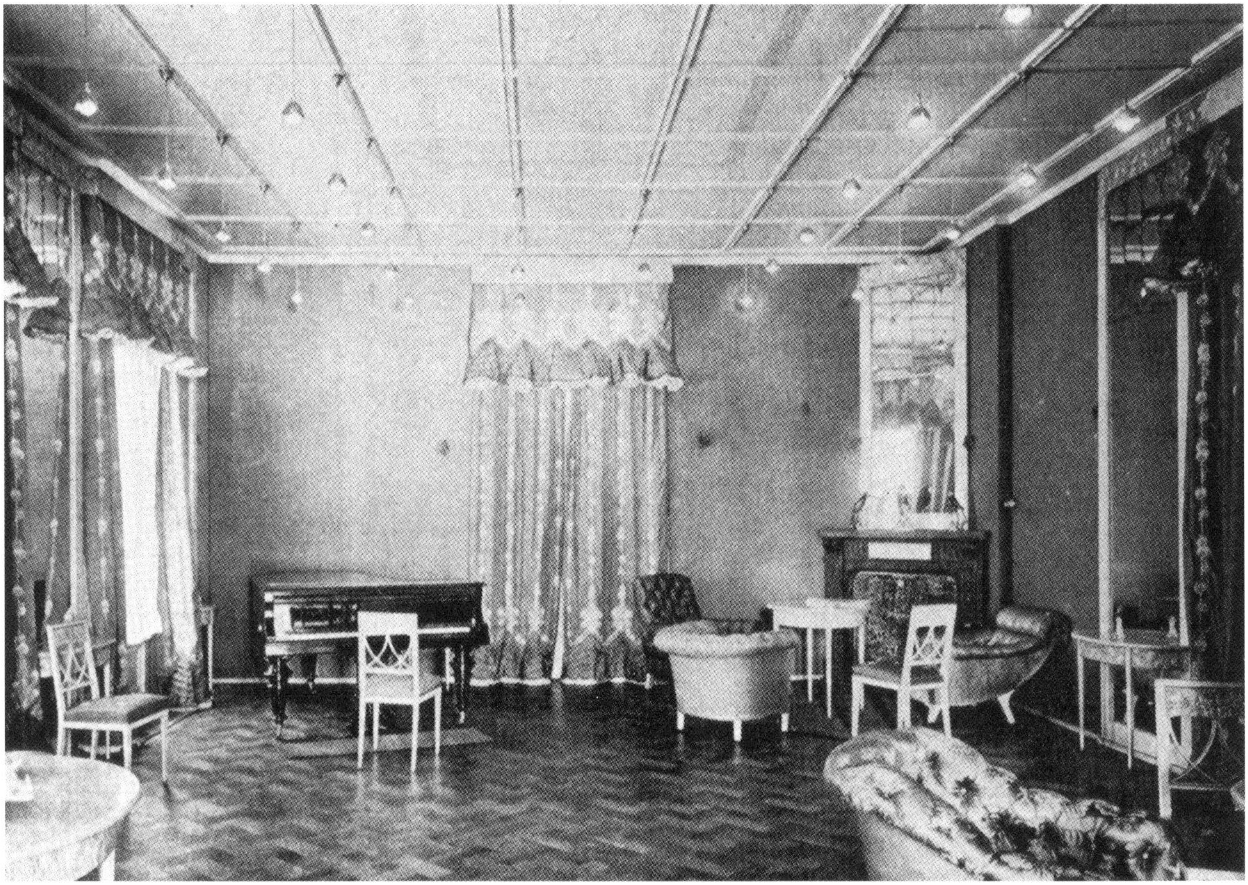

Der vornehme Salon der »Insel-Wohnung«, Leopoldstr. 4.
»Graue Seide, rosa Rosen, Mahagoni und Silber, eine Bar; das war ein Mileu für junge Männer, wie es bis dahin im lebensfrohen aber unluxuriösen München nicht geschaut worden war.«

(Rolf von Hoerschelmann)

Ein Billardzimmer in gelb und schwarz

»Die erste Adresse der Insel war die Prinz-Ludwig-Straße 5, wo Heymel in der ›Pension Beckenbauer‹ eine Etage gemietet hatte. Hier wurden auch die ersten Hefte der Insel redigiert, die Autoren und Künstler empfangen und ein Bohème-Leben geführt, das in München bald zum Tagesgespräch wurde.«[31]

In den Räumen der Redaktion hängen zum Erstaunen so manchen Besuchers Zeichnungen des französischen Impressionisten Paul Gauguin und ein herrliches Aquarell von Eduard Manet.

Im Herbst des Jahres 1900 aber gibt man die für einen Verlag doch etwas ungeeigneten Räumlichkeiten auf und zieht um in die Leopoldstraße 4. Die Redaktion befindet sich nun in der großzügig geschnittenen Parterre-Wohnung eines klassizistischen, palastähnlichen Hauses nahe dem Siegestor.

Die gesamten Umbauten und große Teile der Inneneinrichtung werden von einem der beiden Jungverleger, dem Architekturstudenten Rudolf Alexander Schröder, selbst entworfen und überwacht. Ihn unterstützen und beraten der Freund und Grafiker Heinrich Vogeler und ein auch zu Hilfstätigkeiten engagierter junger Mann namens Paul

Das »Odeon-Casino«, in dem häufig der »Insel-Verleger« Alfred Walter Heymel verkehrt

Ludwig Troost. Er wird später im Auftrage Hitlers das »Haus der Deutschen Kunst« erstellen und die Planung der Parteibauten am »Königlichen Platz« übernehmen.

Obwohl die Zeitschrift »Insel« dem Jugendstil zuzurechnen ist, hat der Verleger Schröder etwas gegen den aus seiner Sicht zu dekorativ-ausladenden »Bandwurmstil«. So werden die neuen Verlags- und Wohnräume zwar ausgesprochen modern, aber dennoch zurückhaltend im Biedermeierstil eingerichtet.

Im großen Salon werden die Wände mit grauen Seidentapeten bespannt, bewußt dekorativ plazierte rosarote Rosen verstärken die Farbwirkung. Die unauffällig dekorierten Möbel bestehen aus hellem Mahagoniholz, die Schlösser und Beschläge sind aus mattem Silber. Türen und Möbel im rosa tapezierten und schwarz-weiß gefliesten Eßzimmer sind mit »einer schmalen Girlande aus natürlichen Lorbeerblättern als einzigem Zierrat« dekoriert. Das indirekte Licht kommt von silbernen Wandleuchtern. Bei Tisch bedient man sich eines Tafelgeräts aus »Silber, Glas und Porzellan, alles nach einheitlicher Formel entworfen und hergestellt«.

». . . das Kupferstichzimmer in Hellgrün und die anschließende blaue Bibliothek mit Möbeln, in deren dunklen Mahagoniflächen ein schwarz und weiß eingelegter Mäanderstreif das einzige Ornament bildete, das Billardzimmer in Gelb und Schwarz mit den bunten englischen Stichen und dem von Messing und Silber funkelnden, mit Eisschrank und allen kanonischen Apparaturen versehenen Schenktisch und den riesigen Ledersofas stehen mir noch deutlich vor Augen.«[32]

Da Geld keine Rolle spielt, wird es mit vollen Händen ausgegeben. So kosten Entwurf und Herstellung allein der Wohnungseinrichtung die nahezu obszön-hohe Summe von insgesamt 115 000 Mark. Für die Vorhänge werden 15 000 Mark bezahlt. Im Vergleich dazu beträgt das Jahreseinkommen eines Münchner Arbeiters zu jener Zeit in vielen Fällen weniger als 2000 Mark.

Ein »Feingeist« und ein »Lebemann«

Alsbald wird die Luxuswohnung »zum Schauplatz eines sehr unfeierlichen, lustigen und heißblütigen Junggesellentreibens«. So gelten die beiden Jungunternehmer, die sich schon vom gemeinsamen Besuch des »Alten Gymnasiums« in Bremen her kennen, schon nach kürzester Zeit als die weitaus auffälligsten aller vornehm-versnobten Schwabinger.

Der »Feingeist« unter den beiden, der damalige Architekturstudent und Schriftsteller Rudolf Alexander Schröder, ist am 26. 1. 1878 in Bremen geboren und der Sproß einer wohlhabenden Kaufmannsfamilie. Schon als Gymnasiast schreibt der junge Mann, der laut Rolf von Hoerschelmann als »arbiter elegantiarum« wirkt, zahlreiche Gedichte und »Gesänge«.

Im Herbst 1897 kommt Schröder nach bestandenem Abitur im Alter von neunzehn Jahren in München an, um sich dem Studium der Architektur zu widmen. Er mietet sich in einem »alten Häuschen« an der »Nymphenburger Auffahrtsallee« ein.

Ein Jahr nach der Ankunft Schröders trifft auch dessen Freund und Vetter, der »berüchtigte Lebemann« und »Herrenreiter« Alfred Walter Heymel in München ein. Er ist am 6. März 1878 in Dresden als uneheliches Kind einer reichen Witwe geboren und wird von einem überaus vermögenden Bremer Bürger und Konsul namens Adolph Heymel adoptiert und erzogen.

Als der reiche Mann überraschend stirbt, erbt der Adoptivsohn ein gigantisches Vermögen.

Neben seinem weit überdurchschnittlichen Engagement in Sachen Literatur und Kunst, – so ist er auch Dauergast beim Kabarett »Elf Scharfrichter«, das ihm einen Großteil der Gründungsgelder verdankt –, gilt Heymel vor allem als ausgesprochener Pferdenarr. Im November 1899 schreibt er an einen Freund:

»Ich huldige einem neuen Rausche. Zu den alten, Liebesrausch, Schaffensrausch, Weinrausch, Kunstrausch kommt ein andrer, ein wunderschöner. Der Bewegungsrausch. Sich ganz Centauer fühlen, mit dem Pferd zusammenwachsen, kein Hindernis kennen, herrlich und gesund.«

Alsbald nimmt der inzwischen stolze Besitzer eines eigenen Rennstalls an zahlreichen Rennen und den wichtigsten Turnieren in Deutschland teil. Im Jahre 1901 geht Heymel bei Rennen in Mannheim, Frankfurt, München, Baden-Baden und zahlreichen anderen Städten an den Start. Dabei stürzt er einmal schwer und holt sich einen komplizierten Schlüsselbeinbruch.

Am 2. Juni 1907 wird Heymel in München von Prinzregent Luitpold geadelt. Auf Grund seiner »Verdienste um die deutsche Literatur und Kunst«, wie es in der Begründung offiziell heißt. In Wirklichkeit aber schenkt Heymel, um in den ersehnten Adelsstand erhoben zu werden, dem bayerischen Staat seine gesamte, höchst umfangreiche und wertvolle Sammlung peruanischer Goldschmiedekunst.

Nach Ausbruch des Ersten Weltkriegs meldet sich Heymel noch im August 1914 freiwillig zum Militär. Er ist inzwischen Landgutsbesitzer, Leutnant der Reserve im Oldenburgischen Dragoner-Regiment Nr. 19, »Ritter des Großherzoglichen Sächsischen Haus-Ordens der Wachsamkeit« und »Ritter des Großherrlich Türkischen Osmanie-Ordens«. Doch sein Gesundheitszustand, Heymel ist schwer an Tuberkulose erkrankt, verschlechtert sich schnell. Am 26. November 1914 stirbt Heymel sechsunddreißigjährig in Berlin.

Seine außergewöhnliche Kunstsammlung, in der zahlreiche Vertreter der damaligen Moderne zu finden sind, wird am 8. März 1917 in einem Auktionshaus am Berliner Kurfürstendamm versteigert. Neben Gemälden aus der Hand Franz von Lenbachs, Arnold Böcklins und Lovis Corinths, die einen Pris von 1250,– bis 3500,– Mark erzielen, werden auch Bilder des Franzosen Paul Gauguin mit Preisen bis zu 20 100,– Mark an den Mann gebracht. Teuerstes Stück der Sammlung aber ist schon damals ein Van Gogh, der für stolze 30 000,– Mark einen neuen Käufer findet. Insgesamt beläuft sich der Erlös der Bilder auf 504 000,– Mark.

Auch Rudolf Alexander Schröder wird 1914 als ehemaliger »Einjährigen-Freiwilliger« zum Kriegsdienst eingezogen.

Nach dem ersten Weltkrieg eröffnet Schröder ein Architekturbüro in Bremen, ohne aber seine literarischen Ambitionen zu vernachlässigen. Auf Grund seiner zahlreichen Veröffentlichungen erhält er neben Ehrungen und Auszeichnungen auch den Ehrendoktor der Philosophischen Fakultät der Universität München.

Ab 1946 leitet er als Direktor die Bremer Kunsthalle. Er stirbt am 22. August 1962.

»Richesse oblige!«

Die Zeitschrift »Insel« aber hat nicht den gewünschten Erfolg. Zu keiner Zeit können auch nur ansatzweise die Produktionskosten und Autorenhonorare durch den Verkauf der Zeitschrift erwirtschaftet werden. Das ganze Unternehmen ist ein immenser Zuschußbetrieb.

Gleichzeitig treten auch massive Kritiker auf den Plan. Insbesondere der Größenwahn und die Verschwendungssucht Heymels führen in Literaturkreisen zu harscher Kritik. So schimpft ein Freund Michael Georg Conrads mit Namen Ludwig Jacobowski über das Blatt:

»Wir haben ein Journal vor uns für etwa zwei- bis dreihundert Menschen, dessen Verschwendung mich geradezu traurig macht . . . Sie haben eine Zeitschrift herausgegeben, für die ich nur den Namen habe: ›Unfug‹. Wie ich auf Grund vorzüglicher Informationen weiß, werfen Sie im ersten Jahre für eine Stilalbernheit 150 000 Mark hinaus . . . Das erste Mal haben wir hier einen mehrfachen Millionär, der imstande wäre, mit reichen Mitteln wertvolle Dinge zu thun. Was aber geschieht? Sie werfen das Geld wie ein vergnügter Knabe zum Fenster hinaus, denn Sie haben nicht genug von jenem ethischen Gefühl im Leibe, das Ihnen diktiert: Richesse oblige!«[33]

Prompt wird der Autor dieser nicht ganz unberechtigten Zeilen von den Verlegern als »Prolet« diffamiert. Und Schröder antwortet in einem »komischen Brief«:

»Sagen Sie mal, Verehrtester, was Sie da über das Finanzielle und die Abonnenten der Insel sagen, bedarf einer kleinen Correktur. Sie haben die Zahlen einerseits zu hoch, andererseits zu niedrig gegriffen, und müssen also wohl doch nicht so gut informiert gewesen sein, wie Sie anzunehmen scheinen. Unsere Ausgaben sind bedeutend höher! Wir arbeiten mit einem Defizit von 3½ Millionen jährlich und würden uns auch genieren, weniger zu haben. Ebenso bekommt Herr Bierbaum 250 000 M. halbjährlich und steht gerade in Unterhandlungen wegen Ankaufs des Nymphenburger Parks, wo er sich zur Ruhe setzen will. Sie sehen also, daß man was für die deutsche Literatur thut . . . Was Sie von unsern 200 Lesern sagen ist zu viel. Außer den Herausgebern liest die Insel niemand außer den armen Journalisten, die Veranlassung nehmen darüber zu schreiben. D. h. das ist auch mit eine kühne Annahme, ich bin sogar fest überzeugt davon, daß z. Bsp. Sie gar nicht hineingekuckt haben. Die übrige Auflage lassen wir gleich aus naheliegenden Gründen auf perforiertes Papier drucken . . . «

Schon im Herbst 1901 kommt es zwischen Heymel und Bierbaum zu Streit. Noch im selben Jahr verläßt Schröder wegen Meinungsverschiedenheiten die Insel-Redaktion. Am 23. Januar 1902 aber muß auch Bierbaum gestehen:

»Die Resultate der Insel sind derart, daß ich selber Ihnen die Weiterführung nicht empfehlen kann, es sei denn Ihr literarisches Interesse drängte Sie dazu, es zu thun auch in der sicheren Aussicht auf weitere Verluste«.

Nach drei Jahren »Insel«-Produktion dreht Heymel dem Herausgeber Bierbaum endgültig den Geldhahn zu. Im September 1902 erscheint die letzte Insel-Ausgabe als Doppelheft.

Obwohl er für die Auflösung des eigentlich noch gültigen Fünf-Jahres-Vertrages von Heymel eine nicht unerhebliche Abfindung erhält, ist Bierbaum über die in seinen Augen ungerechtfertigte Kündigung verärgert und enttäuscht.

Mit dem Roman »Prinz Kuckuck – Leben, Taten, Meinungen und Höllenfahrt eines Wollüstlings« versucht er sein Mütchen zu kühlen und sich an Heymel zu rächen. So handelt das Werk in Anspielung an das Bohème-Leben seines ehemaligen Chefs und Geldgebers von der »Verlotterung eines talentvollen Menschen in Folge überwiegender Sinnlichkeit«.

Bevor allerdings der sogenannte »Zeitroman« 1905/06 in drei Bänden im Georg Müller Verlag erscheint, nimmt Bierbaum noch einmal Kontakt mit seinem ehemaligen Verleger auf. Dabei teilt er dem verdutzten Heymel mit, daß er gegen eine Entschädigung von 20 000 Mark auf die Veröffentlichung des Werks verzichten wolle. Heymel aber hat von Bierbaum die Nase voll und lehnt die Epressung ab. In einem Brief an Hugo von Hofmannsthal bezeichnet Schröder Bierbaums Verhalten im Gegenzug als das eines »literarischen Strauchdiebes«.

Und Bierbaum tut sich mit der Veröffentlichung seines neuen Romans wahrlich keinen Gefallen. Das Buch wird ein unappetitlicher Skandal. Zahlreiche Freunde und Kollegen gehen zu Bierbaum deutlich auf Distanz. Denn bei aller Kritik und so manchem durchaus vorhandenen Neid: diese unfaire und weit unter der Gürtellinie liegende »Behandlung« hatten Schröder und Heymel nicht verdient.

»So entbehrlich manchen Leuten die überkultivierten Ekstasen dieser elegantesten aller Schwabinger, die es je gegeben hat, vorkommen mögen, es sei nicht vergessen, daß ihrer großen Begeisterungsfähigkeit der Insel-Verlag, einer der vorzüglichsten und verdienstvollsten deutschen Verlage, seine Existenz verdankt.«[34]

So ist die Zeitschrift »Insel« unter Schröder und Heymel die Keimzelle des ab 1905 von Anton Kippenberg in Leipzig geleiteten und auch heute noch existierenden Insel-Verlags.

An Stelle der »Insel-Wohnung« in der Leopoldstraße aber befindet sich heute ein Versicherungskonzern.

Die Münchner Maler-Avantgarde: Von der »Phalanx« zum »Blauen Reiter«

»Schade um das schöne München und noch mehr schade um das etwas komische, ziemlich exzentrische und selbstbewußte Schwabing, in dessen Straßen ein Mensch – sei es ein Mann oder eine Frau (a Weibsbuild) – ohne Palette, oder ohne Leinwand, oder zumindest ohne eine Mappe sofort auffiel . . . Alles malte oder dichtete oder musizierte oder fing zu tanzen an. In jedem Haus fand man unter dem Dach mindestens zwei Ateliers, wo manchmal nicht gerade so viel gemalt wurde, aber stets viel diskutiert, disputiert, philosophiert und tüchtig getrunken wurde . . . Dort lebte ich lange Jahre. Dort habe ich das erste abstrakte Bild gemalt. Dort trug ich mich mit Gedanken über ›reine‹ Malerei, reine Kunst herum.«

Wassily Kandinsky

Anton Azbe und die »Malschule für Akt und Anatomie«

Zu den auffälligsten und gleichzeitig seltsamsten Gestalten der Münchner Bohème gehört um die Jahrhundertwende ein etwas zwergenhaft gewachsener Kunstmaler, der unter dem noblen Titel »acad. Maler, Ritter des Kaiserl. östr. Franz-Joseph-Ordens« firmiert.

Allein schon das äußere Erscheinungsbild läßt ihn nicht selten zur Zielscheibe höhnischer Kommentare und beleidigender Äußerungen werden. So ist der etwas zu klein geratene Mann in den kälteren Jahreszeiten häufig höchst unvorteilhaft in einen übergroßen Pelzmantel gekleidet, zu dem er auch noch einen ebenfalls überdimensionierten Schlapphut trägt. Hinzu kommt die »unvermeidliche Virginia . . ., so daß man meinen könnte, sie sei ein Teil seines etwas länger geratenen struppigen Schnurrbarts.«[35]

Hinter dem sonderbaren Mann, der den Spitznamen »Professor Nämlich« trägt – da er jede Bemerkung mit den Worten »nämlich« oder »so nämlich« einleitet –, und der als einer der »größten Sünder« des Münchner Nachtlebens gilt, verbirgt sich ein zu Unrecht vergessener brillanter, impressionistischer Kunstmaler namens Anton Azbe, dessen private

Der Künstler Anton Azbe, 1889

In der Malschule Anton Azbes, 1890

Der genialische Maler Anton Azbe, im Atelier mit Pinsel und Palette

Malschule einen ausgezeichneten und weit über München hinaus reichenden Ruf besitzt.

Am 30. Mai 1862 wird Anton Azbe in dem slowenischen Dorf Dolencice geboren. Aufgrund einer schweren Wirbelsäulenverletzung, die sein körperliches Wachstum frühzeitig beendet und zusätzlich zu einer unnatürlich gekrümmten Haltung führt, ist der Knabe für die eigentlich vorgesehene Berufsausbildung als Landwirt ungeeignet. So gibt man ihn fürs erste bei einem ortsansässigen Malermeister in die Lehre. Alsbald aber wird deutlich, daß der junge Mann zu wesentlich mehr als zum Transportieren von Farbkübeln und dem Anstreichen von Wänden geeignet ist. So bewirbt sich der so auffällige und überdurchschnittlich begabte Malergeselle im Alter von zwanzig Jahren mit einigen Arbeiten an der Wiener Kunstakademie und wird im Herbst 1882 auf Anhieb angenommen.

Doch Anton Azbe ist mit dem Studienbetrieb in Wien nicht zufrieden. Ihn zieht es, wie viele andere

In der »Malschule« von Anton Azbe, 1895

auch, in die attraktive »Kunststadt München«, wo er ab Oktober 1884 an der Kunstakademie eingeschrieben ist.

Der exzellente Techniker entwickelt sich schon sehr bald zum gefragtesten und »besten Korrektor« in Sachen Anatomie und Komposition. Insgesamt vierzehn Semester wird er an der Münchner Kunstakademie studieren, wobei er aber gleichzeitig auch schon Lehrtätigkeiten für seine Professoren übernimmt.

Nach Beendigung des Studiums gründet Anton Azbe auf Drängen einiger ehemaliger Schüler 1891 seine erste eigene »Malschule für Akt und Anatomie« mit Sitz in der Türkenstraße. Doch die beengten räumlichen Verhältnisse sind aufgrund der überraschend großen Nachfrage alsbald nicht mehr ausreichend. Als die Villa eines russischen Fürsten in der Georgenstraße 16 zu mieten ist, zieht Azbe mit seinen Schülern in das holzgetäfelte Haus mit großem Garten um. Einige Hausnummern weiter, in

»Weiblicher Halbakt«. Ölgemälde von . .

Anton Azbe

der Georgenstraße 40, mietet sich Azbe zusätzlich eine Wohnung an.

Der spätere Direktor der Moskauer Tretjakow-Galerie, Igor Grabar, einst selbst Schüler bei Azbe, erinnert sich an seine ersten Eindrücke:

»Im Garten im Schatten der Bäume und unter einem Vordach hatte eine Gruppe von Männern und Frauen in blauen, rosa, schwarzen und weißen Kitteln und Schürzen Platz genommen, die sich heiter unterhielten und lachten. Unter ihnen befand sich ein kleines buckliges Männchen mit gelbgrünem Hut mit breiter, weicher Krempe und einem leichten Mantel in derselben Farbe, den er über einen grauen Sommeranzug geworfen hatte. Unter seinem Hut lugten Strähnen von rotblondem Haar hervor, unter der markanten Nase, neben der sich zu beiden Seiten ein Zwicker eingrub, ragte ein gewaltiger, dichter Schnurrbart, wozu er noch einen Spitzbart trug, den er später abrasierte. Er war etwa 40 Jahre alt. In der linken Hand hielt er eine lange, dünne Zigarre mit Strohhalm, eine Virginia, mit der Rechten stützte er sich auf einen Spazierstock; er erzählte etwas, lachte den Leuten um sich zu und gestikulierte mit seiner Zigarre. Das war der berühmte Anton Azbe, von dem die ganze Stadt redete.«

Azbe gilt inzwischen auch im Ausland als genialer Lehrer und verständnisvoller Pädagoge. Seine Schule, an der im Gegensatz zur Münchner Kunstakademie von Anfang an auch Frauen zugelassen sind, leitet der von allen als ausgesprochen tolerant beschriebene Künstler nach den damals keineswegs schon selbstverständlichen Grundsätzen einer liberalen Pädagogik. Auch mit den Studiengebühren nimmt es Azbe – insbesondere bei ärmeren Schülern – nicht sonderlich genau.

Anton Azbe in seinem Atelier, 1902

Zahlreiche Studenten der Münchner Kunstakademie brechen ihr reguläres Studium ab und wechseln zu Azbe über. Sein Atelier ist immer überfüllt. Mehr als einhundert Schüler tummeln sich täglich in den Räumlichkeiten, darunter Deutsche und Amerikaner, Russen und Engländer, Slawen und Franzosen.

1897 besucht auch ein russischer Autodidakt namens Wassily Kandinsky die »größte und berühmteste Schule Münchens«. Zusammen mit einem anderen Landsmann namens Alexej von Jawlensky beschäftigt er sich dort mit den Grundbegriffen des anatomischen Zeichnens, der Technik der Prima-

Anton Azbe in einer Karikatur von Ernst Stern

Malerei und den Farbtheorien des Impressionismus.

In zahlreichen Schwabing-Büchern wird dem exzessiven Trinker und passionierten Kneipengänger Azbe auch ein ihm adäquat erscheinendes Lebensende zugeschrieben. Danach soll Azbe in einer Dezembernacht des Jahres 1905 »umgefallen« und trotz klirrender Kälte auf offener Straße im Cognac-Rausch eingeschlafen sein. Am nächsten Tag wird Azbe dieser Version zufolge erfroren aufgefunden.

Die Wirklichkeit aber ist weit weniger »romantisch« und bohèmegemäß. Denn Azbe, der »Mensch mit dem goldenen Herzen«, stirbt 43jährig an Kehlkopfkrebs. Eine am 5. August 1905 notwendig gewordene Operation überlebt er nicht.

Marianne von Werefkin und ihr »Salon«

Im Jahre 1886 wird der »kommandierende General« Wladimir von Werefkin als zukünftiger Gouverneur der Peter-und-Paul-Festung von Moskau nach Petersburg versetzt. Beim Umzug mit dabei ist die in Tula geborene Gattin Elisabeth sowie die sechsundzwanzigjährige Tochter Marianne.

Diese ist die häufigen Ortswechsel aufgrund des väterlichen Berufs inzwischen schon gewohnt. So ist man erst vor einiger Zeit nach Wilna, von dort aus nach Lublin und 1883 nach Moskau umgezogen. In der russischen Hauptstadt aber wird ihr erstmals auch der Besuch einer dort ansässigen Kunstschule ermöglicht.

Um die künstlerische Ausbildung fortzusetzen, wird die ausgesprochen talentierte Generalstochter in Petersburg Privatschülerin eines gewissen Ilja Rjepius, dem anerkannten »Führer« der damaligen russischen Moderne. Schon nach kurzer Zeit ist die junge Frau, die alsbald den schmeichelhaften Spitznamen eines weiblichen »russischen Rembrandt« erhält, in zahlreichen Ausstellungen vertreten. Ihre Arbeiten imponieren und überzeugen auf Anhieb die einschlägige Fachszene.

Im Jahre 1891 aber findet eine denkwürdige Begegnung statt. Marianne von Werefkin lernt im Atelier von Rjepius einen vier Jahre jüngeren russischen Kavallerieoffizier und Kunststudenten kennen. Sein Name: Alexej von Jawlensky.

Und die Werefkin faßt einen folgenschweren Entschluß. Sie beschließt, den jungen Maler mit allen ihr zu Verfügung stehenden Mitteln zu fördern und ihre eigene Arbeit zugunsten der seinen in den Hintergrund zu stellen. So gibt die geniale Malerin tatsächlich zugunsten des neuen Freundes die eigene künstlerische Tätigkeit auf.

Nach dem Tod des Generals von Werefkin im Frühjahr 1896 reicht Jawlensky beim russischen Militär um seinen Abschied ein und verläßt im Dienstgrad eines Hauptmanns die Armee. Der russische Hauptmann a.D. und die Generalstochter ziehen nun nach München um.

»Straße in München«, Zeichnung von Marianne von Werefkin

Dort mietet man umgehend zwei großzügige und feudal geschnittene Atelierswohnungen in der Giselastraße 23 an. Und auch das gemeinsame Dienstmädchen Helena, das gleichzeitig und mit Wissen der Werefkin eine Beziehung mit Jawlensky hat, wird von Rußland nach München mitgebracht. André, der Sohn der Haushaltshilfe, dessen Vater Jawlensky ist, wird den Nachbarn gegenüber offiziell als Neffe der Werefkin vorgestellt.

Finanziert wird der großzügige und teure Lebensstil aus der stattlichen Generalspension, die nach dem Tode des Vaters den Erben auch weiterhin zur Verfügung steht.

Während Jawlensky nun an der privaten Kunstschule von Azbe studiert, eröffnet seine Lebensgefährtin ihren legendären »Salon«, der schon nach kürzester Zeit zum Treffpunkt der avantgardistischen Malerszene Münchens wird. Adelige Kulturinteressierte, Vertreter der internationalen Bohème und überdurchschnittlich viele russische Künstler, darunter auch Kandinsky, gehen dort ein und aus.

Trotz ihrer Behinderung – eine leicht verkrüppelte rechte Hand rührt von einer Schußverletzung bei einem Jagdunfall im Jahre 1885 her – ist die attraktive, kluge und kunsttheoretisch überaus versierte Frau unangefochtener Mittelpunkt ihres Salons.

Erst im Jahre 1902, nach über zehnjähriger selbstauferlegter Schaffenspause, nimmt sie ihre künstlerische Tätigkeit wieder auf. Neben zahlreichen

Schwarz-Weiß-Skizzen entstehen nun extrem farbige und ausdrucksstarke Bilder in der Technik der Tempera-Malerei. Insbesondere durch den unvermischten und daher ungebrochenen Auftrag der Grundfarben Blau, Rot und Grün erreichen die Werefkinschen Bilder ihre einzigartige Leuchtkraft und spezifische Qualität.

So gilt sie den zeitgenössischen Kollegen alsbald als »Geburtshelferin der modernen Kunst«. Ihr neues Kunstverständnis aber formuliert die Werefkin kurz und prägnant: »Die Kunst ist nicht mehr das abgeklärte Leben. Sie ist das Leben selbst, verletzlich, leidenschaftlich, verwirrt, sich selbst widersprechend.«

»Ja, es gibt keine Charaktere mehr, keine Menschen mit Herz, aber dafür gibt es Wasserklosetts.«

Marianne von Werefkin
in »Briefe an einen Unbekannten« aus dem Jahre 1904

Kandinsky und drei »Scharfrichter«

Im Jahre 1896 mietet sich Wassily Kandinsky in der Schwabinger Friedrichstraße 1 ein. Der knapp dreißigjährige Russe mit dem brünetten Haar und dem gepflegten Spitzbart, Sohn eines wohlhabenden Kaufmanns aus Odessa, ist gelernter Jurist und unterrichtet bis vor kurzem noch als Dozent für Nationalökonomie an der Moskauer Universität.

Doch Kandinsky langweilt die trockene Universitätsarbeit. Nach sechs Jahren gibt Kandinsky das Lehramt auf und wird für ein Jahr Leiter einer Moskauer Kunstdruckerei. Aufgrund der guten materiellen Situation der Eltern aber kann Kandinsky alsbald auch diesen »Brotberuf« an den Nagel hängen. Im Alter von dreißig Jahren reist Kandinsky nach München ab. Schon nach wenigen Tagen fühlt sich der Künstler in der bayerischen Landeshauptstadt ausgesprochen wohl.

Nach knapp zweijähriger Ausbildung bei Azbe versucht Kandinsky im Jahre 1900 an die Münchner Kunstakademie überzuwechseln. Doch die Bewerbung scheitert, Kandinsky fällt bei der Aufnahmeprüfung durch. Erst beim zweiten Anlauf ein Jahr später klappt der Wechsel zur Malerklasse des Professors Franz von Stuck.

Wassily Kandinsky 1911 . . .

Etwa zur selben Zeit studiert neben Alfred Kubin ein gewisser Paul Klee an der Münchner Kunstakademie und ist, nach zweijähriger Vorbereitung in der Zeichenklasse von Heinrich Knirr, ebenfalls bei Stuck eingeschrieben. Auch der Sohn eines Münchner Juristen, ein schwarzhaariger schlanker, hochgewachsener junger Mann namens Franz Marc, ist ab

. . . und 1913

1900 regelmäßig im Hause anzutreffen. Allerdings bricht er nach zwei Jahren das ihm unproduktiv erscheinende Studium bei Professor Hackl ab und widmet sich eigenen Naturstudien. Und auch Emil Nolde hält sich zu jener Zeit in München auf. Er ist aber nicht an der Kunstakademie immatrikuliert, sondern studiert an einem privaten Institut namens »Kunstschule Fehr«

Im Atelier von Stuck lernt Kandinsky alsbald dessen Assistenten Ernst Stern kennen. Dieser wiederum ist gerade an den Vorbesprechungen zur Gründung eines Kabaretts namens »Elf Scharfrichter« beteiligt und wird später als Bühnenbildner bei Max Reinhardt in Berlin Karriere machen.

Im Mai 1901 gründet Kandinsky die Künstlergruppe »Phalanx« als Gegenpol und Ergänzung zu den schon etablierten Organisationen und Künstlervereinigungen, bei denen die »Neuerer« mit ihren »seltsamen« Bildern keine Chance auf Ausstellungsmöglichkeit haben. Erster Vorsitzender der »Phalanx« wird der heute weitgehend vergessene Rolf Niczky.

Am 15. August eröffnet die Gruppe »Phalanx« in einer Galerie in der Finkenstraße 2 gegenüber dem »Königl. Odeon« ihre erste Ausstellung. Zu sehen sind frühe Werke Kandinskys, aber auch Arbeiten der »Scharfrichter« Waldemar Hecker, Wilhelm Hüsgen und Ernst Stern.

So werden in dieser Ausstellung neben der »russisch-folkloristischen, spätimpressionistisch farbigen Märchenwelt« Kandinskys auch die von Hüsgen modellierten Masken der »Elf Scharfrichter« und die karikaturhaften Marionetten aus dem Puppenspiel von Hecker einer kunstinteressierten Öffentlichkeit vorgestellt. Zusätzlich werden noch Arbeiten einer sogenannten »Luitpoldgruppe« präsentiert.

Nur kurze Zeit später gründet Kandinsky, der inzwischen ähnlich wie Marc sein Akademiestudium abgebrochen hat, zusammen mit dem »Scharfrichter« Hecker eine eigene Kunstschule.

Als Lehrer an dieser ebenfalls »Phalanx« genannten Schule, lernt er 1902 beim Abendakt eine fünfundzwanzigjährige Schülerin namens Gabriele Münter kennen. Die junge Frau stammt aus begüterter deutsch-amerikanischer Familie, hat zwei Jahre in Texas und Arkansas gelebt und ist erst vor kurzer Zeit wieder nach Deutschland zurückgekehrt.

Obwohl Kandinsky noch mit einer gewissen Anja Tschimiakin verheiratet ist, entwickelt sich alsbald ein inniges Verhältnis zwischen Lehrer und Kunstschülerin.

1904 gibt Kandinsky seine Wohnung in der Friedrichstraße auf. Das Paar unternimmt eine ausgedehnte, rund vier Jahre dauernde Kunst- und Bil-

Wassily Kandinsky im Garten des Murnauer Hauses von Gabriele Münter

Die 28jährige Gabriele Münter

dungsreise. Ab September 1908 wieder in München, bezieht man eine Wohnung in der Ainmillerstraße 36. Nur wenige Meter weiter auf Hausnummer 32 wohnt Paul Klee im zweiten Stock des Rückgebäudes.

Kandinsky wird ausjuriert

Am 22. Januar 1909 gründet sich in den Räumen des Werefkinschen Salons die »Neue Künstlervereinigung München«, deren erster Vorsitzender Wassily Kandinsky wird.

Neben seiner Lebensgefährtin Gabriele Münter ist des weiteren der Zeichner und Romancier Alfred Kubin, die Gastgeberin Marianne von Werefkin und deren Partner Alexej von Jawlensky Mitglied im Verein. Hinzu kommen zwei Kunsttheoretiker, einige zusätzliche Künstlerkollegen, darunter der in New York geborene Adolf Erbslöh und der aus Karlsruhe stammende Maler Alexander Kanoldt sowie der Tänzer und Bühnenbildner Alexander Sacharoff.

Noch im Dezember desselben Jahres findet die erste gemeinsame Ausstellung in den herrschaftlichen Räumen der vor einem Monat eröffneten »Modernen Galerie H. Thannhauser« im Arco-Palais, Theatinerstraße 7, Ecke Maffeistraße, statt.

Thannhauser, ein ehemaliger Teilhaber der renommierten Kunsthandlung von Adolf Brakl, wird durch eine Empfehlung des damals schon todkranken Generaldirektors der bayrischen Staatsgemäldesammlungen und der Alten Pinakothek, Hugo von Tschudi, auf die neuen Maler aufmerksam. Von Tschudi stammt somit der entscheidende Wink zur Förderung der damaligen Avantgarde in München.

Doch die Resonanz der Presse und des Münchner Publikums ist aggressiv ablehnend. Es kommt zu Wutausbrüchen in der Galerie, die Bilder werden von entrüsteten Besuchern bespuckt und müssen immer wieder gereinigt werden.

Dessen ungeachtet plant man schon für den September des darauffolgenden Jahres die nächste Ausstellung, zu der auch internationale Gäste, darunter George Braque und ein gewisser Pablo Picasso, eingeladen sind.

Die Presse aber steht diesen Bemühungen auch weiterhin verständnislos gegenüber. So schimpft man in den Münchner Neuesten Nachrichten:

»Diese absurde Ausstellung zu erklären gibt es nur zwei Möglichkeiten: Entweder man nimmt an, daß die Mehrzahl der Mitglieder und Gäste der Vereinigung unheilbar irrsinnig ist oder aber, daß man es mit schamlosen Bluffern zu tun hat, denen das Sensationsbedürfnis unserer Zeit nicht unbekannt ist.«

Neben den zahlreichen negativen Kommentaren und den nun schon gewohnten anonymen Beleidigungen trifft in der Galerie Thannhauser aber auch der Brief eines jungen Malers ein, der von der Ausstellung über alle Maßen begeistert ist. Der Absender des Lobs: Franz Marc. Aufgrund seiner Ausführungen und einer zusätzlich von ihm herausgegebenen Verteidigungsschrift wird Marc von Kandinsky aufgefordert, der »Neuen Künstlervereinigung« beizutreten. Marc willigt ein und wird umgehend in den Vorstand gewählt.

Doch noch im selben Jahr kommt es zum Streit und, daraus resultierend, zum Bruch.

So ist für den Dezember 1911 eine dritte Ausstellung der »NKVM« in der Galerie Thannhauser geplant. Bei der von Kandinsky zur Ausstellung eingereichten Arbeit »Komposition V« aber legen sich plötzlich einige Mitglieder der Gruppe quer.

Da vorher gemeinsam vereinbart wurde, daß die eingereichten Exponate ein gewisses Format nicht überschreiten dürfen, Kandinskys Bild aber um ein Weniges größer ist, macht sich der Streit zumindest vordergründig an einigen Quadratzentimetern fest. Und prompt wird Kandinskys Bild auch unter diesem Vorwand ausjuriert.

Der eigentliche und entscheidende Hintergrund der Auseinandersetzungen aber ist kunsttheoretischer und kulturpolitischer Natur. So können zum einen manche Kollegen die abstrakten Experimente Kandinskys und dessen theoretische Begründungen schlicht und einfach nicht mehr nachvollziehen. Zum anderen aber ist auch eine Portion Ausländerfeindlichkeit in der aktuellen Münchner Kunstdiskussion. Denn nach dem ausgesprochen kostspieligen Ankauf eines Bildes von Van Gogh wenden sich zahlreiche Künstler gegen weitere »Ausländer« in deutschen Museen. Man fordert vordringlich die Unterstützung der einheimischen Künstlerschaft.

Der »Ausländer« Kandinsky aber, der schon vor einiger Zeit wegen ähnlicher Querelen als Vorsitzender zurückgetreten ist, erklärt nun endgültig seinen Austritt aus dem Verein. Ihm schließen sich Franz Marc und Gabriele Münter an.

Am 18. Dezember des Jahres 1911 beginnt wie vereinbart die dritte Ausstellung der »Neuen Künstlervereinigung Münchens« in der Galerie Thannhauser. Ein Teil der Galerieräume aber ist zu exakt demselben Zeitpunkt an eine andere Gruppierung vergeben: den Mitgliedern der inzwischen von Marc und Kandinsky gegründeten Redaktion »Der Blaue Reiter«.

»Der Geist bricht Burgen«

»Die Kunst geht heute Wege, von denen unsere Väter sich nichts träumen ließen; man steht vor den neuen Werken wie im Traum und hört die apokalyptischen Reiter in den Lüften; man fühlt eine künstlerische Spannung über ganz Europa, – überall winken neue Künstler sich zu: ein Blick, ein Händedruck genügt, um sich zu verstehen!«[36]

Am 18. Dezember 1911 wird die erste Ausstellung des »Blauen Reiters« eröffnet. Neben Bildern von Marc und Kandinsky ist auch der Begründer der Zwölftonmusik, Arnold Schönberg, mit bildnerischen Arbeiten vertreten. Dazu kommen Werke des Amerikaners Albert Bloch, des aus Krefeld stammenden und zusammen mit Marc in Sindelfingen wohnenden Heinrich Campendonk, des Franzosen Robert Delaunay, – der unter anderem mit einem seiner berühmten Eiffelturm-Bilder vertreten ist –, des Bonner Kollegen August Macke, der Malerin Gabriele Münter und des Schweizer Künstlers Jean Bloé Niestlé. In einer ergänzenden Nebenschau werden zusätzlich noch Arbeiten des vor kurzem verstorbenen französischen Altmeisters und »Vaters« der naiven Malerei, Henri Rousseau, vorgestellt.

In der die Ausstellung begleitenden und von Reinhard Piper herausgegebenen Schrift »Der Blaue Reiter« schreibt Marc unter dem Motto »Der Geist bricht Burgen« selbstbewußt und von der Bedeutung der eigenen Arbeiten überzeugt:

»In unserer Epoche des großen Kampfes um die neue Kunst streiten wir als ›Wilde‹, nicht Organisierte, gegen eine alte, organisierte Macht. Der Kampf scheint ungleich; aber in geistigen Dingen siegt nie die Zahl, sondern die Stärke der Ideen. Die gefürchteten Waffen der ›Wilden‹ sind ihre neuen Gedanken; sie töten besser als Stahl und brechen, was für unzerbrechlich galt.«

Und August Macke formuliert:

»Wir haben in unserer komplizierten und verworrenen Zeit Formen, die jeden unbedingt ebenso erfassen wie der Feuertanz den Neger oder das geheimnisvolle Trommeln der Fakire den Inder. Der Privatgelehrte steht als Soldat neben dem Bauernsohn. Beiden fährt der Parademarsch gleichmäßig durch die Glieder, ob sie wollen oder nicht. Im Kinematograph staunt der Professor neben dem Dienstmädchen. Im Varieté bezaubert die schmetterlingsfarbene Tänzerin die verliebtesten Paare ebenso, wie im gotischen Dom der Feierton der Orgel den Gläubigen und Ungläubigen ergreift.«

Im Laufe der nächsten Monate wird die erste Ausstellung des »Blauen Reiters« durch zahlreiche große Städte Deutschlands wandern. Sie wird im »Gereonsclub« in Köln gezeigt, ist zur Eröffnung der neuen Galerie »Sturm« von Herwarth Walden in Berlin zu sehen und wird anschließend in den »Vereinigten Werkstätten für Kunst im Handwerk« in Bremen vorgestellt. Beendet wird die Tournee mit einer Präsentation im »Salon Goldschmidt«, Frankfurt am Main.

Das »Hauptquartier« der Modernen

Im Frühjahr 1912 präsentiert Hans Goltz in seiner Buchhandlung in der Briennerstraße 8 die zweite Kollektiv-Ausstellung des Blauen Reiters. Schwerpunkt ist nun das graphische Werk unter dem Stichwort »Schwarz-weiß«.

Auch diesmal sind wieder zahlreiche Gäste aus dem In- und Ausland eingeladen, darunter die heute weltberühmten Maler George Braque, Robert Delaunay und Pablo Picasso aus Paris, Oskar Lüthy, Hans Arp und Wilhelm Gimmi aus der Schweiz, die »Brücke«-Maler Erich Heckel und Ernst Ludwig Kirchner aus Berlin, der Russe Kasimir Malewitsch und viele andere.

Das Echo zur Ausstellung aber ist wieder geteilt. So kommt zum Beispiel ausgerechnet in einer Besprechung dieser wahrlich international und hochkarätig besetzten Ausstellung die »Kölnische Zeitung« am 4. April 1912 zu dem fragwürdigen Schluß: »Die Kunstpflege in München steht nach dem einstimmigen Urteil aller Verständigen auf keinem sehr hohen Niveau.«

Am 10. Oktober 1912 eröffnet der Buchhändler Hans Goltz am Odeonsplatz 1 seine erste Galerie. Spätestens ab diesem Zeitpunkt gilt Goltz als offizieller Vertreter des »Blauen Reiters« und die Galerie als dessen »Hauptquartier«. Doch immer wieder kommt es zwischen den betreuten Künstlern und dem Galeristen zu Problemen finanzieller Natur. Verärgert äußert sich Marc über Goltz, daß er nichts anderes sei, als »ein sehr banaler und eitler, das heißt kleinlicher Geschäftsmann«.

Hohes Lob aber zollt ihm dafür Oskar Maria Graf, der in seinem Buch »Gelächter von außen« nicht nur die ablehnende und ignorante Haltung so manchen Münchners karikiert, sondern auch Goltz ein Denkmal setzt:

»Da hatten einmal zwei Maler in der Türkenstraße einen leeren Laden gemietet. Der eine hing seine Riesenleinwand auf die rechte und der andere die seine auf die linke Wandseite. Sie fingen zu malen an und kümmerten sich sonst um nichts. Leute, die an dem Laden vorüberkamen, blieben neugierig stehen und fixierten, was da gemalt wurde. Mehr und immer mehr Leute sammelten sich an. Gelacht, gespottet und geschimpft wurde . . .

›Ha, jetzt do schaut's . . . A blau's Roß macht der, a blau's Roß!‹ rief einer hämisch: ›Schaugt's nur grad –. Der muaß ja faktisch farb'nblind sei, der Aff, der saudumme!‹ . . .

›Dö zwoa müassn, mir scheint, aus'm Irrenhaus davonglaufn sein –.‹

›Und so was hoaßt ma heutzutog Kunscht! Pfui Teifi!‹ schimpfte ein hagerer Stehgeiger. Immer lauter und ordinärer ging's zu, und immer mehr Neugierige kamen daher und drängten an die Auslagenfenster. . . .«

Inzwischen aber ist wegen Erregung öffentlichen Ärgernisses auch die Polizei eingetroffen. Die beiden Maler aber lassen sich weder von der empörten Menge noch von den Polizisten beeindrucken. Als die beiden Arbeiten fertig sind, werden sie von einigen Dienstmännern abgeholt und landen über Umwege im Schaufenster der Galerie Goltz. Und Oskar Maria Graf berichtet weiter:

»Hans Goltz, der nachmals berühmteste Pionier der neuen Kunst, hatte einen modernen Buch- und Kunstsalon erst kürzlich eröffnet und wagte es, die beiden Bilder in seine großen Auslagen zu stellen. . . . Die Leute gewöhnten sich auch allmählich an derartig monströs wirkende Bilder, wie die Riesenwerke von Franz Marc und Wassily Kandinsky, mit denen in München der Siegeszug des Expressionismus anfing.«

Nicht nur viele Münchner, auch renommierte Kollegen aus dem Umfeld der Avantgarde stehen zu jener Zeit den beiden Pionieren der Moderne reserviert gegenüber. So amüsiert sich im Jahre 1912 zum Beispiel Max Beckmann in Berlin über die vermeintlich »provinzielle« Erneuerung der Kunst in München und bezeichnet die Bilder Kandinskys, Marcs und des »Blauen Reiters» spöttisch-herabwertend als »sibirisch-bajuvarische Marterlnplakate«.

»Fremde Gesichter«

Nach Beginn des Ersten Weltkrieges im August 1914 müssen die »Russen« Kandinsky, Marianne von Werefkin und Jawlensky Deutschland verlassen.

Kandinsky und Gabriele Münter gehen für kurze Zeit in die Schweiz. Da die Beziehung zwischen den beiden von zunehmenden Streitigkeiten überschattet ist, trennt man sich erst einmal. Kandinsky, der Gabriele Münter dennoch die Ehe verspricht, geht von Zürich aus nach Rußland zurück.

1921 wird Kandinsky, der trotz seines Versprechens an Gabriele Münter seit 1917 mit einer russischen Generalstochter verheiratet ist, nach Deutschland zurückkehren. Er läßt sich in Berlin nieder und lehrt für zehn Jahre am Staatlichen Bauhaus. Ab 1933 lebt er im französischen Neuilly-sur-Seine, wo er 1944 stirbt.

Auch die Baronin von Werefkin verläßt München zusammen mit Jawlensky und dessen Anhang in Richtung Schweiz. Man läßt sich in St. Prex am Genfer See nieder, wechselt aber im Jahre 1917 nach Zürich, wo Marianne von Werefkin unter anderem auch am legendären Kabarett »Voltaire« mitarbeitet. 1918 siedelt die Malerin, die mit ihren Werken zwei Jahre später auch zur Biennale von Venedig eingeladen wird, nach Ascona über.

Wassily Kandinsky

Obwohl die Künstlerin aufgrund der russischen Revolution ihre väterliche Generalspension längst eingebüßt hat, lassen sich Jawlensky, die »Haushälterin« Helena und deren gemeinsamer Sohn André auch weiterhin von der Künstlerin aushalten.

Als Jawlensky dann eine neue »Mäzenin« kennenlernt, kehrt er zusammen mit dieser nach Deutschland zurück. Auch in diesem Fall ist die »Haushälterin« Helena mit ihrem Sohn dabei.

Die Werefkin aber, die sich inzwischen ihr Geld als Pharmavertreterin verdienen muß, äußert sich zutiefst verletzt und empört:

»Und nun liegt unser 27jähriges Leben auf der Piazza von Ascona im Staub und Dreck ... Aber daß ich – der Künstler, – statt zu malen bei Ärzten Medikamente einführen soll, verdanke ich dem Mann, der mir seine ganze Kunst verdankt, von A bis Z.«

Schon zu Kriegsbeginn, am 26. September 1914, fällt in Frankreich der Maler August Macke, nur 27 Jahre alt. Am 4. März des Jahres 1916 kommt der Artillerieleutnant Franz Marc 36jährig bei einem Gefecht vor Verdun ebenfalls um Leben.

Und von Marc stammt die folgende, etwas kryptische und düster-kulturpessimistische Prophezeiung:

»Wir werden im 20. Jahrhundert zwischen fremden Gesichtern, neuen Bildern und unerhörten Klängen leben. Viele, die die innere Glut nicht haben, werden frieren und nichts fühlen als eine Kühle und in die Ruinen ihrer Erinnerungen flüchten. Wehe den Demagogen, die sie daraus hervorzerren wollen.«

Doch die Demagogen sind nicht allzu fern.

Denn im ehemaligen Maleratelier Marcs in der Schellingstraße hat sich inzwischen ein mit einer Schauspielerin verheirateter junger Photograph eingerichtet. Die Lithosteine des Künstlers Marc dienen der kleinen Tochter des Photographen als Spielzeug. Der Lichtbildner, der zahlreiche Vertreter der Schwabinger Bohème porträtiert und mit seiner Tochter auch ab und zu in der Gaststätte »Simplicissimus« zu sehen ist, heißt Heinrich Hoffmann und avanciert einige Jahre später zum »Leibphotographen« des »Führers« Adolf Hitler. Das inzwischen erwachsen gewordene kleine Töchterlein mit dem Vornamen Henriette aber heiratet einen gewissen Herrn von Schirach, der als Reichsjugendführer und Reichsstatthalter im nationalsozialistischen Wien Karriere machen wird.

»Vater hatte das Maleratelier Franz Marc abgemietet. Jahrelang hing noch Franz Marcs Briefkasten an der Tür, in hohen Jugendstilbuchstaben stand da sein Name. Seine Lithographiesteine, die er dagelassen hatte, waren mein Spielzeug, die springenden Gazellen darauf sehe ich noch, weiß in sandigem Braungelb ...«
Henriette von Schirach,
Tochter des »Leibphotographen« Adolf Hitlers, Heinrich Hoffmann

Albert Weisgerber.

Am 12. April 1878 wird der Maler und Zeichner als Sohn eines Bäcker- und Gastwirtsehepaares in St. Ingbert in der Saarpfalz geboren.

Nach einem längeren Studium, unter anderem auch bei Franz von Stuck an der Münchner Kunstakademie, wird Weisgerber 1913 zum 1. Präsidenten der Künstlerorganisation »Neue Münchener Secession«, der auch Paul Klee und Alexej von Jawlensky angehören, gewählt. Eine erste Ausstellung findet noch vor Kriegsausbruch am 30. Mai 1914 in einer Kunsthandlung in der Galeriestraße statt. Mit von der Partie sind neben Albert Weisgerber die Maler Oskar Kokoschka, Emil Nolde, Max Beckmann, Paul Klee, Alfred Kubin und viele andere.

Albert Weisgerber, der auch Mitarbeiter der »Jugend« ist und für diese Zeitschrift rund 500 Zeichnungen erstellt, entwirft zusätzlich Plakate und ist als Illustrator von Märchenbüchern tätig. Er gehört zum Kreis von Max Halbe und Frank Wedekind und ist lange Jahre mit Karl Wolfskehl befreundet. Von Albert Weisgerber stammt eines der schönsten Porträts des Dichters Ludwig Scharf und des ebenfalls mit ihm befreundeten 21jährigen Theodor Heuss, des späteren Bundespräsidenten.

Albert Weisgerber, der als exzellenter Künstler einer der wichtigsten Vertreter der Münchner Bohème-Szene ist, erhält schon zu Beginn des Ersten Weltkriegs, im Dezember 1914, das »Eiserne Kreuz«. Er wird zum Leutnant und Kompanieführer des Münchner 2. Infanterie-Regiments befördert und fällt »auf einer Kampflinie bei Lille« 37jährig am 10. Mai 1915.

Der Maler und Porträtist Albert Weisgerber

Der Maler Albert Weisgerber als Soldat vor seinem Gemälde »David gegen Goliath« im Herbst 1914

Die »Kosmiker« und der »große Schwabinger Krach«

»Wer den Quellen des Antisemitismus in Hitlers Münchner Jahren nachgeht, darf eine seltsame Episode nicht vergessen, die sich in dem esoterischsten Dichterkreise Deutschlands . . . ereignete, die aber dann ihre Schatten in die tiefsten Niederungen des Vulgärantisemitismus warf und schließlich mit der Vernichtung der deutschen Juden überhaupt endete. Wir meinen die Freundschaft Stefan Georges mit Alfred Schuler und das Ende dieser Freundschaft, bei der der weit unbedeutendere Ludwig Klages eine entscheidende Rolle spielte.«

WILLY HAAS

Begegnung in der »Pension Fuchs«

Angezogen vom Leben und Treiben in den Gaststätten und Ateliers rund um das Siegestor fühlt sich gegen Ende des vorigen Jahrhunderts auch ein ehemaliger Musterschüler aus Hannover, der im Jahre 1893 für einige Zeit in der »Pension Fuchs«, Ecke Luisen-/Heßstraße wohnt. Der zwanzigjährige, großgewachsene und schlanke Mann mit dem blonden Haar studiert an der Münchner Universität Chemie, Psychologie und Philosophie, obwohl er nach eigenen Angaben eigentlich von der »Wissenschaft gelangweilt« ist.

Beim Frühstück im Eßzimmer der Pension lernt er eines Tages einen jungen Dichter kennen, der für seine nicht ganz fünfundzwanzig Jahre schon erstaunlich weit herumgekommen ist. So hat der angehende Schriftsteller nach seiner Schulzeit für einige Zeit in London gelebt, den Winter 1888/89 in Montreaux verbracht und das darauffolgende Frühjahr in Oberitalien. Anschließend geht er nach Paris, wo er noch den Dichter Mallarmé kennenlernt, versucht sich an einem Studium in Berlin, wirft nach drei Semestern das Handtuch und zieht nach München um. Das Geld für den flotten Lebenswandel stammt vom reichen Herrn Papa, der es in Bingen am Rhein vom einfachen Gastwirt zum »Weinkommissionär« und Stadtverordneten bringt.

Gleichfalls angelockt vom antibürgerlichen Lebensstil der Schwabinger Bohème wird ein in Mainz geborener, etwas schwammiger, untersetzter und »schon bemooster Student der Archäologie«, der nach dem Tode des Vaters, eines Oberlandgerichtsrates, zusammen mit seiner Mutter nach München zieht.

Der Schwärmer, der sich nach vergangenen Zeiten sehnt, belegt zwar an der Universität die Fächer Archäologie, Geschichte und Kunstgeschichte bei den Professoren Traube, Furtwängler und Brunns, Examina oder einen Hochschulabschluß aber macht er nicht. Ganz im Banne seiner »Mama« schwärmt der Mann von »jungen Soldaten und Matrosen, Boxern und Ringern, von muskelfesten Arbeitern im Arbeitskittel und von den starkbrüstigen Bauernbuben im Gebirglerkleid«[37].

Der vierte im Bunde ist der Sohn einer angesehenen altjüdischen Familie aus Darmstadt. Der Vater ist Bankier und Präsident der hessischen Abgeordnetenkammer. Obwohl ebenfalls aller finanziellen Sorgen enthoben, nimmt der Sohn sein Studium ernst und promoviert mit einer Arbeit über »Germanische Werbungssagen«.

Eines haben die vier gemeinsam: eine seltsame Neigung und Vorliebe für vorgeschichtliche Mythen, antike Mysterienspiele und gnostische Kulte. Sie mißtrauen dem technischen Fortschritt ihrer Zeit

Maskenfest der Kosmiker am 14. 2. 1904. Georg ist als Dante, Wolfskehl als Homer verkleidet.

und wenden sich gegen Rationalismus, Materialismus und Christentum. Die Namen der vier sind: Ludwig Klages (1872–1956), Stefan George (1768–1933), Alfred Schuler (1865–1923) und Karl Wolfskehl (1869–1948).

Kugelzimmer und Maskenfest

Regelmäßig verabreden sich die vier Männer zu Vorträgen, Gesprächen und Lesungen. Man trifft sich bei Wolfskehl in der Leopold-, später in der Römerstraße, frequentiert einschlägige Gaststätten und Lokale und installiert einen festen Stammtisch im vornehmen Café Luitpold. Ziel all ihrer Gespräche ist eine Neugestaltung des gesamten Lebens, eine »Renaissance des Heidnischen«.

Ein Gebräu verschiedenster Weltanschauungen und Vorstellungen wird hier entwickelt.

»Todessehnsucht, Lebensüberdruß und Hoffnung auf Wiedergeburt . . . Ein Hang zum Geheimnisvollen, in dem deutlich romantische Reminenszenzen erkennbar waren, verband sich mit mystischen Neigungen, bei denen sich die Wollust des Fleisches kaum von spirituellen Begierden trennen ließ . . .[38]

Diese Mischung aus Irrationalismus und Schwärmerei, Zivilisationskritik und Lebensfreude wird schnell zu einer Attraktion des kulturellen Münchens. Wolfskehls Haus wird plötzlich zu einem

»Bacchusfest im alten Rom«, Faschingsfest in der Schwabinger Brauerei, 1913

Mittelpunkt der Schwabinger Bohème, Wolfskehl selbst zu einer stadtbekannten Persönlichkeit.

An den »offenen Sonntagnachmittagen«, den sogenannten »Jours«, trifft man sich bei Tee und Geback, um vermeintlich bedeutungsvolle »Geheimnisse« auszutauschen. Wer die Geheimnisse versteht oder zumindest so tut, gilt als »enorm«, alle anderen sind »bedeutungslos«.

Für George ist in Wolfskehls Etage extra das sogenannte »Kugelzimmer«, benannt nach einer Kugellampe, eingerichtet. Es ist nur für den Aufenthalt des »Meisters« bestimmt und darf mit Straßenschuhen nicht betreten werden, um das »Draußen« fernzuhalten. Neben den »Kosmikern« trifft sich bei Wolfskehl inzwischen alles, was im literarischen und kulturellen München Rang und Namen hat. Martin Buber und Eugen Mayer, der Philosoph Rudolf Pannwitz und der erst achtzehnjährige Friedrich Gundolf, bei dem später Joseph Goebbels studieren wird. Man begegnet dem Hölderlinforscher Norbert von Hellingrath, den noch unbekannten Malern Paul Klee und Franz Marc, den Schriftstellerinnen Ricarda Huch, Annette Kolb und Franziska zu Reventlow, Oswald Spengler, der damals gerade mit seinem Hauptwerk »Der Untergang des Abendlandes« berühmt wird, verkehrt hier ebenso wie der avantgardistische Bühnenbildner Emil Preetorius und der Zeichner Alfred Kubin.

Ein Fest nach dem anderen wird gefeiert. Auch so manches legendäre Schwabinger Faschingsfest

Karl Wolfskehl

nimmt von hier seinen Ausgang: als »heidnisches Maskenfest«. Denn nicht nur aus Spaß verkleidet man sich, sondern auch, um »das moderne Gewand der Masse mit einem dem Typus angemessenen« zu vertauschen.

Vorbild für die rauschenden Bälle sind antike Komödien und Tragödien sowie die Überlieferungen von historischen Gastmählern. Zu den symbolhaltigen Maskenzügen werden Gedichte von Wolfskehl und George, lateinische Oden oder selbstverfertigte Übersetzungen von Dante vorgetragen.

Bei den Eßgelagen nimmt man an mit Efeu bekränzten Tischen Platz und benützt Geschirr und Krüge aus Zinn. George liegt dabei häufig, nach römischer Sitte auf den Ellbogen gestützt, auf einem Diwan. Ihres elitären Gehabes und des luxuriösen Lebenswandels wegen erhalten die vier alsbald einen bezeichnenden Spitznamen: »die Kaviarbündler«.

Stiefel aus und Samtpantoffeln an! Über die Hände Hüllen von Leder milchgemästeter Kälber und eine Priesterbinde ums Haupt aus indischer Seide, parfümiert mit dem Seelengeruche zitternder Mimosen! ... Nun seid ihr geeignet und würdig, in den Kreis der Adepten zu treten und die höchste Sensation des modernen Literaturjahrmarktes zu genießen: das Extrakabinett der lyrischen Wachsfigurenbude, wo der wunderbarste Automat der Gegenwart feierlich sinnlose Worte tönt. ... Feierlich sein, ist alles! Sei dumm wie ein Thunfisch, temperamentlos wie eine Qualle, stier besessen wie ein narkotisierter Frosch, – aber sei feierlich, und du wirst plötzlich Leute um dich sehen, die vor Bewunderung nicht mehr mäh sagen können.

Hanns von Gumppenberg über den George-Kreis

Alfred Schuler und Ludwig Klages

Stefan George

»Ich saß zeitschriftenlesend im ›Luitpold‹, als durch den Säulengang in der Mitte George daherstolzt, begleitet von seinem unabtrennlichen Schatten, Karl Wolfskehl. Alsbald storcht auch mein Klages durch die Halle, in großem Mißbehagen bemerkend, daß die zwei einander abstoßenden Pole seiner Freundschaft an benachbarten Tischen platzgenommen haben, und er nun, zwischen beiden stehend, keinem von beiden wehe tun möchte. Er begrüßt mich also mit dem Vorschlag: ›Komm mit zu den andern‹, worauf grillig die Antwort lautet: ›Ihr könnt ja auch an meinen Tisch kommen.‹ Alsbald geht Klages zu ›den andern‹, aber Wolfskehl erscheint als Friedensbote und wiederholt die Einladung, worauf wieder die Antwort kommt: ›Der Weg von Herrn George zu mir ist nicht weiter, als der von mir zu George.‹ Und nun wird die Sache ernst. Denn George hält die Zumutung, den Tisch zu wechseln, für geschmacklos, ja frech. Und ich glaube mir etwas zu vergeben, wenn ich mich nachgiebig zeige. Klages aber pendelt zwischen den zwei eifersüchtelnden Hohenpriestern her und hin und beschwört: ›Mensch, laß doch mir zuliebe nicht das Schönste scheitern an deiner Albernheit.‹ Worauf ich aufbegehre, dies sei keine Albernheit, es sei Symbol. Wolfskehl kommt und belehrt, unter Symbolen verstehe man was anderes. Klages weiß nicht, ob und wo er sich setzen soll. Schließlich wird der Ausweg vereinbart, daß weder George noch ich sich fügen müssen, sondern daß gleichzeitig beide aufstehen, bis zur Mitte des Säulengangs einander entgegengehn und daß dann alle vier gemeinsam an einem größeren Tische platznehmen sollen. Und so geschah's. Schwerernst, mit der Feierlichkeit der großen Geschichtsereignisse.

Theodor Lessing

»Erfüllt von Mythos und Symbol«

Tief verunsichert von der technischen Entwicklung ihrer Zeit, vom Entstehen der Fabriken und Industrieanlagen sowie dem damit verbundenen Wachstum der großen Städte wenden sich die »Kosmiker« den Mythen, Sagen und Überlieferungen der Vorgeschichte zu. Alles, was irrational ist, was an »Geheimnissen der alten Völker«, was über die »dämonischen Mächte der Erde, der Nacht und des Totenreichs« zugänglich ist, findet ihr Interesse. Man sucht nach den verschütteten Quellen der heidnischen Welt.

Dem kommen die archäologischen Entdeckungen in der zweiten Hälfte des 19. Jahrhunderts entgegen. Olympia, Delphi, die Akropolis, Korinth, Pergamon und Milet werden ausgegraben. Eine Fülle von neuen Erkenntnissen, Fakten, aber auch Spekulationen über Kulte und Gebräuche, Religionen und Kulturen sind die Folge. Die Erforschung alter Völker wird nicht nur in München zur kulturellen Modeerscheinung.

Für Ludwig Klages ist die Ratio, der Verstand, der Geist der Aufklärung die Quelle allen Übels und damit Ursache eines entfremdeten und übertechnisierten Lebens. Folgerichtig entwickelt Klages Weltuntergangsvisionen, die heute trotz oder gerade wegen ihrer Technikfeindlichkeit erschreckend modern wirken:

»Die Technik . . . ist nicht wesentlich älter als vier Generationen und hat dessen ungeachtet hingereicht, um Dutzende von Stämmen der Primitiven, Hunderte von Pflanzengeschlechtern, doppelt und dreimal so viele Tierarten auf dem Lande, in der Luft, im Wasser vom Antlitz des Planeten zu tilgen. Der Tag ist nicht fern, wo sie alle vertilgt sein werden, soweit man sie nicht zu züchten beliebte zu Schlachtzwecken oder zu Modezwecken, ausgenommen nur Infusorien und Bakterien . . . Die Erde . . . wird daran sterben.«

Die Menschheit ist ihm nur ein »Schimmelüberzug« und ein »gen Himmel stinkendes Geschmeiß«.

Bei Nietzsche findet Klages die Notiz: »Den Egoismus als Irrtum einsehen. Als Gegensatz ja nicht Altruismus zu verstehen. Über mich und dich hinaus! Kosmisch empfinden.« Davon abgeleitet entsteht der Name »Die Kosmiker«.

Von Wolfskehl fließt die Entdeckung des »Mutterrechts«, ein Werk über prähistorische matriarchalische Gesellschaften von Johann Jakob Bachofen, das inzwischen in feministischen Kreisen wieder zu neuen Ehren kommt, in die Debatte ein.

»Eine versunkene Welt stieg da auf, in der alles noch nicht galt, was unser Leben bestimmt. Nicht der Mann, sondern die Frau im Mittelpunkt, nicht der rechnende Geist, sondern schwelende Seele, erfüllt von Mythos und Symbol.«[39]

Der das Unheimliche liebende Alfred Schuler, der sich in seinen Ausführungen gerne in Trance und Extase hineinsteigert, arbeitet am Image eines hohen Geistlichen und »Mystikers«, mit dem er besonders seinen Freunden Klages und George imponiert.

»Er trug damals einen einreihig bis an den Hals geschlossenen dunkelblauen Rock, der ihm etwas Pastörliches verlieh. Aber an Regentagen kam er in seiner trippelnden Art mit kleinen Schritten in einem kuttenartigen Mantel mit einer spitzen Kapuze auf dem Kopf daher und sah dann aus wie ein katholischer Mönch.«[40]

In seinen Reden, Vorträgen und Selbstgesprächen – schriftliche Aufzeichnungen liegen kaum vor – redet Schuler im unverfälschten pfälzischen Dialekt von »Wiedereinkörperung«, von Symbolen und Riten, von vorantiken Mythen und liturgischen Formen. Er fühlt sich als »Spätling aus Claudier- und Julier-Zeiten, den ein Regiefehler der Natur statt ins flammende neronische, in dies scheinheilige viktorianische Zeitalter geworfen hat.«[41]

Auch die Münchner »Auer Dult«, in Wirklichkeit ein doch eher profanes Vergnügen, ist für den »Auserwählten« Alfred Schuler Anlaß zu mystischer Schwärmerei. Roderich Huch, der Neffe der Münchner Schriftstellerin Ricarda Huch, berichtet in seinen Erinnerungen:

»Die Dult war ein uralter Münchner Jahrmarkt, der in dem ältesten Stadtteil Münchens aufgebaut war und von Schuler regelmäßig besucht wurde, weil er hoffte, dort, wo das bodenständige bayerische Volk sich tummelte und wo altrömische Kolonisation geherrscht hatte, Reste dieser römischen Kultur sammeln zu können. Friedrich (Roderichs Vetter) hatte noch einen Freund mitgebracht, einen derben, urwüchsigen bayerischen Arbeiter, dem er die Herrlichkeiten der Dult zeigen wollte. Als wir am Eingang der Festwiese Schulers angesichtig wurden, der in seiner gedrungenen Gestalt mit dem schwarzen, togaähnlichen Mantel um die Schulter und der runden barettartigen Mütze auf dem Kopf, auf den einfachen Burschen einen erschütternden Eindruck machen mußte, stieß dieser Friedrich in die Seite und fragte leise: »Herr Huch, ist dess a Kloiven?«, woraufFriedrich, da gerade Klages in der Nähe war, nur mit einem kurzen Auflachen zu antworten wagte.

Der Abend war dann aber sehr genußreich. Schuler machte uns auf alles aufmerksam, was ihm lebendige, römische Wirklichkeit war: Steinerne, verfallene Ziehbrunnen, alte Tore und vergessene kupferne Gerätschaften, worüber er mit glühenden Worten zu sprechen wußte. Freilich beharrte unser Arbeiterfreund auf seiner Meinung, einen ›Kloiven‹ vor sich zu haben, was man seinem Gesicht, das kaum das Lachen verbeißen konnte, deutlich ansah.«

Schuler ist es, der in Bachofens »Mutterrecht« ein neues, für ihn entscheidendes Zeichen und Symbol entdeckt: das Hakenkreuz. Alsbald ist für ihn das »Sonnen- oder Feuerrad« das »strahlende Symbol« einer heidnischen Erneuerung und Wiedergeburt und das »mittelpünktliche Symbol der vorgeschichtlichen Menschheit«.

Schuler, der in den einfachsten und simpelsten Dingen immer wieder Mystisches zu wittern glaubt, erkennt nun das Hakenkreuz, dem er den indischen Namen »Swastika« gibt, auf den verschiedensten Gegenständen des täglichen Bedarfs. »Als wir wieder einmal bei Wolfskehls zum Jour zusammentrafen, sah ich Schuler mit glänzenden Augen auf das Muster der Wolfskehlschen Kaffeekanne starren, bis er schließlich mit dem Finger auf eine Figur im Porzellan wies und nur das eine Wort hervorstieß: ›Swastika‹. Ihm verschlug es die Stimme ...[42]

Stefan George aber sieht in Schulers Verlautbarungen den Rückgewinn vorzeitlicher Bilder und Ideen. George wird zum Bewunderer und Verehrer des unheimlichen und merkwürdigen Schuler. In zunehmendem Maße wird der berühmte Dichter und Herausgeber der elitären »Blätter für die Kunst« von den Ahnungen Schulers und seiner Vorliebe für das dekadente, antike Rom geprägt.

Der Sündenbock wird gefunden

»Epilogus. Jahwe – Moloch

Ans Herz des Lebens schlich sich Marder Juda. Zwei Jahrtausende tilgt er das heiße, pochende, schäumende, träumende Mutterherz. Bei diesem Schlurfe nicht ertappt zu werden, hat er alle Wege zum Herzen verrammelt ... Morde den Vater, eh' daß er dein Kind, deine Seele, frißt und entfeßle die Urknäuel, das hundertspeichige Feuerrad ...«

So lautet ein kurzer Ausschnitt aus einem der antisemitischen Gedichte Schulers. In ihm vertritt er die These, daß Juden- und Christentum die von Schuler verehrten heidnischen Götter und das Matriarchat vertrieben haben. Und das Wissen um die heidnischen Götter ist für ihn der einzige und daher für Veränderungen unverzichtliche Garant einer neuen Kultur.

Wer aber ist nun konkret an dieser Vernichtung der heidnischen Götter schuld? Wer hat das Matriarchat beseitigt und die Welt des »Geistes« errichtet?

Alfred Schuler weiß die Antwort.

Zum einen sind es die Männer überhaupt, denn der »quintessentielle, telesmatische Urmensch« war laut Bachofen androgyner, für Schuler hermaphroditischer Natur. Und zum anderen sind es die Juden.

Mit diesen merkwürdigen Vorstellungen und Beurteilungen aber steht Schuler nicht allein. Denn auch sein Freund Klages ist auf der Suche nach Sündenböcken für die fehlgeleitete Entwicklung der Menschheitsgeschichte. Und auch Klages wird fündig.

Auch bei ihm ist auf einmal »der Jude« an allem schuld: an der Zerstörung der »ursprünglichen Einheit der Menschen« – also an der Zerstörung des Paradieses –, an den nachfolgenden Kriegen der Völker, an den innerstaatlichen Zwistigkeiten und Klassenkämpfen. Selbst die Sprachverwirrung beim Turmbau zu Babel geht auf dessen Konto, wie der Philosoph inzwischen zu berichten weiß.

Und Klages geht weiter, wird radikaler, bis er eines Tages tatsächlich formuliert:

Der Jude »ist nicht etwa verlogen, sondern die Lüge selbst. Wir stehen also auf dem Punkte zu entdecken: Der Jude ist überhaupt kein Mensch ... Er lebt das Scheinleben einer Larve, die Moloch-Jahwe sich vorband, um auf dem Weg der Täuschung die Menschheit zu vernichten.«

So schreibt der Philosoph unter den Schwabinger Bohémiens im Jahre 1903. Und George, beeindruckt von den »Erkenntnissen« Schulers und Klages', reimt:

»Die ihr die fuchtel schwingt auf leichenschwaden,
wollt uns bewahren vor zu leichtem schlusse
und vor der ärgsten: vor der blut-schmach! Stämme
die sie begehn sind wahllos auszurotten,
wenn nicht ihr bestes gut zum banne geht!«

Das Spiel wird ernst, der Kreis zerbricht

Schuler und Klages aber beginnen nun aus ihren abstrusen »Theorien« und Gedankengebäuden praktische Schlüsse zu ziehen. Denn wenn die Juden schuld am Untergang der heidnischen Götter, wenn »Der Geist als Widersacher der Seele«, wie Klages' philosophisches Hauptwerk später heißen wird, fungiert, wenn der jüdische Eingott, der Moloch, die »heidnischen Substanzen fraß«, was war dann mit den jüdischen Freunden in Schwabing?

Ein Klima des Mißtrauens macht sich breit. Plötzlich werden viele verdächtig – die Freunde Georges und George selbst, die Kleinen und die Großen aus dem Kreise der Bewunderer und Verehrer.

Und was ist mit Wolfskehl? Ist er, der Bachofens »Mutterrecht« in der Staatsbibliothek entdeckt und den anderen erst zugänglich gemacht hatte, nicht besonders auffällig?

Denn Wolfskehl ist, allen mysthischen Neigungen zum Trotz, ein politisch engagierter Mensch. So ist er unter anderem auch entschiedener und aktiver Zionist und zusammen mit Theodor Herzl Begründer der »zionistischen Ortsgruppe« Münchens. Seit 1897 Mitglied, arbeitet Wolfskehl als Berichterstatter bei Kongressen und Veranstaltungen.

Schuler und Klages paßt das nicht. Da mußte gehandelt werden und eine Entscheidung fallen. Der »große Schwabinger Krach« im Winter 1903/1904 beginnt. Der Streit ist für lange Zeit Tagesgespräch in München.

George wird nun von Schuler und Klages vorgehalten, seine Kräfte nur für die Kunst einzusetzen – zusammen mit seinen jüdischen Freunden. Das müsse sich ändern. Man stellt George die Frage: »Was bindet Sie an Juda?« Gemeint ist damit unter anderem auch Wolfskehl, der seit langem ein freundschaftliches Verhältnis zu George hat. Schuler und Klages fordern ultimativ den radikalen Bruch Georges mit seinen jüdischen Freunden und Mitautoren aus dem Kreise der »Blätter für die Kunst«. Der George-Kreis ist erschüttert.

Doch George gibt nicht nach. Das Ansinnen der ehemaligen Freunde geht zu weit. George geht zum Antisemitismus auf Distanz. Schuler und Klages brechen mit ihm. Schuler, immer auf Theatereffekte und große Gesten bedacht, läßt dem Dichter Wolfskehl durch einen Soldaten ein schwarz versiegeltes Kuvert mit einer nahezu förmlichen Kriegserklärung überreichen. Ein Freund Wolfskehls wird verprügelt. Wolfskehl bekommt Angst. Hier geht es nicht mehr um geistige Auseinandersetzungen, hier kommt Gewalt ins Spiel. Wolfskehl kauft einen

Revolver, um sich gegen mögliche Angriffe seiner antisemitischen Gegner zu schützen.

Der kosmische Kreis ist geplatzt, die Idylle zu Ende. Aber das Ganze wird noch ein Nachspiel haben: »Drohungen, Prozesse, Racheschwüre, Verfluchungen überstürzten sich.«

Wegen unautorisierten Abdrucks einiger Gedichtzeilen in den »Blättern für die Kunst« geht man vor Gericht. Urheberrechtsprozesse durch mehrere Instanzen sind die Folge. Immer kleinlicher und gehässiger werden die Auseinandersetzungen und immer größer die hohlen Worte. Denn immer steht vermeintlich alles in Beziehung zu einem weltgeschichtlichen und kosmischen Geschehen: der großen historischen »Weltenwende«.

Nach der Machtergreifung Hitlers im Jahre 1933 wird Ludwig Klages voller Stolz erklären:

»Inzwischen ist nicht weniges von dem, was wir im vorigen Jahrhundert mit Mühe und unter Einbußen erst erarbeiten mußten, fast zum Gemeingut deutscher Bildung geworden. Dank der Leistung einer großen Reihe von Forschern bedarf es heute keines Disraeli, damit wir wissen, daß die ›Drahtzieher‹ des Weltkrieges und die Geldgeber der russischen Revolution Juden waren. Was es auf sich hat mit ›Humanität‹, ›Weltbürgertum‹, ›Liberalismus‹, ›Amerikanismus‹, ›Internationalismus‹, ›Kommunismus‹, ›Bolschewismus‹ usw. sieht heute nur der nicht, der es nicht sehen will. Aufgedeckt sind die Ziele der Hochgrade des Logenwesens, aufgedeckt die Völkerversklavungspläne Judas, aufgedeckt nicht minder die verbrecherischen Methoden der ›Macher‹ und ihrer Helfershelfer . . .«

»Ja, erlauben Sie mir das Geständnis, daß ich kein Freund der – in Deutschland namentlich durch Klages vertretenen – geist- und intellektfeindlichen Bewegung bin. Ich habe sie früh gefürchtet und bekämpft, weil ich sie in allen brutal antihumanen Konsequenzen durchschaute, bevor dies manifest wurde.«

THOMAS MANN

Franziska zu Reventlow und der »Schwabinger Beobachter«

»Sie war ein dänischer Typ, klein, zierlich, elastisch, ungeschminkt, viel pariserischer als die echten Pariserinnen mit Rouge, ein bißchen schnoddrig, sehr geistreich, ein bißchen sentimental. Auf zierlichen Füßen stelzte sie durch den aufgeweichten Boden der Münchner Vorstadt Schwabing und schien immer unberührt, blank gewaschen, unberührbar, auch wenn sie fast versank.«

Balder Olden

Eine Gräfin macht sich lustig

Eines schönen Tages im Jahre 1903 finden die wichtigsten Vertreter der Schwabinger Bohème in ihren Briefkästen eine neue Zeitschrift mit dem Titel »Schwabinger Beobachter«. Aufmachung und Layout, Stil und Schreibweise der neuen Zeitung ähneln auffällig den berühmten »Blättern für die Kunst«. Die Inhalte lassen erkennen, daß die unbekannten Autoren – der »Schwabinger Beobachter« erscheint anonym – Kenner zahlreicher Interna der Schwabinger Szene sind. Für einige Beteiligte wahrlich ein Ärgernis.

Da wird der Philosoph Ludwig Klages zum Beispiel respektlos als »Lamentates« bezeichnet und aufgrund seiner Kopfform als »Dr. Langschädel« angesprochen. Da werden die philosophischen Ergüsse der Kosmiker mitleidlos durch den Kakao gezogen.

Man macht sich lustig über den Zustand, daß Schuler trotz seines fortgeschrittenen Alters immer noch bei seiner Mutter lebt. Auch die antisemitischen Theorien von Klages und Schuler nimmt man nicht sonderlich ernst. Alles, was für die Kosmiker edel und erhaben, was »enorm« und »kosmisch« ist, wird hier verulkt. Der respektlose Stil ist neu.

Die vornehmen, mit elitärem Anspruch gestalteten »Blätter für die Kunst« erscheinen nun als »Blätter für die Katz«. In einer fingierten Anzeige wird

Die »Schwabinger Gräfin« Franziska zu Reventlow, Aufnahme aus dem Jahre 1905

Schuler aufgerufen: »ALFRED! kehre zurück! – der Arier ist besudelt. Mama.«

In einer anderen Kleinanzeige werden »gebrauchte Blutleuchter als Ersatz für Schabbeslampen« gesucht. Und Dr. Langschädel gibt jede Menge Tips für den Weg zum Erfolg:

»Herren! welche infolge intensiver javistischer tätigkeit belanglos geworden sind, mache ich auf die von mir creierte essenz: phil-arin aufmerksam.«

Ein »L'homme demasque« bedankt sich umgehend dafür: Öffentlichen Dank zolle ich hiermit dem genialen Erfinder des »Phil-arin«, Herrn Dr. Langschädel. Denn schon nach Gebrauch weniger Dosen war ich im Stande, das längst abgeschlossene Manuskript meines Romans »demi-semi« nochmals zu überarbeiten und wird derselbe nun unwiderruflich mit anti-semitischer Tendenz erscheinen.«

Die frechen Texte schlagen ein. Ganz Schwabing ist von den respektlosen und »antiautoritären« Äußerungen fasziniert. Mit Ausnahme der »Kosmiker« und ihrer Bewunderer, denn Humor ist die Sache der »Enormen« nicht.

Man beginnt die Suche nach den Urhebern der Unverschämtheiten. Aber von wem könnten diese Geschmacklosigkeiten und Indiskretionen sein. Die »Kosmiker« sind ratlos.

Dabei hätten sie gar nicht allzu weit entfernt zu suchen brauchen. Denn die Urheberin der erfrischenden Zeilen lebt ganz in ihrer Nähe und ist ihnen allen gut bekannt.

Das »Madonnen-Motiv«, Franziska zu Reventlow 1897

»Entweder ich liebe keinen oder alle«

So ist die Verfasserin der respektlosen Zeilen, der das Herrenmenschentum und die dauernde Selbstbeweihräucherung der »Enormen« schon seit einiger Zeit suspekt geworden ist, nicht nur witzig, intelligent und einfallsreich, sondern wird von den »Kosmikern« seit der Geburt ihres unehelichen Sohnes auch als »heidnische Madonna« verehrt.

So werden die »Kosmiker« ausgerechnet zur Zielscheibe der Attacken einer Frau, die von ihnen selbst als besonders »enorm« bezeichnet wird. Denn Franziska Liane Sophie Auguste Wilhelmine Adrienne Gräfin zu Reventlow, so der komplette Name der Urheberin, lebt dieses »Heidnische«, von dem die anderen nur reden.

Zusammen mit ihrem geliebten und vergötterten Sohn Rolf, genannt »Bubi«, wohnt sie – immer wieder von Gerichtsvollziehern und erbosten Hausbesitzern wegen Schulden und säumiger Miete verfolgt – in den verschiedensten Schwabinger Wohnungen und Absteigen. Sie ist neben Wolfskehl, den sie »Carlo« nennt, vor allem mit Klages mehr als gut bekannt. Nach übereinstimmenden Berichten ist sie wohl dessen einzige wirklich große, aber auch tragische Liebe. Die Beziehung scheitert an Klages' menschlicher Kälte, aber auch an dem Reventlowschen Willen zur Unabhängigkeit und ihren zahlreichen Liebschaften.

In ihrem Roman »Von Paul zu Pedro« amüsiert sie sich über den »Retter«, der in diesem Fall die Figur Klages' repräsentiert:

»Ich liebe einen und begehre sechs andere, einen nach dem anderen. Mich reizt nur gerade der Wechsel und der ›fremde Herr‹.«
Franziska zu Reventlow in ihrem Tagebuch am 16. Oktober 1905

»Der Retter meint es gut und aufrichtig. Schon das ist schwer zu ertragen. Und er leidet durch die Bank an unheilbarer Selbstüberschätzung, hält sich eben für den, der imstande sei, unser zerflattertes Liebesleben einzufangen und auf einen Hauptpunkt, nämlich auf sich selbst zu konzentrieren. . . . Er läßt es an Verständnis nicht fehlen und ist überzeugt, man habe jeden, dem man sich ›hingegeben‹, glühend und tief geliebt, aber er war es natürlich in den seltensten Fällen wert. Der Retter sagt gerne: ›armes Kind‹ und streicht einem dabei die Haare aus der Stirn – eine unausstehliche Angewohnheit, man darf nie vergessen, ein Taschenkämmchen mitzunehmen.«

Die Moral ihrer Zeit verachtend, wechselt »die Reventlow« ihre Liebhaber nicht nur häufig, sondern auch in aller Öffentlichkeit. So notiert sie in ihrem Tagebuch am 21. September 1903 unter anderem:

»Wieder in München, um Ludwig zu treffen. Abends mit Carlo im Café. Den Nachmittag zu

Hause auf dem Diwan gelegen, ganz allein, bis in den Abend – draußen die Herbstsonne. Ich habe so selten einmal Zeit zum Träumen und doch so viel Träume. Nächsten Tag mit Ludwig und Maus auf die Oktoberwiese. Maus in zerstreutem Entzücken. Um vier Uhr Ludwig abgefahren. Abends Carlo. Ruhige, liebe Stunden neben meinem Sofa gesessen, fühle mich ihm wieder so sehr nahe. Bei mir wechseln immer Zeiten, wo ich überhaupt innerlich kalt und müde bin und nur schlafen will – und solche, wo alles lebendig ist. Und ebenso stehe ich dann zu den Menschen, entweder ich liebe keinen oder alle.«

Lebemänner in der Tip-Top-Bar

»Im eigentlichen Schwabing lag das Café Luitpold... und hier kam ich zum erstenmal mit der einzigartigen Frau in Berührung, deren große Persönlichkeit, die sich nur im Milieu Schwabings frei entfalten konnte, allein genügen würde, um Schwabings Bedeutung als Kulturbegriff sicher zu stellen: der Gräfin Franziska zu Reventlow... dem innerlich freiesten und natürlichsten Menschen, dem ich begegnet bin, gleichmäßig ausgezeichnet von höchstem weiblichen Charme, gepflegtester geistiger Kultur, kritischster Klugheit, anmutigstem Humor und vollkommenster Vorurteilslosigkeit.«[44]

Franziska zu Reventlow, 1905

Die »Gräfin«, wie sie von den meisten nur genannt wurde, ist eine aus Holstein stammende Adelige, die 1893 erstmals zum Zwecke eines einjährigen Malstudiums nach München reist. Kaum den beengten Verhältnissen ihres Elternhauses entflohen, gewinnt die Reventlow schnell Gefallen am scheinbar so unabhängigen und freien Leben der Münchner Bohème.

Nach Ablauf des einen Jahres in ihre Heimatstadt zurückgekehrt, heiratet sie 1884 einen Hamburger Gerichtsassessor namens Lübke. Doch nur wenig später bricht sie wieder aus der provinziellen Enge aus. Erneut in München angekommen, hält sie binnen kürzester Zeit nicht mehr sonderlich viel von der Einehe. Der enttäuschte und gekränkte Gatte aber sieht nun seine Ehe als gescheitert an und reicht, trotz einiger Versöhnungs- und Einlenkungsversuche ihrerseits, die Scheidung ein.

Gezwungen, ihren Lebensunterhalt nun selbst zu verdienen, beginnt sie mit verschiedensten beruflichen Tätigkeiten. So erstellt sie jahrelang in ermüdender Akkordarbeit Übersetzungen aus dem Französischen, darunter Novellen und Romane von Anatole France und Guy de Maupassant für den Albert Langen-Verlag. In nur wenigen Wochen müssen immer wieder Hunderte von Seiten für einen wahren Hungerlohn abgeliefert werden.

Um das immense Pensum zu schaffen, muß sie nicht selten rund um die Uhr und bis zur völligen Erschöpfung arbeiten. Dies ist die Kehrseite der Medaille und zeigt ein Bild, das nur schwer in das Klischee der Schwabinger Bohème paßt.

Baron Rechenberg-Linten, kurzzeitiger Ehemann der Gräfin Franziska zu Reventlow

Zusätzlich schreibt sie Kurzgeschichten und kleine Satiren für den Simplicissmus oder »frisiert« einfachste Witze gegen ein Entgelt von fünf Mark pro Stück literarisch auf.

Dazwischen versucht sie sich als Vertreterin einer Versicherungsgesellschaft, eröffnet einen Milchladen in der Schillerstraße, mit dem sie nach kürzester Zeit Pleite geht, agiert für kurze Zeit als Schauspielerin und versucht sich als Kunstgewerblerin, die selbstverfertigte Hinterglasbilder mit religiösen Motiven bei den Oberammergauer Passionsspielen verkauft.

Neben all diesen Tätigkeiten schreibt sie – wie nebenbei – ihre poetischen Tagebücher, zahlreiche Texte, Glossen und Novellen und immerhin fünf Romane, die als Zeitdokumente auch heute noch allen Münchenfreunden zu empfehlen sind.

Von ihr stammt die schon fast legendäre Definition Schwabings als »Wahnmoching« und die respektlose Namensgebung für George analog einer bayerischen Brauerei: »Weihenstephan«.

Wenn alle Stricke reißen, und mit Vorschüssen oder erneuten Schulden auch die dringendsten finanziellen Probleme nicht mehr lösbar sind, unternimmt sie auch sogenannte »Fischzüge« durch einschlägige Münchner Bars und Nachtlokale. So ist sie zum Beispiel in der Münchner »Tip-Top-Bar« zu sehen, wo sie sich Lebemänner und sonstige Nachtschwärmer gegen Bargeld zu angeln versucht.

»Die einzigen Kriterien, die sie, hier ganz Gräfin, gelten ließ, waren Geschmack und Stil. Daher auch ihre Vorliebe für Lebemänner, ›Begleitdoggen‹, wie sie das nannte, für ›Salonschurken‹ und Herzensbrecher mit dem ›gewissen infamen Charme‹, für Männer mit Monokel, in weißen Tennisanzügen, mit Rackets und Jagdhunden, wie jener Münchner Rechtsanwalt, der stets im Besitz ihrer Wohnungsschlüssel war ...«[45]

Die Scheinehe

Im Herbst 1910 zieht die Gräfin nach Ascona um. Ziel und Zweck der Reise aber ist nicht nur die Verlegung des Wohnsitzes in ein anderes, am herrlichen Lago Maggiore gelegenes Zentrum der internationalen Bohème, sondern die Kontaktaufnahme zwecks Eheschließung mit einem leicht seltsamen Baron namens Rechenberg-Linten.

Der gerade achtunddreißigjährige Mann, von Erich Mühsam als »Seeräuber« und »Saufbaron« tituliert, ist ein schwerhöriger baltischer Adeliger, der in Ascona als Gewohnheitstrinker einen Namen hat.

»Sein Hang zu Abenteuern ließ ihn Seemann werden. Er diente vom Schiffsjungen auf, wurde Matrose und befuhr von Riga aus die Ostseehäfen. Ich glaube, bis England kam er auf seinen Reisen. In dieser Zeit wurde er schwerhörig und mußte deswegen den Seemannsrock an den Nagel hängen. Jetzt wurde er Goldwäscher im Ural, in der Hoffnung, hierbei große Reichtümer zu erjagen. Diese Hoffnung betrog ihn, und jetzt sumpft er... in Ascona herum.«[46]

Und der Baron hat ein entscheidendes Problem. Eigentlich weder an der Ehe noch an einer festen Bindung mit einer Partnerin interessiert, sucht der Mann dennoch eine Ehefrau. Denn der vermögende Vater, vom Lebenswandel seines mißratenen Sohnes entsetzt, hat in seinem Testament die Vermählung mit einer standesgemäßen Gattin zur unabdingbaren Voraussetzung der Erbberechtigung gemacht.

So sucht der »Saufbaron« nach einer – wenn möglich adeligen – Frau, die einer nur auf dem Papier bestehenden Scheinehe nicht abgeneigt ist. Als Gegenleistung stünde ihr die Hälfte der beim Tod des Vaters ausbezahlten Erbschaft zu. »Eine Verpflichtung aus der Ehe anderer Art käme selbstverständlich nicht in Frage.«[47]

Als im Herbst 1910 Erich Mühsam, der den Baron gut kennt und mit ihm in Ascona immer wieder zahllose Tage und Nächte durchzecht, von diesen Plänen erfahrt, kommt für ihn nur eine Heiratskandidatin in Frage: die Gräfin Reventlow.

Umgehend läßt er ihr eine Nachricht zukommen.

Nur ein Jahr später ist die Ehe tatsächlich perfekt. Im luftigen »Strandkleid« erscheint die Gräfin zum Hochzeitstermin. Der Baron ist seinem »Beruf« gemäß in einen Marineanzug gekleidet, der zukünftige Schwiegervater standesgemäß im »Bratenrock mit Zylinder«.

1913 stirbt der alte Baron von Rechenberg. Doch inzwischen hinter den Schwindel gekommen, hat der enttäuschte Mann den mißratenen Sohn schon längst wieder enterbt. So bleibt nur noch ein Pflichtteil von insgesamt 80 000 Franken für das seltsame Paar. Doch auch der nun bedeutend geringer als erwartet ausfallende Anteil ist für die jahrelang in Armut und Geldsorgen lebende Reventlow ein Vermögen.

Und endlich will sie auch in finanziellen Dingen alles richtig machen. So legt sie das Geld gut verzinst in einem renommierten Schweizer Bankhaus namens »Credito Ticinese« an. Doch das Unglaubliche passiert. Nur kurze Zeit später »falliert« die Bank und geht bankrott. Das kleine Vermögen verschwindet in der Konkursmasse. An Mühsam schreibt sie resigniert: »Es scheint kein Segen an dem Geld gehangen zu haben.«

Am 27. Juli 1918 stirbt sie nach langem Klinikaufenthalt und schwerer Krankheit. Sie wird auf dem Friedhof von Locarno-St. Antonio beerdigt. In seinem Buch »Namen und Menschen – Unpolitische Erinnerungen« weist Mühsam noch einmal in einem Rückblick auf die außergewöhnliche Ausstrahlungskraft und das selbstbewußte Wesen der Reventlow hin:

»Ich grüße diese Tote mit inniger Verehrung. Sie trug außer ihrem Namen nichts an sich, was vom Moder der Vergangenheit benagt war. In die Zukunft gerichtet war ihr Leben, ihr Blick, ihr Denken; sie war ein Mensch, der wußte, was Freiheit bedeutet, ein Mensch ohne Vorurteile, ohne traditionelle Fesseln, ohne Befangenheit vor der Philistrosität der Umwelt. Und sie war ein froher Mensch, dessen Frohsinn aus dem tiefsten Ernst des Charakters kam. Wenn sie lachte, dann lachte der Mund und das ganze Gesicht, daß es eine Freude war, hineinzusehen. Aber die Augen, die großen, tiefblauen Augen, standen ernst und unbewegt mitten zwischen den lachenden Zügen.«

Franziska zu Reventlow mit Söhnchen Rolf

»Eine harmlose Bemerkung Klein-Rölfchens... wurde in ganz Schwabing kolportiert... Er saß mit seiner Mutter in der Schwabinger Brauerei und spielte ein wenig kompliziert mit Bierfilzen. ›Was machst du denn da?‹ fragte ein Münchner, der mit am Tisch saß. ›Ich baue ein Leihhaus.‹«

René Prévot

Die »Schwabinger Schattenspiele«

Im Herbst des Jahres 1907 sind zahlreiche Vertreter der Münchner Bohème zur probeweisen Eröffnung eines »neuen kleinen künstlerischen Unternehmens« eingeladen. Ort der Premiere ist der private Theatersaal im Hause eines gewissen Freiherrn Alexander von Bernus.

Der adelige Hausherr, der als kenntnisreicher Vertreter der theosophischen Weltanschauung gilt und mit Rudolf Steiner in Kontakt steht, ist über zahlreiche Geheimlehren informiert und versteht sich selbst als moderner Mystiker. Seine Frau, die in Schwabing einen avantgardistisch-extravaganten Modesalon betreibt, beschäftigt sich zusätzlich mit Astrologie. Beide sind mit den »Kosmikern« und der Gräfin Reventlow befreundet, aber zum Beispiel auch mit Frank Wedekind gut bekannt.

Nachdem man zur Premierenvorstellung Platz genommen hat, beginnt im vollständig verdunkelten Raum eine seltsam-fantastische Vorführung.

Nach einem einleitenden Geigenspiel fangen sich auf einer rund einen Meter großen, von hinten beleuchteten Bildfläche, schwarze Figuren wie von Zauberhand geführt, zu bewegen an. Von Dora Polster stammen die grazilen Scherenschnitt-Figuren und romantischen Hintergründe, von Bernus, dessen Frau und dem Dichter Will Vesper die vorgetragenen Texte.

Eine neue, geisterhaft-entrückte Welt der Poesie und Fantasie ist zu sehen. Zwerge und Riesen, Elfen und Faune bevölkern die milchglasartige Leinwand. Die geladene Künstlerszene ist zutiefst beeindruckt und fasziniert. Mit Ausnahme allgemeiner Beschwerden über zu harte Stühle wird das neue Theater begeistert aufgenommen.

Auch die geladene Presse übertrifft sich an Lob. So schwärmt die »Neue Rundschau« über das Geschehen: »Es spiegelt am reinsten die entmaterialisierte Welt der wachen Träume, die feinste Linie zwischen Sein und Schein, es ist im

»Der Riese« von Emil Preetorius – eigens für die »Schwabinger Schattenspiele« geschaffener Scherenschnitt zu dem Stück »Thors Hammer« von Karl Wolfskehl

Signet der »Schwabinger Schattenspiele«

Schattenbild von Dora Polster für »Don Juan« von Alexander von Bernus

Von Emil Preetorius gestaltete Szene aus »Thors Hammer« von Karl Wolfskehl

Die »Schwabinger Schattenspiele« auf dem Gelände des Münchner Ausstellungsparks 1908

eigentlichsten Sinn romantisch.« Und »Der Tag« aus Berlin stellt bewundernd fest: »Nur in der Münchner Luft, die ganz mit Kunstbazillen geschwängert ist, konnte das künstlerische Schattenspiel neu entstehen.«

Zahlreiche illustrierte Zeitungen bringen neben überschwenglichen Kritiken ganze Bilderzyklen aus dem Premierenprogramm. Bis nach Übersee reicht die zustimmende Resonanz.

Der überraschend deutliche Erfolg spornt an. Alsbald sind die »Schwabinger Schattenspiele«, die sich inzwischen in einem Hofgebäude in der Ainmillerstraße eingerichtet haben, fester und anerkannter Bestandteil des Schwabinger Kulturlebens.

Mit dem düster-gespenstischen »Totengräber von Feldberg« hat man inzwischen ein neues Stück in das Programm aufgenommen. Justinus Kerner ist der Autor des Textes, der im getragenen und singenden Pathos des George-Kreises vorgetragen wird. Auch diese Aufführung erntet Begeisterungsstürme und hat weit überdurchschnittlichen Erfolg.

So beschließt man, das Schattentheater über den kleinen Kreis der bisher Informierten hinaus bekannt zu machen. Gleichzeitig begibt man sich auf die Suche nach weiteren Mitarbeitern. Um talentierte Zeichner zu finden, entwirft man ein Preisausschreiben. Prompt meldet sich unter anderem auch »ein winziges Männchen mit dün-

Das Ensemble der »Schwabinger Schattenspiele«

nem, rötlichem Haar, Knebelbart und einer Fistelstimme, die sich im schönsten Baltisch darbot«[43].

Der Mann, der Rolf von Hoerschelmann heißt und alsbald nur »der kleine Hoerschelmann« gerufen wird, legt brillant gezeichnete Schattenrisse und auffallend schöne Scherenschnitte vor. Im Lauf der Zeit wird der Maler und Grafiker über 150 Figuren und rund fünfzig Dekorationen für die »Schwabinger Schattenspiele« im Scherenschnittverfahren erstellen. In einem »Schwarzen Bilderbuch« werden sie zusätzlich veröffentlicht. Alsbald avanciert der »kleine Hoerschelmann« zum »heimlichen König von Schwabing«.

Und nun werden auch die Texte immer anspruchsvoller. Karl Wolfskehl schreibt ein mythisches Schattenspiel mit dem etwas brachial klingenden Titel »Thors Hammer«. Wolfskehls Freund, der Bühnenbildner und Illustrator Emil Preetoris, dessen Atelier sich im Dachgeschoß über dem Schattentheater befindet, entwirft und schneidet in diesem Fall die zugehörigen Kulissen und Figuren.

Und was heute fast unglaublich erscheint wird Wirklichkeit: Das kleine Theater wird weit über Deutschland hinaus bekannt.

1908 errichtet man einen eigenen Theaterbau im neu entstandenen Ausstellungspark. Um den Interessen eines breiteren Publikums gerecht zu werden, ändert man das Programm. Insbesondere die für die ganze Familie geeigneten Komödien des sogenannten Kasperlgrafen »Pocci« werden nun aufgeführt und entwickeln sich in kürzester Zeit zu Kassenschlagern. Insbesondere die Possen »Kasperl wird reich« und »Kasperl unter den Wilden« sind ausgesprochene Publikumsrenner.

Doch dann zieht Bernus aufgrund einer Erbschaft noch im selben Jahr überraschend mit seiner Gattin von München weg. Der Baron ist nun neuer Besitzer eines mächtigen Klosterbaus namens »Stift Neuburg« in der Nähe von Heidelberg.

Zahlreiche, ehemals in Schwabing lokalisierte Feste und Veranstaltungen finden nun in diesem Klostergebäude statt. Stefan George ist auf »Stift Neuburg« immer ein gern gesehener Gast.

Der Grafiker Rolf von Hoerschelmann aber wird sich in München nicht nur durch seine künstlerischen Arbeiten einen guten Namen machen. Zusätzlich zu seinem grafischen Werk wird er im Lauf der Jahre die wohl größte Dokumentation und Sammlung über das künstlerische Leben der Bohème in München erstellen. Im Jahre 1947 stirbt Hoerschelmann in seinem Haus in Feldafing.

Die »Schwabinger Schattenspiele«, Plakat von Rolf von Hoerschelmann

Vegetarier und Naturapostel: Karl Wilhelm Diefenbach und der Tempel »Humanitas«

Der Gesang der Vegetarier

Wir essen Salat, ja wir essen Salat
Und essen Gemüse früh und spat.
Auch Früchte gehören zu unsrer Diät.
Was sonst noch wächst wird alles verschmäht.

Wir sonnen den Leib, ja wir sonnen den Leib,
Das ist unser einziger Zeitvertreib.
Doch manchmal paddeln wir auch im Teich,
Das kräftigt den Körper und wäscht ihn zugleich.

Wir hassen das Fleisch, ja wir hassen das Fleisch
Und die Milch und die Eier und lieben keusch.
Die Leichenfresser sind dumm und roh,
Das Schweinevieh – das ist ebenso.

Wir trinken keinen Sprit, nein wir trinken keinen Sprit,
Denn der wirkt verderblich auf das Gemüt.
Gemüse und Früchte sind flüssig genug,
Drum trinken wir nichts und sind doch sehr klug.

Wir rauchen nicht Tabak, nein wir rauchen nicht Tabak,
Das tut nur das scheußliche Sündenpack.
Wir setzen uns lieber auf das Gesäß
und leben gesund und naturgemäß.

(»Ein alkoholfreies Trinklied« von Erich Mühsam
zu der Melodie »Immer langsam voran«)

Im Steinbruch bei Höllriegelskreuth

»Die Lebensreformer aber waren – in Deutschland – die ersten, welche nicht bei theoretischen Erwägungen stehenblieben, sondern wirklich ländliche Genossenschaften und Kommunen gründeten. Die erste dieser Wohn- und Arbeitsgemeinschaften war wohl die Landkommune in Höllriegelskreuth bei München... Diefenbach war, angeregt durch die Schriften Eduard Baltzers, zum Vegetarier geworden, lief gewöhnlich barfuß oder in Sandalen mit langen wallenden Kleidungsstücken herum und verehrte die ›Allmutter Natur‹...«[48]

Karl Wilhelm Diefenbach

Im Alter von siebzehn Jahren aber hat der junge Karl Wilhelm Diefenbach noch andere Interessen. So ist er zu jener Zeit als Zeichner in einem Eisenbahnbüro in Limburg beschäftigt und absolviert eine Ausbildung als Lichtbildner. Im Frühjahr 1872 bewirbt er sich in München beim Atelier des renommierten Hof-Photographen Albert und wird zur Erledigung von Hilfsdiensten angenommen. Nach einer gewissen Bewährungszeit wird ihm die Übernahme in ein festes Arbeitsverhältnis in Aussicht gestellt.

Doch der schlanke Fotograf mit dem langen Haar, der am 21. Februar 1851 in Hadamar im ehemaligen Herzogtum Nassau geboren ist, hat inzwischen schon wieder andere Pläne. Noch im selben Jahr bewirbt er sich zur Aufnahme an der Münchner Kunstakademie. Nach bestandener Prüfung gibt er seine Hilfstätigkeit umgehend auf und konzentriert sich ganz auf sein Studium.

Doch dann trifft ihn ein einschneidendes Ereignis, das nicht nur sein gesamtes Leben prägen, sondern auch seine künstlerische Ausbildung jäh beenden wird. Denn Diefenbach erkrankt schwer. Eine ärztliche Untersuchung läßt den schrecklichen Verdacht zur Gewißheit werden: Typhus.

Zwanzig nicht enden wollende Wochen verbringt der ehemalige Kunststudent nun in einem Münchner Krankenhaus. Auf Grund unzureichender Behandlungsmethoden und einer Trombose im Arm verliert er in dieser Zeit fast die gesamte rechte Oberarmmuskulatur. Noch Jahre später wird dieser Verlust ein kaum zu bewältigendes Handicap bei seiner wieder aufgenommenen Maltätigkeit sein.

Nach seiner Entlassung aus dem Krankenhaus zieht sich Diefenbach, der keineswegs vollständig genesen ist, zu einer Art Nachkur in Eigentherapie ins Gebirge zurück. Und tatsächlich, auf Grund »natürlicher Lebensweise« wird Diefenbach wieder gesund. Dieser Erfolg, der entgegen der offiziellen medizinischen Lehrmeinung zustande gekommen ist, wird Diefenbachs entscheidendes »Erweckungserlebnis«.

Diefenbach beginnt nun nach Alternativen zur orthodoxen Medizin zu suchen. Von seinen frisch erworbenen »ernährungsphysikalischen Erkenntnissen« ist er zunehmend überzeugt.

Mit seiner Frau und einigen Freunden schließt sich Diefenbach zu einer Lebensgemeinschaft zusammen und siedelt in einem, dem Architekten Heilmann gehörenden Steinbruch im Isartal bei Höllriegelskreuth. Vor seinem Haus errichtet er eine weiße Fahne, die die Begriffe Frieden, Reinheit und Liebe symbolisieren soll.

Sogar von der sozialdemokratischen »Münchner Post« wird Diefenbach zu jener Zeit propagandistisch unterstützt. Denn der Herausgeber und Chefredakteur des Blattes, ein Mann namens Louis Viereck, ist nicht nur überzeugter Sozialist, sondern gleichzeitig auch Vorsitzender des Münchner »Vereins für Naturheilverfahren«.

Am 16. Juni 1885 berichtet auch »Die Gesellschaft« unter dem Herausgeber Michael Georg Conrad über den sonderbaren, von seiner »Mission« so auffällig überzeugten Mann: »Welch ein unzeitgemäßer Mensch! Man denke doch: er lebt im Lande des berühmtesten Bieres – und er trinkt nur frisches Wasser; er lebt in der Stadt der ewigen Kalbshaxen und der saftigsten Braten – und er begnügt sich mit der Pflanzenkost des strengsten Vegetariers; er lebt in der Kunststadt, wo die buntesten und vertraktesten Modebilder auf den Straßen herumlaufen – und er kleidet sich in ein schlichtes wollenes Kuttengewand . . .«

Diefenbach aber genießt das Leben. Man sieht ihn an der Würm und am Starnberger See mit dem Dreirad spazieren fahren, er besucht das Münchner Oktoberfest und amüsiert sich mit Karussellfahren und Reiten im Hippodrom.

»Die klare Erkenntnis der Naturgesetze«

Alsbald ist Diefenbach in München der bekannteste Prophet des vegetarischen Lebens, der Kleiderreform und der Freikörperkultur.

In seinen Vorträgen wettert er gegen »Unkeuschheit« und »grobe Fleischeslust«, kritisiert die Bewohner der großen Städte wegen Tragens »naturwidriger Kleidung« und polemisiert gegen »Fleischkost« und das Verzehren von »Tierleichnamen«. In den Münchner Zentralsälen schimpft der Antialkoholiker über das Trinken von Bier und »Spirituösen«. Gleichzeitig kämpft er in Vorträgen unter dem Titel »Das Kind und seine Erziehung« gegen die gesellschaftliche Benachteiligung von unehelichen Kindern an und fordert Toleranz gegenüber außerehelicher Schwangerschaft.

Als Gegner der Kirche lehnt er die Taufe ab, als Feind der orthodoxen Medizin bekämpft er den »Impfzwang«.

Die radikal einseitige Ernährung aber, – so nimmt Diefenbach seit einiger Zeit nur noch Obst, Brot, kondensierte Milch und reines Wasser zu sich –, führt auch bei ihm rasch zu schwerwiegenden gesundheitlichen Beeintrachtigungen. Es kommt immer häufiger zu Störungen des Verdauungsapparats. Alsbald kann Diefenbach seinen geschwächten Körper nur noch unter Zuhilfenahme von Krücken fortbewegen.

Um sich über alternative Heilmethoden zu informieren, nimmt Diefenbach brieflich Kontakt mit einem damals auch in Deutschland bekannten »Sonnen-Doktor« namens Rickli auf. Rickli ist ein Geschäftsmann und Färbereibesitzer aus der Schweiz, der sich durch Erfindungen wie dem »Bett-Dampfbad«, einer »Lufthütte« und der Entwicklung zahlreicher Luft- und Wasserkuren weit über sein Land hinaus einen Namen gemacht hat.

Doch Ricklis Antwort ist so gar nicht im Sinne des Karl Wilhelm Diefenbach. Denn der »Sonnendoktor« erklärt kurz und bündig, daß Diefenbach auf Grund seiner »einseitigen Vegetabilität« an seiner schlechten Gesundheit selbst schuld sei. Diefenbach ist über diese »Frechheit« außerordentlich empört.

Auch für seinen Lieblingsschüler »Fidus« ist dies eine völlig abwegige Sicht. Nicht die unzureichende Ernährung könne Ursache der Gebrechen und Schwäche seines »Meisters« sein, sondern dessen »schauderhaftes Schicksal« mit seiner »übermenschlichen Anstrengung und unausgesetzten Überspannung aller körperlichen, geistigen und seelischen Kräfte«.

So schreibt »Fidus« am 30. September 1888 in typischer »Reform-Orthografie« an den Schweizer Heilkundigen:

»Di klare erkenntnis der naturgesezze, nach denen jedes tirische wesen (jedes noch nicht ferwilderte, entartete, zum raubtir gewordene) seine folgenügende ernärung aus dem pflanzenreiche und der luft, wi dises di seinige aus der luft und dem erdreich erhält – hat uns jeden zweifel beseitigt, das der mensch als höchst entwikkeltestes, edelstes tir in den edelsten, höchst-entwikkelten pflanzenstoffen, dem zukkerhaltigen obste, dem melhaltigen getreide, sowohl grundbedingung als genüge der ernärung, zu einem gesunden, schaffenskräftigen und genußreichen leben besitzt.«

Inzwischen aber gilt der exzentrische Diefenbach vielen Münchnern nur noch als »Kohlrabiapostel«. So mancher Künstlerkollege bezeichnet ihn als den »narrischen Diefenbach«. Den Münchner »Witzblättern« ist er immer wieder Anlaß zu Spott und Hohn.

Ein Schüler namens »Fidus«

Im Jahre 1887 stellt sich bei der Diefenbachschen »Landkommune« ein frisch gebackener Kunststudent namens Hugo Höppener aus Lübeck vor.

Der »zierliche feingliedrige Mann«, der erst vor wenigen Monaten, am 30. April 1887, seine Aufnahmeprüfung an der Münchner Kunstakademie bestanden hat, fühlt sich schon nach kurzester Zeit von der Eintönigkeit des geregelten Lehrbetriebs abgestoßen und sucht nach Alternativen zur dortigen Ausbildung.

Beeindruckt von den Vorträgen und Erkenntnissen des »Propheten« und Künstlers Diefenbach, wird Hugo Höppener, inzwischen mit dem Namen »Fidus« bedacht, Freund und »Schüler« des »Meisters«. Umgehend gibt der begeisterte junge Mann das gerade erst begonnene Kunststudium wieder auf.

Alsbald gibt es auch für Fidus Ärger mit der Polizei. Denn diese interessiert sich schon seit einiger Zeit für den seltsamen und für so manchen biederen Beamten unverständlichen Lebenswandel der »Reformer« in Höllriegelskreuth.

Prompt werden Fidus und Diefenbach von einem eifrigen und überaus neugierigen Polizisten beim unbekleideten Sonnenbaden erwischt. Obwohl das Gelände von außen gar nicht einsehbar ist, und sich der auf Umwegen anschleichende Beamte alle Mühe geben muß, überhaupt einen Blick auf das Anwesen werfen zu können, kommt es zur Anklage.

Die Folge ist, daß Diefenbach vom »Königlich-Bayerischen Landgericht München II« am 16. November 1888 wegen »öffentlichen Unfugs« zu sechs Wochen Gefängnis verurteilt wird. Der »Schüler« Fidus erhält drei Wochen Haft und wird wegen »fortgesetzter Verhöhnung der Obrigkeit« zusätzlich für zwei Tage eingesperrt.

Doch die beiden erregen in München inzwischen nicht nur durch ihre Thesen und Provokationen Aufmerksamkeit, sondern auch auf Grund ihrer künstlerischen Produktion. Ort der ersten Ausstellung ist kein geringerer als die vornehme »Heilmannsche Kunstgewerbehalle« in der noblen Münchner Theatinerstraße.

Und dort stellt Diefenbach unter anderem einen Zyklus von insgesamt vierundzwanzig Gemälden im Format von drei mal zwei Metern vor. Titel des Werks: »Das wiedergefundene Paradies«. Zusätzlich sind »Darstellungen aus dem Leben Jesu – Bilder aus Höllrigelsgreut« zu besichtigen.

Da Diefenbachs rechter Arm noch immer nur bedingt belastbar ist, stammen die Bilder eigentlich aus der Hand des Schülers »Fidus«, der die Gemälde nach detaillierten Angaben und präziser Anleitung von Diefenbach erstellt. Zusätzlich entwickelt Fidus die gesamte Ausstellungskonzeption, übernimmt die Pressearbeit und überwacht den kompletten Aufbau der Ausstellung.

Das Projekt wird zur Überraschung vieler ein sensationeller Erfolg. Die Diefenbach-Ausstellung ist in München für lange Wochen Stadtgespräch. Zwar wird zum Bedauern aller Beteiligten kein einziges der großformatigen Bilder verkauft, doch allein an Eintrittsgeldern werden über 3000 Goldmark eingenommen.

Fidus ist begeistert und glaubt nun, endlich in Ruhe und mit finanzieller Unterstützung seines »Meisters«, an eigenen Entwürfen und Bildern arbeiten zu können. Doch weit gefehlt. Denn Diefenbach hat inzwischen ganz andere und wesentlich unkünstlerische Pläne: ihm schwebt eine Reihe von Gerichtsprozessen vor.

So will Diefenbach zum einen endlich die Scheidung seiner Ehe über die Bühne bringen. Denn anders als es die weiße Fahne im Steinbruch symbolisiert, ist für Diefenbach das Zusammenleben mit seiner Frau schon »lange die Hölle«. Des weiteren will er die Münchner Polizei und Justiz verklagen, um sich für seine Verurteilungen zu rächen.

Doch dann wird ihm überraschend sein Domizil im Steinbruch gekündigt. Diefenbach zieht in ein Bauernhaus in Dorfen bei Wolfratshausen um. Auch dort präsentiert er seinen Bilder-Zyklus »Das wiedergefundene Paradies«. Am Eingang zur Ausstellung ist auf einem selbstgemalten Schild zu lesen: »Eintrittsgeld nach Belieben.«

Und in diesem ländlichen Ort mit seiner bäuerlichen Bevölkerung will Diefenbach erstmals eines seiner später bis ins gigantische wachsenden Projekte realisieren.

So plant er allen Ernstes, auf einem nahegelegenen Hügel einen »Riesenrundbau« mit »Loggien und Säulengängen« zu errichten, in welchen er dann mit seinen Jüngern »paradiesisch unbehost ... lustwandeln, turnen, tanzen und singen wollte«. Das Anwesen sollte durch eine großzügige Ausstellungshalle ergänzt werden, zu der »Besucher aus München und aus aller Welt strömen würden«.

»Heil U. S. Europa«

Fidus aber hat für derlei Pläne im Moment kein Verständnis. Er übt harsche Kritik an seinem Meister und formuliert seine Beschwerden schriftlich in einem Tagebuch. Um seinen Protest deutlich zu

»Meister Diefenbach ist wieder hier«, Titelkarikatur aus »Die Geißel«

machen, spielt er Diefenbach seine intimen Aufzeichnungen absichtlich in die Hände. Und Diefenbach tobt.

Der ansonsten dem Frieden so zugewandte Meister gerät außer sich. Er droht mit Mord und reinigt in Gegenwart Fidus' demonstrativ seinen Revolver. Kurze Zeit später kündigt er seinen Selbstmord an. Die ganze Gemeinschaft ist in heller Aufregung.

Diefenbach schimpft nun über alles und jeden. Er vergleicht sich mit Jesus und hält sein eigenes Leiden an der ungerechten Welt in grandioser Selbstüberschätzung für historisch bedeutsamer als das christliche Martyrium.

Der Schüler Fidus aber muß die Gemeinschaft verlassen. So wohnt der plötzlich Obdachlose für einige Zeit zusammen mit anderen Diefenbach-Schülern in einem Atelier in der Schellingstraße.

Alsbald aber zieht Fidus zu einem gewissen Wilhelm Hübbe-Schleich, der im Münchner Stadtteil Neuhausen eine geräumige Wohnung hat. Der neue Freund ist nichts geringeres als ein bekannter Abenteurer und Afrikareisender sowie Autor zahlreicher kolonialpolitischer Schriften. In einschlägigen Kreisen gilt er als der führende Kopf der okkulten und theosophischen Bewegung in Deutschland. Im Jahre 1902 wird Rudolf Steiner sein Nachfolger.

1891 reicht Fidus zur Münchner Jahresausstellung im Glaspalast einige Arbeiten ein. Zu seinem Entsetzen aber wird er von der Jury abgelehnt. Verärgert und tief gekränkt über den Provinzgeist Münchens verläßt Fidus mit seinem Gönner Hubbe-Schleich die Stadt und zieht nach Berlin.

Fidus aber, der im Lauf der Jahre für die Zeitschrift »Jugend«, für die Publikationen des sozialistischen Lyrikers Karl Henckell, für den Anarchisten Kropotkin und den russischen Schriftsteller Leo Tolstoi zahlreiche Illustrationen und Graphiken erstellt, driftet politisch immer weiter ins rechte Lager ab. Der ehemalige Titelblattzeichner des Berliner »Vorwärts«, der Illustrator der 1913 erscheinenden

Ausschnitt aus dem Gemäldezyklus »Per aspera ad astra« von Karl Wilhelm Diefenbach

34

»Festschrift des freideutschen Jugendtreffens«, der Zeichner für Gustav Landauers »Sozialistischen Bund«, ist nach dem Ersten Weltkrieg für eine Germanen-Fibel und das »Deutsche Heldenbuch« tätig.

1932 wird Fidus Mitglied der NSDAP. Ein von ihm gestaltetes Hitlerbild aber wird dennoch umgehend wieder als ungeeignet aus dem Verkehr gezogen.

1937 sieht sich Fidus rückblickend als »geistiger Vorkämpfer des Dritten Reichs«. Doch all seinen Bemühungen um Anerkennung durch die neuen Machthaber, zum Trotz, wird Fidus von den Nazis vorerst als »entartet« eingestuft. Erst einige Jahre später wird der Künstler zum »Professor ehrenhalber« ernannt. Inzwischen besitzt neben Bormann auch Adolf Hitler ein Gemälde von ihm.

Nach dem Zweiten Weltkrieg ist auch der inzwischen greise Fidus Gegenstand eines Entnazifizierungsverfahrens. Den dabei zu beantwortenden »Fragebogen« und seine dazu geäußerten schriftlichen Erläuterungen unterzeichnet der inzwischen leicht verwirrte Mann mit »lichtdeutschem Heil U. S. Europa«.

1948 stirbt Fidus alias Hugo Höppener im Alter von achtzig Jahren.

Ein Tempel in der Wüste

Bis 1892 lebt Diefenbach an immer wieder wechselnden Orten in München und Umgebung. Dann aber siedelt er nach Wien über und gründet dort in einer romantischen Villa im Stadtteil Ober St. Veit die »Kolonie Himmelhof«, die sich als kleine, »kommunistische« Gemeinde mit Gemeinschaftseigentum organisiert.

Seine dortigen Anhänger aber fallen trotz ihrer wiederholten Bekenntnisse zu Frieden und Gewaltlosigkeit durch eine seltsam militante und intolerante Sprache auf. So mancher Mitbürger erscheint ihnen als »geschminkte Maske des lasterhaft-verbrecherischen Phäakentums« oder gar als Bestandteil einer »Pest des Fastnacht-Sumpfes«.

Die Handlungen des Propheten und Meisters hingegen werden pathetisch als »heilig« und als »lebendiges Beispiel der geistigen Erlösung« gefeiert. Als Folge seines »hohen Strebens« und seiner »geschauten Menschheitserlösung« wird ihnen der »erschöpfte Märtyrer« alsbald zum »blutenden Heilandsbild«.

Immer wieder fühlen sich auch finanzkräftige Vertreter des Adels und der Großindustrie von Diefenbachs Ausstrahlung, seiner künstlerischen Produktion und seinen weltanschaulichen Ahnungen angezogen.

Um seine Pläne zu unterstützen, – so will Diefenbach gerade ein internationales Kinderasyl aufbauen, in dem nichts geringeres als ein neues Menschengeschlecht herangezogen werden soll –, finanziert ihm die kunstbegeisterte Herzogin von Ferrari eine Reise nach Kairo.

Kaum dort angekommen, gelingt es dem fantasiereichen Mann doch tatsächlich die zuständigen Leute und Gremien von der Wichtigkeit und Notwendigkeit seiner Mission zu überzeugen. Vom ägyptischen »Ministerium für öffentliche Arbeit« wird Diefenbach ein Gelände in den Bergen der lybischen Wüste zu Verfügung gestellt.

Diefenbach aber ist in seinen Planungen schon wieder ein Stückchen weiter. Ihm geht es inzwischen nicht mehr um ein Kinderheim, sondern um den Bau eines riesigen Kultur-Tempels. Diefenbachs Ideen werden immer größenwahnsinniger und fantastischer.

In Form einer riesigen Sphinx will Diefenbach nun in der Wüste einen Tempel mit dem Namen »Humanitas« errichten. Der riesige Bau soll auf einem zehn Meter hohen Sockel stehen, der die Grundfläche von 150 mal 250 Metern hat. Im nördlichen Teil des monumentalen Raumes ist eine Bildhauerwerkstätte, im Süden die Installation ausgerechnet eines Schwimmbades eingeplant. In der Mitte des Baus wünscht Diefenbach den Einbau einer Gruft, die nach seinem Tode als Grabmal dienen soll. Im vorderen Teil der Basishalle ist ein Schacht für den Aufzug in den Kopf der Sphinx vorgesehen.

Diefenbach vor seiner Villa auf der Insel Capri, 1911

Auf diesem insgesamt 17500 Quadratmeter großen Sockel soll nun zusätzlich ein dreißig Meter hoher, achtzig Meter breiter und zweihundert Meter langer Ausstellungssaal mit Werkstätten und der feudalen Wohnung des Bauherrn entstehen.

Als Krönung des Ganzen ist darauf aufbauend an die Errichtung einer Sphinx gedacht. Dabei sollte auf der Oberfläche des zweiten Sockels seitlich des gewaltigen Monuments ein zehn Meter breiter Weg freigehalten werden, um Diefenbach in »staubfreier« Luft die Umrundung der Sphinx in einem Wagen zu ermöglichen. In der Sphinx selbst wiederum sind über drei Stockwerke verteilt Galerieräume für Ausstellungszwecke vorgesehen. Die oberste Terrasse sollte mit dem von ihm selbst entworfenen Fries »Per aspera ad astra« im Format von zwei Metern Höhe und 136 Metern Breite geschmückt werden.

Doch dann kehrt Diefenbach überraschend im Sommer 1897 wieder nach Wien zurück.

Von Wien nach Capri

Durch das Ägypten-Abenteuer erst einmal finanziell am Ende, beginnt Diefenbach erneut einen Kreis von Leuten um sich zu scharen, die bereit sind, ihn und seine Arbeit mit Geld zu unterstützen. Alsbald gründet sich unter seiner Regie eine sogenannte »Ehren-Vereinigung«, die es sich unter anderem zur Aufgabe macht, in Wien eine umfangreiche und repräsentative Ausstellung seiner künstlerischen Arbeiten auszurichten.

Am 20. März des Jahres 1898 wird die Ausstellung im »Österreichischen Kunstverein« unter der Anwesenheit zahlreicher prominenter Gäste eröffnet. Obwohl sich das Projekt eines außergewöhnlichen hohen Publikumszuspruchs erfreut, wird Diefenbach um den Lohn seiner Arbeit gebracht. Denn inzwischen hat sich die gesamte Wiener Presse in einer beispiellosen Kampagne auf Diefenbach eingeschossen. In aller Öffentlichkeit wird er zum Gespött gemacht und als »Schnorrer« und »Gaukler«, als »Schwindler und Narr« denunziert. Die Kommune »Himmelhof« wird durch den Kakao gezogen und zur »Narrengesellschaft« abgestempelt.

Die Folge ist, daß die bisher so überdurchschnittlich gut besuchte Ausstellung von den schockierten Veranstaltern umgehend geschlossen wird. Die Geschäftsleute und Händler, die den »Himmelhof« bisher mit Lebensmitteln und sonstigen Waren versorgen, stellen umgehend ihre Lieferungen ein. Diefenbach wird vom Gericht unter »Kuratel« gestellt, seine Gemälde werden beschlagnahmt.

Um dem bedrängten Künstler zu Hilfe zu kommen und den drohenden Konkurs des »Himmelhofs« abzuwenden, hat man inzwischen auch ehemalige Münchner Freunde um Unterstützung gebeten. Rund zwanzigtausend Mark kann man bei Münchner Künstlern sammeln, um den »Propheten« frei zu bekommen und die von der Justiz beschlagnahmten Gemälde auszulösen.

Nur zwei Jahre nach diesen Vorgängen ist Diefenbach – ungeachtet aller Angriffe und Anfechtungen – erneut der Adressat einer großzügigen Firmenspende. Geldgeber ist diesmal die Österreichische »Lloyd«, die ihn und seine gesamte Familie kostenlos zu einer ausgedehnten Asientour einlädt.

Doch schon auf Capri ist die Reise zu Ende. Diefenbach ist von der romantischen und herrlich gelegenen Insel begeistert. Der bis vor kurzem allen Anschein nach völlig mittellose Mann bewohnt alsbald eine feudale Villa mit großem Park. Seine letzten Lebensjahre genießend, hält der »Meister« auf seinem traumhaften Anwesen Hof. Er empfängt zahlreiche weltberühmte Künstler und Schriftsteller.

Ein Jahr vor Ausbruch des Ersten Weltkriegs stirbt Diefenbach.

Gustav Gräser – »Weiser, Heiliger, Spinner und Narr«

Über all die Wichte
halte Dich nit auf –
Deine Schritte richte
nach des Blutes Lauf,
thu es nit verhocken
in dem dumpfen Haus,
wenn die Lüfte locken –
Raus!

Wichte sitzen in der Kammer,
Kümmern sich um jeden Schiß! –
wichtig tut auch noch ihr Jammer –
oh du Kammerkümmernis,
Grauer wird ihr Blut und grauer,
denn die Luft im Sittenloch,
die wird stinkig in der Dauer
– raus –
denn sonst erstickst du noch.

(Gustav Gräser alias Gusto Gras)

Hauptberuf: »Mensch«

Eigentlich stammt der am 16. Februar 1879 in Kronstadt in Siebenbürgen geborene Gustav Arthur Gräser aus einer überaus standesbewußten und traditionsreichen Familie. Im Laufe der letzten zwei Jahrhunderte gehen aus ihr nicht nur einige mehr oder minder bedeutende Stadt- und Geschichtsschreiber hervor, sondern auch hochrangige Bischöfe. Der Vater Gräsers ist vor Ort ein angesehener Landrichter, ein Bruder Berufsoffizier im österreichischen Heer. Ein anderer lebt als Kunstmaler in Stuttgart.

Doch schon als Gymnasiast bekommt der junge Gräser erste Schwierigkeiten. So eckt er nicht nur bei seinen Mitschülern, sondern auch immer wieder bei so manchem seiner Lehrer an. Alsbald versucht man den schwierigen und pädagogischen Ratschlägen nur schwer zugänglichen Schüler wieder loszuwerden. Gräser fliegt vom Gymnasium.

Auch der Versuch, dem eigenwilligen Knaben eine Ausbildung als Kunstschlosser zu ermöglichen, scheitert. Gräser selbst bricht in diesem Fall vorzeitig seine Lehre ab.

Am 2. Mai des Jahres 1896 aber hat der bis dato immer wieder an seiner Eigensinnigkeit gescheiterte junge Mann einen erstaunlichen Erfolg. Denn Gräser, der sich inzwischen auch als Bildhauer und Maler versucht, erhält an diesem Tag den ersten Preis für seinen Beitrag zur Weltausstellung in Budapest. Für welche Arbeit oder Leistung ist leider nicht mehr bekannt.

Der Naturphilosoph und »Kohlrabiapostel« Gustav Gräser alias Gusto Gras

Durch diesen beachtlichen und überraschenden Erfolg zumindest für kurze Zeit motiviert, besucht Gräser die angesehene Kunstgewerbeschule in Wien. Doch in einem Anfall von Depression und Zerstörungswut vernichtet er im Jahre 1897 all seine Bilder, Skizzen und Studien.

In zunehmendem Maße vom konventionellen Ausbildungsbetrieb angeödet, wächst in Gräser die Verachtung für einen vor allem an Leistung und materiellem Erfolg orientierten beruflichen Werdegang. Alsbald begreift sich Gräser nur noch als Aufklärer und Lebensreformer, der seinen neu entdeckten »Beruf« kurz und bündig mit »Mensch« definiert.

Der über 1 Meter 85 großgewachsene und kräftige Mann mit der sonoren und auffällig wohltönenden Stimme kleidet sich nun bevorzugt in eine sackähnliche Lodenkutte unter der strumpflose Waden sichtbar sind. Die Füße stecken in Sandalen, wie es auch in katholischen Eremiten- und Mönchskreisen üblich ist. Dazu läßt sich Gräser das wildwuchernde Haar wachsen, das er manchmal auch durch ein heute vor allem bei Tennisspielern wieder in Mode gekommenes Stirnband zusammenhält. Zusätzlich läßt er sich einen üppigen Vollbart stehen.

»Dazwischen waren noch eine falkenhaft gebogene, durchaus respektable Nase und wild hängende Augenbrauen zu sehen, mit nicht allzuviel Stirn darüber und einem funkelnden Augenpaar darunter, das so tief lag, daß man nicht ohne weiteres feststellen konnte, ob es hell oder dunkel war.«[49]

In der rechten Hand führt der sich ausladenden Schrittes fortbewegende Mann meist einen grobgeglätteten Wanderstab. An der Schulter hängt das obligatorische »Marktnetz mit Kohlrabi, gelben Rüben, Gurken, Blaukraut und Weißkraut drin, außerdem aber auch ein länglichrundes Blechfutteral, in dem er seine Poesien mit sich herumtrug.«[50]

Eine Felsennische auf dem Monte Verita

Im Herbst des Jahres 1900 wandert Gräser zusammen mit seinem Bruder Carl, sechs weiteren Bekannten und der Wiener Pianistin, Vegetarierin und Feministin Ida Hofmann, zu Fuß über die Alpen in Richtung Tessin.

Das eigentliche Ziel der Reise ist das überaus schön gelegene Ascona, das sich alsbald zu einem Zentrum und Zufluchtsort für »Rebellen und Sucher, Reformer und Pazifisten, Anarchisten und Naturverehrer« entwickeln wird. Zumindest in Deutschland gilt Ascona schon nach kürzester Zeit als das »zentrale Versuchsfeld für alternative Lebensformen«.

Auf dem inzwischen legendären »Monte Verita«, einem rund einhundertfünfzig Meter hohen verwilderten Hügel mit einem zerfallenen Steinhäuschen, gründet Gräser eine vegetarische Landkommune. Man versucht sich von eigenem Anbau zu ernähren und beschäftigt sich eingehend mit Naturheilverfahren und alternativen Ernährungsfragen. Wichtigster Kompagnon Gräsers ist dabei der fünfundzwanzigjährige Sohn eines belgischen Industriellen namens Henri Oedenkoven, der alsbald mit der elf Jahre älteren Ida Hofmann zusammenlebt.

»Sie bekannten sich zur ›naturgemäßen Lebensweise‹, zur Rohkost, zu den Heilkräften des Wassers und der Sonne und nahmen damit pionierhaft spätere Methoden vorweg; überdies aber waren ihnen Frauenemanzipation, freie Ehe, Pazifismus, Gesellschaftsreform und übernationale Haltung Selbstverständlichkeiten.«[51]

Nach einigen schwerwiegenden Meinungsverschiedenheiten mit dem Unternehmerssohn, der – im Gegensatz zu dem idealistischen Gräser – schon früh auch kapitalistische Finanzierungsmodelle und betriebswirtschaftliche Gesichtspunkte beim Aufbau des von Erich Mühsam als »Salatorium« verspotteten Projekts nicht mehr ausschließen will, gerät man in Streit. Prompt wird Gräser von dem »alternativen«, aber dennoch höchst geschäftstüchtigen Oedenkoven auf Grund seiner Kritik von der weiteren Mitarbeit ausgeschlossen.

Gräser siedelt sich nun, allem Luxus entsagend, in einer Höhle und Felsennische unterhalb des »Salatoriums« an.

Alsbald besuchen ihn die klangsvollsten Namen. Darunter befinden sich allein im Jahre 1904 der damals allerdings nur in einschlägigen sozialistischen Revolutions- und Emigrantenkreisen bekannte Lenin, der ebenfalls für einige Zeit in München wohnende spätere Chef der russischen »Roten Armee« Leo Trotzki, der Führer der deutschen Sozialdemokratie August Bebel, der adelige Anarchist Fürst Kropotkin und der Schriftsteller Hermann Hesse, der sich gerne als Gräsers »Freund und Bewunderer« bezeichnet und ihn immer wieder auch zum Vorbild seiner literarischen Figuren macht.

Im Gegenzug besucht Gräser auf seinen Reisen durch halb Europa zahlreiche gerade entstehende und mit neuen Lebensformen experimentierende Organisationen und Gruppierungen. Er informiert sich über sozialdemokratisch geführte Konsum- und Baugenossenschaften ebenso wie über neu entstehende religiöse Gemeinschaften.

Ab 1911 zieht Gräser mit seiner Lebensgefährtin Jenny Hofmann, die nicht weniger als fünf Kinder aus erster Ehe in die Lebensgemeinschaft mitbringt, im Planwagen durch Deutschland. Um sich den kargen Lebensunterhalt zu verdienen, verkauft Gräser regelmäßig selbstverfertigte Zeichnungen und Spruchkarten. Doch seine Gedichte mißfallen nicht selten der jeweiligen Staatsanwaltschaft. So wird Gräser 1912 prompt wegen »Verbreitung unzüchtiger Schriften« aus Sachsen ausgewiesen. Das selbe Schicksal ereilt ihn nur ein Jahr später in Baden.

Für viele aber, denen die Geradlinigkeit und Kompromißlosigkeit seines Handelns imponiert, ist Gräser »der erste Mensch, . . . der mit starrer Konsequenz das, was er theoretisch als richtig erkannt hat, in die Praxis umsetzt. Es gibt köstliche Anekdoten, wie sich das seltsame Paar prinzipiengetreu mit den ärgerlichen Einrichtungen ihrer Umgebung abfand.«[52]

Gustav Gräser mit Frau und Kindern im Planwagen durch Deutschland, 1912

So ist unter anderem glaubwürdig überliefert, daß sich Gräsers Lebensgefährtin Jenny nach dem Besuch eines Zahnarztes in der Nähe von Ascona weigert, für dessen Bemühungen mit Geld zu bezahlen. So schlägt die eigenwillige Patientin einen kulturell inspirierten Tauschhandel vor und begleicht die ärztliche Rechnung durch den Vortrag einiger Lieder. Die Reaktion des Zahnarztes ist leider nicht bekannt.

»Hummel! Hummel!«

Irgendwann in den Jahren 1905 oder 1906 zieht Gräser für längere Zeit nach München um. Doch schon mit seinem eigentlich höchst unkomplizierten Namen gibt es jede Menge Probleme. Denn Gräser hält sich nicht nur für eine einmalige und deshalb »singuläre« Persönlichkeit, sondern möchte in Folge leicht krauser Logik auch dementsprechend genannt werden. So legt er in vielen Fällen Wert darauf, nicht als Gustav Gräser, sondern im Singular als »Gusto Gras« angesprochen zu werden. Insbesondere bei den Münchner Behörden und der Polizei kommt es zwangsläufig zu grotesken Auseinandersetzungen.

Neben seinen zahlreichen Vorträgen, deren Hauptthema immer wieder die Industrialisierung der Städte und die Verstädterung der Natur ist, tritt er mit »szenischen« Lesungen und sogenannten »Tänzen« in verschiedensten Münchner Gaststätten, darunter auch im »Simplicissimus« in der Türkenstraße, auf.

Von Annie Francé-Harrar wird einer dieser, nicht selten unfreiwillig komisch wirkenden, Auftritte Gräsers beschrieben:

»Gustav Gräser«. Karikatur von Karl Arnold

»Eine mattgrün beleuchtete Bühne. Offen. Leer. Ohne alle Kulissen. Ein neunzehntel nackter, wildbebarteter und wildgelockter Mann, so um die Vierzig, der an die Rampe tritt und die Zuschauer bat, sie möchten im Chor halblaut »Hummel! Hummel!« singen. Denn er brauche zwar keine Musik, aber diese Tonkulisse, um ihnen jetzt die wahre Lebensfreude vorzutanzen. Es geschah. Und ganz außerhalb aller Tanzregeln und Tanzkultur sprang, wand, drehte sich und explodierte in einem körperlichen Überschwang dieser Mensch . . .«

Daß Gräser offensichtlich dabei nicht besonders prüde ist, geht aus einer weiteren Episode hervor, die aus dem Simplicissimus überliefert ist:

»Da er niemals etwas zu sich nahm, was einem alkoholischen Getränk auch nur von weitem ähnlich sah, kann er damals unmöglich angeheitert gewesen sein. Dennoch erbot er sich mit verdächtiger Bereitwilligkeit zu beweisen, daß er außer seiner braunen Kutte keinerlei Bekleidung trage. Und das bei dem üblichen Münchner Winterklima von 9 bis 15 Grad Kälte. Aber die energische Kathi Kobus schaltete sich rechtzeitig ein und verbat sich um des guten Rufs ihres Lokals willen derlei Dinge.«[53]

Auch in München dient ihm als Haupteinnahmequelle der Verkauf seiner Gedichte, die manchmal auch unter dem Pseudonym Arthur Siebenbürger in der renommierten Zeitschrift »Jugend« veröffentlicht werden. In kleinen Auflagen gedruckt, vertreibt Gräser die Verse unter dem Titel »gustograspostkarten« fast jeden Abend in Kneipen und Gaststätten.

Zu jener Zeit sieht man Gräser außer in seinem Stammlokal »Café Klein-Bukarest« mehrmals die Woche im Lesesaal der Bayerischen Staatsbibliothek in der Ludwigstraße. Insbesondere im Winter genießt Gräser die warme und behagliche Atmosphäre des großen Saals. Über die, neben so manchem biederen Studenten und Professor, doch ziemlich auffällig wirkende Erscheinung Gräsers berichtet der Historiker Karl Alexander von Müller:

»Längere Zeit saß mir gegenüber ein Original . . . in einer Art Oberammergauer Aposteltracht, mit langen Haaren, Sandalen und einem Netz über der Schulter. In diesem trug er, außer ein paar Äpfeln, immer einige gerollte Bogen farbigen Papiers, die er feierlich herausnahm und vor sich ausbreitete. Dann versank er in Nachdenken und dichtete: selten mehr als einige Zeilen am Tag . . .«

Den jeweiligen Themen der Gedichte werden von Gräser entsprechend gefärbte Papiere symbolisch zugeordnet. Gedichte zum Thema Liebe erscheinen so zwangsläufig auf rotem Papier, Träume und Fantasien werden auf blauem Karton zu Papier gebracht. Gedichte über den damals obligatorischen »Philister« werden der Farbe des Neides zugeordnet und deshalb auf gelbes Papier gesetzt. Das nachfolgende »Naturgedicht« steht folgerichtig auf grünem Grund:

Der Igel ist ein stachlig Tier,
der Maulwurf ist wie Seiden,
und beide können nichts dafür.

Ich bitte, wer entscheidet hier,
wer besser von den beiden?
Ein jedes Tier – und Jedermann
ist grad so gut, als wie er kann.

Kennst Du den Feind? Er heißt Philister!
Man hat ihn nie genug erkannt!
Erkenn ihn gut. Viel sauft, viel ißt er,
dünkt Haufen sich – ein Häuflein ist er,
ein Häuflein Gram, von Rang und Stand.
Kennst Du ihn wohl? Erkenn ihn gut,
sonst kriecht er Dir noch in Dein Blut.

Man kennet ihn am frommen Nicken,
das tut er tagelang hinterm Hag.
er juckt sich, weil ihn Zwecke zwicken.
Doch er, sie fangen? er, sie knicken?
Da käm er selbst ja an den Tag!
Nur das nicht! Hinter tausend Hecken
tut er sich vor sich selbst verstecken.

Der Tropfe lebt in tausend Nöten,
weil es ihm vor der einen graut.
Er tut sich lieber stückweis töten,
zerzappelt sich nach tausend Flöten;
anstatt einmal so selbstvertraut
zu leben von der Leber weg
stockt er und steckt in ewgem Schreck.

Kennst Du den Feind, er heißt Philister!
Paß auf! Wo Du dich duckst – dort ist er.

Schreibverbot von den Nazis

Am 1. November 1901 wird Gräser, der es nicht nur ablehnt Tiere zu töten, sondern sich auch weigert »Blumen abzureißen und Bäume zu fällen«, zum Wehrdienst beim österreichischen Militär eingezogen.

Schon bei der obligatorischen Vereidigung der Rekruten in der Altstedter Kaserne weigert sich der kräftige und durchtrainierte Mann nicht nur, die rechte Hand zum Schwur zu erheben, sondern behält zum Ärger seiner Vorgesetzten auch noch die Mütze auf. Auf Grund dieses, allen Dienstvorschriften hohnsprechenden Verhaltens, wird Gräser vom zuständigen Militärgericht zu Festungshaft verurteilt.

Auch während der Zeit des Ersten Weltkriegs macht sich der erklärte Kriegsgegner und Pazifist Gräser in zahlreichen Ländern unbeliebt. So wird er in Folge seiner Äußerungen unter anderem auch aus Deutschland und der Schweiz ausgewiesen und immer wieder nach Österreich abgeschoben.

»Mit dem ersten Mobilmachungstag 1914 verschwand Gräser von der Schwabinger Bühne der Originalitäten – und tauchte nach dem letzten Kanonenschuß 1918 ebenso plötzlich wieder auf. Auf die Frage nach seinem Erleben hörte man ihn sagen, er sei eben auch wie andere eingezogen worden, doch habe es für ihn zwar eine Uniform, doch keinen passenden Feldwebel gegeben.«[54]

Auch die Vertreter der November- und Räterevolution 1918/19 finden an ihm wenig Gefallen. In den allerorts stattfindenden politischen Versammlungen wird Gräser wegen seiner leicht verschrobenen Menschenfreundlichkeit meistens ausgelacht. Ex-Soldaten und militante Revolutionäre machen sich über seine Plädoyers für Gewaltfreiheit lustig. Er wird in Diskussionen veralbert und angepöbelt.

Nach der blutigen Zerschlagung der Räterrschaft durch einmarschierende Freikorps und Regierungstruppen wiederum ist es fast ein Wunder, daß der so überaus auffällige Mann nicht irgendeiner der damals zahlreichen Denunziationen und damit einem der allerorts arbeitenden Standgerichte zum Opfer fällt.

Auf Grund seiner unliebsamen Erfahrungen mit den verschiedensten Militärs unterstützt Gräser mit höchstem Engagement Mitte der Zwaniger Jahre den Aufbau des Berliner »Anti-Kriegsmuseums« und ist ab 1927 Mitarbeiter des dortigen Leiters Ernst Friedrich.

Gustav Gräser im zerstörten München, 1945

Nach der »Machtergreifung« 1933 wird das Museum von Nationalsozialisten zerstört. Gräser zieht sich aus dem öffentlichen Leben zurück. Um einen festen Wohnsitz zu haben und dennoch abseits des Berliner Trubels zu sein, erwirbt er am 5. April des Jahres 1938 in Berlin ein kleines Hausboot für 450,– DM.

Alsbald erhält auch Gräser von den zuständigen Behörden Schreibverbot. Unter dem Aktenzeichen II B/407/517/1288 wird Gräsers Aufnahmeantrag um Mitgliedschaft in der Reichsschrifttumskammer »mangels erforderlicher Zuverlässigkeit und Eignung, siehe ihre sechs Vorstrafen« abgelehnt. Jede schriftstellerische Tätigkeit ist ihm somit untersagt.

Gräser aber verweist im Mai 1940 darauf, daß all seine Vorstrafen nicht die Folge von kriminellen Handlungen, sondern ausschließlich auf sein jahrelanges Engagement »für die Abkehr von all der verrömelt, verwelchst, verjudelt und verhudelten Lebensart« der Weimarer Bürokratie zurückzuführen sind.

Ein gewisser Henrik Becker will zu jener Zeit sogar eine Auswahl seiner Texte veröffentlichen und erhofft sich von Gedichten wie dem folgenden »frohe Bejahung von Kampf und Not« und damit »beste nationalpolitische Wirkung«.

Kampf ist unser Glück!
Friede – nimmts zurück!
Ringen unser Leben,
Wachsen unser Heil –
und dies Leben eben
hält kein Krämer feil.

Im Lauf des Dritten Reichs wird Gräser wiederholt verhaftet und muß befürchten, als sogenannter »Asozialer« in eines der Konzentrationslager eingewiesen zu werden.

1942 kommt Gräser abermals nach München und nimmt Kontakt mit noch nicht emigrierten oder eingesperrten ehemaligen Freunden und Bekannten auf. So überlebt Gräser die letzten Jahre des Dritten Reichs in diversen Abstellkammern und Dachböden.

»Gusto Gras«, der Antibürger und frühe Vorläufer der heutigen Öko- und Friedensbewegung, stirbt einsam und völlig verarmt am 27. Oktober 1958 in München-Freimann.

Der eigenwillige und als Original weiter über die Stadtgrenzen Münchens bekannte Mann wird in einem Armengrab beerdigt.

Nachwort

»So sieht unsere Kultur heute aus: Hunderttausende junger arbeits- und zeugungsfähiger Männer werden aus ihrer Beschäftigung gerissen, in komisch bunte Gleichtracht gekleidet, mit blanken Knöpfen, goldblechbeschlagenen metallenen Kopfbedeckungen und nummerierten Achselbeschlägen. An der Seite hängt ihnen ein langes Messer, scharfgeschliffen, zum Stechen so geeignet wie zum Hauen. Über der Schulter tragen sie ein Schießgewehr, aus dessen Lauf sie oftmals hintereinander Geschosse jagen können, geeignet auf große Entfernungen Menschen zu durchbohren, mit einer Durchschlagskraft, daß gleich zwei hintereinander davon getötet werden können. Der Griff der Waffen aber ist schwer und wuchtig, er dient dem Zertrümmern von Menschenschädeln.«

(Erich Mühsam 1914)

»Auf zu den Waffen! Auf!«

Schon das Jahr 1913, das letzte »Friedensjahr«, ist von Vorahnungen eines möglichen Krieges erfüllt. Allerorts werden patriotische Feiern und Veranstaltungen abgehalten. Bei Ausbruch des Ersten Weltkriegs im August 1914 ist die Begeisterung in weiten Kreisen der Münchner Bevölkerung schier grenzenlos.

Der nationalistische Zeitgeist aber erfaßt nicht nur breite Schichten der Bevölkerung, sondern auch bis dato eher kritische Geister, wie den Schriftsteller und Simplicissimus-Redakteur Ludwig Thoma. Schon am 3. August 1914, dem Tag der »Mobilmachung Deutschlands«, findet sich ein Gedicht aus seiner Feder auf der Titelseite der »Münchner Neuesten Nachrichten«.

»Am ersten August

Es wurde still
Ein ganzes Volk, es hielt mit einem
Den Atem an. Doch stockte keinem
Darum des Herzens Schlag.
So ging der Tag.
Dann senkt sich feierlich und milde
Der Abend über die Gefilde
Und heiter blinkt und fern
Ein heller Stern,
Als wenn er's heut wie immer fände:
In allen Hütten müde Hände,
Und gute Rast
Nach heißer Arbeit Last.
Horcht!
War's nicht als hätt' ein Ruf geklungen,
Ein Ton als wie aus Erz gedrungen?
Da – wieder! Auf!
Auf zu den Waffen! Auf!
Nun geht es brausend durch die Wälder
Nun dröhnt es über stille Felder
Die Wehr zur Hand!
Und schützt das Vaterland!
Auf springt das Volk und reckt die Glieder.
Und keine Sorge drückt uns nieder
Komm, was es sei!
Wir wollen es gemeinsam tragen
Und heute schon als Bestes sagen,
Daß man uns Hand in Hand
Als Brüder fand.
Dem Kaiser, der dies Wort gegeben
Wird Dank in jedem Herzen leben
Und jetzt – hurra!
Du Mutter uns – Germania!«

Um seine patriotischen Gefühle weithin sichtbar zu zeigen, zieht Thoma vor seinem Anwesen »Auf der Tuften« am Tegernsee eine weißblaue Fahne auf. Zusätzlich legt er sich eine Böllerkanone zu, um die jeweiligen militärischen Erfolge gebührend feiern zu können.

Überzeugt davon, auch als Schriftsteller seinen Beitrag zur »Stärkung der Wehrkraft« leisten zu müssen, bietet sich Thoma dem Berliner Kriegsministerium als Glossenschreiber und Dichter für »Feldpostkarten« an. Nicht selten sind die Karten mit Ilustrationen des Simplicissimus-Zeichners Eduard Thöny versehen. Im Simplicissimus-Verlag erscheinen nun auch »Kampfschriften in Bild und Wort«. Für Hefte wie »Gott strafe England« sind so renommierte Karikaturisten wie Karl Arnold oder Thomas Theodor Heine tätig.

Nur eineinhalb Monate nach Kriegsausbruch, am 18. September 1914, zeigen sich auch die Münchner Kammerspiele von ihrer patriotischen Seite. Die »Vaterländische Feier« eröffnet Frank Wedekind mit dem Vortrag von Texten wie »Deutschland bringt die Freiheit« und »Vom deutschen Vaterlandsstolz«. Anschließend wird ein Gedicht von Ludwig Thoma vorgetragen und eine von Klabund verfertigte Szene mit dem Titel »Rußland marschiert« zur Aufführung gebracht, deren Handlung ausgerechnet in einer »Petersburger Schnapskneipe« spielt.

Auch in der Gaststätte »Simplicissimus« weht inzwischen ein anderer Wind. Der neue Wirt, der die Nachfolge von Kathi Kobus angetreten hat, hält wenig von kriegskritischen Bemerkungen. Bei einem darüber ausbrechenden Streit bekommt die Dichterin Emmy Hennings prompt Lokalverbot.

Die in München lebenden Ausländer haben inzwischen notgedrungenermaßen der Stadt den Rükken gekehrt. Zahlreiche nichtdeutsche Künstler werden abgeschoben. Nur mit dem notwendigsten Handgepäck ausgestattet, müssen die »Russen« Wassily Kandinsky, Alexej von Jawlensky und Marianne von Werefkin das Land verlassen. Sie werden von deutschen Soldaten bis nach Lindau am Bodensee eskortiert. Von dort aus setzen sie mit dem Schiff in die Schweiz über. Zahlreiche Gemälde der Ausgewiesenen bleiben in Deutschland zurück.

Auch der Dramaturg der Münchner Kammerspiele, Hugo Ball, und die Schriftstellerin Emmy Hennings, die alsbald seine Ehefrau werden wird, emigrieren in die Schweiz. Zwar meldet sich Hugo Ball noch im August 1914 als Freiwilliger zum Militär, doch nur ein halbes Jahr später wird er aus gesundheitlichen Gründen wieder entlassen. Zutiefst geschockt vom unbeschreiblichen Grauen der Materialschlachten, in denen er nach eigener Aussage »dem Teufel selbst« begegnet ist, wird Ball Pazifist.

Im Mai des Jahres 1915 reist er nach einem kurzen Zwischenaufenthalt in Berlin nach Zürich. Dort eröffnet er im Februar des darauffolgenden Jahres das legendäre Dada-Kabarett »Voltaire«, an dem auch Marianne von Werefkin für einige Zeit mitarbeiten wird.

Die ebenfalls zum Militärdienst eingezogenen Künstler-Kollegen Franz Marc, August Macke und Albert Weisgerber aber überleben das Inferno nicht. Schon wenige Wochen nach Kriegsbeginn, am 26. September 1914, fällt August Macke im Alter von nur 27 Jahren. Am 4. März des Jahres 1916 kommt der sechsunddreißigjährige Artillerieleutnant Franz Marc in den Kriegswirren um. Der Maler Albert Weisgerber, der schon im Dezember 1914 das Eiserne Kreuz erhält, stirbt als Leutnant und Kompanieführer auf einem Schlachtfeld in der Nähe von Lille am 10. Mai 1915,

»Die Blitze deines Zorns«

Schon im Jahre 1915 tagt in Den Haag eine von Frauen organisierte »Internationale Friedenskonferenz«. Unter den Organisatorinnen findet sich unter anderen auch die Frauenrechtlerin und überzeugte Kriegsgegnerin Anita Augspurg.

Doch von solchen Aktivitäten erfährt man im Deutschland dieser Jahre so gut wie nichts. Denn alle Pressemitteilungen über derartige Unternehmungen unterliegen der Zensur des Kriegsministe-

Der Maler Albert Weisgerber (rechts) mit seiner Kompagnie bei Fomelles in Frankreich, 9. Mai 1915

riums. So bleiben auch in diesem Fall alle in Den Haag gefaßten Beschlüsse und Entschließungen der Münchner Bevölkerung unbekannt.

Nach der Revolution am 8. November 1918 ist auch für die Münchner der Krieg vorbei. Die Monarchie gilt als abgeschafft, eine »demokratische und soziale Republik« wird ausgerufen. Kurt Eisner wird zum ersten Ministerpräsidenten des neuen »Freistaats Bayern« ernannt.

Doch die Verhältnise ändern sich schnell. Kurt Eisner wird ermordet, die im Januar 1919 gewählte Regierung unter Führung des Sozialdemokraten Heinrich Hoffmann flüchtet nach Bamberg und gilt in München als abgesetzt. Für insgesamt drei Wochen, vom 7. April bis zum 1. Mai des Jahres 1919, ist München »Räterepublik«.

Der pazifistische Anarchist Gustav Landauer ist nun Volksbeauftragter für Kultur, der Schriftsteller Ernst Toller für kurze Zeit Präsident des »Zentralrates« und »Abschnittskommandant« der »Roten Armee«. Auch Anita Augspurg unterstützt das neue Regime und ist politisch unter anderem in Rosenheim und den benachbarten Dörfern tätig. Als »Parteiunabhängige« agiert sie in den diversen Dorfgaststätten des Oberlands.

Doch das Experiment scheitert. Von der Regierung Hoffmann zu Hilfe gerufen, marschieren in München Regierungstruppen und Freikorps ein. Das Standrecht gilt.

Schon beim »Palmsonntags-Putsch« am 13. April 1919 unter der Führung des Münchner Stadtkommandanten Seyffertitz wird Mühsam von Soldaten der »Republikanischen Schutztruppe« festgenommen und ins Zuchthaus Ebrach gebracht. Als Mitbeteiligter an der Münchner Räteherrschaft wird er später zu fünfzehn Jahren Zuchthaus verurteilt werden. Auf Grund einer eigens für den Putschisten Adolf Hitler erlassenen Amnestie, wird auch Mühsam am 20. Dezember 1924 begnadigt und aus »Niederschönenfeld« entlassen. Mühsam geht nach Berlin.

Gustav Landauer aber wird sein kurzzeitiges Engagement in der praktischen Politik mit dem Leben bezahlen. Im Hofe des Gefängnisses Stadelheim wird der Philosoph am 2. Mai von Regierungssoldaten geschlagen und buchstäblich zu Tode getrampelt.

Der zu jener Zeit schon politisch weit nach rechts abgedriftete Ludwig Thoma aber veröffentlicht in einem nur noch vom »Stürmer« übertroffenen Hetzblatt namens »Miesbacher Anzeiger«, über 170 Artikel und »Glossen«, in denen er in unflätigster Weise gegen die »Weimarer Republik«, die Sozialdemokratie und »die Juden« zu Felde zieht. Thoma ist inzwischen mit dem späteren »Staatskommissar« Gustav von Kahr und dem Vorsitzenden der »Deutschen Vaterlandspartei«, Admiral Tirpitz, befreundet. Am 27. Juli 1921 kommt auch General Erich Ludendorff, der beim »Marsch auf die Feldherrnhalle« 1923 neben Hitler marschieren wird, zu einem Besuch an den Tegernsee.

Nach der »Machtergreifung« durch die Nationalsozialisten 1933 emigrieren zahlreiche politische Gegner und Künstler aus Angst vor Verfolgung in die Schweiz. Auch der Dichter Stefan George sucht dort nach einem neuen Domizil.

Obwohl Parallelen im Denken Georges zu den neuen Machthabern unübersehbar sind, ist George vom brutalen Auftreten der neuen Herren entsetzt und will sich deren forderndem Zugriff entziehen. Nur wenige Tage nach der Machtergreifung packt George seine Koffer und verläßt Hitler-Deutschland.

Ungeachtet dessen versucht der neuernannte Propagandaminister Joseph Goebbels immer wieder George vor seinen Karren zu spannen. Obwohl der Dichter die Zusammenarbeit und auch den von Goebbels angebotenen Vorsitz des »Präsidiums der Deutschen Dichterakademie« ablehnt, wird der höchste Literaturpreis des Dritten Reiches nach ihm benannt: der »Stefan-George-Preis«. Die Verse Georges werden bei diversen Veranstaltungen von Sprechchören der Hitlerjugend vorgetragen und den Festausgaben für die Nürnberger Parteitage vorangestellt.

Der begehrte Dichter aber erlebt seine unfreiwillige Popularität nicht mehr. Nur wenige Monate nach seiner Abreise aus Deutschland stirbt George am 4. Dezember 1933 in Locarno. Er wird auf dem kleinen Friedhof von Minusio am Nordufer des Lago Maggiore beerdigt. Am Totenbett steht auch Graf Schenk von Stauffenberg, der am 20. Juli 1944 ein Attentat auf Hitler verüben wird.

Auch Karl Wolfskehl geht 1933 ins Exil. Der »Zeus von Schwabing«, der für einige Zeit völlig verarmt als Hauslehrer in Florenz tätig ist, wird 1925 »literarischer Leiter« der renommierten »Rupprecht Presse«. Ab 1928 erstellt Wolfskehl zahlreiche Artikel und Aufsätze für die Münchner Neuesten Nachrichten. Als am 27. Februar des Jahres 1933 in Berlin der Reichstag brennt, weiß Wolfskehl was das bedeutet. Schon am Morgen des nächsten Tages verläßt er Deutschland für immer. Sein exotisches Ziel ist Neuseeland.

Erich Mühsam aber, der bis zuletzt in aller Öffentlichkeit gegen die Nationalsozialisten agitert, verpaßt den Zeitpunkt zur Flucht. Schon um fünf Uhr früh wird er am Tag nach dem Reichstagsbrand, das Visum für die Einreise nach Prag in der Tasche, festgenommen. Er wird mißhandelt, gequält und bis zu seinem Tode einer unvorstellbaren Odyssee des Leidens und der Demütigungen ausgesetzt. In der Nacht zum 10. Juli 1934 wird Erich Mühsam im Konzentrationslager »Oranienburg« ermordet.

Hans Bötticher alias Joachim Ringelnatz aber, der sich inzwischen auch als Maler einen Namen gemacht hat und dessen Bilder unter anderem in der Berliner Nationalgalerie und dem Leipziger Städtischen Museum hängen, kommt ausgerechnet im April 1933 wieder nach München zurück. Als er in seiner Naivität auch noch in seiner alten Wirkungsstätte, der Gaststätte »Simplicissimus«, auftreten will, erhält er umgehend von der Münchner Polizeidirektion Auftrittsverbot.

Die Redaktion der Zeitschrift »Simplicissimus« aber paßt sich umgehend den Wünschen der neuen Machthaber an. Schon in der Ausgabe vom 16. April des Jahres 1933 ist zu lesen:

»Schon einmal, beim Beginn und im Verlauf des Weltkriegs, hat der Simplicissimus, der als Kampfblatt gegründet wurde, bewiesen, daß er nicht bloß kritisch und negativ sein kann; wenn es sich nämlich um Deutschland handelt. So sind denn auch die Ereignisse der letzten Monate nicht spurlos an ihm vorüber gegangen. Wieder handelt es sich um Deutschland, aber diesmal nicht um das im Kampf mit einer ganzen Welt stehende alte, sondern um das nach langen Wehen und Wirrnissen jetzt zu sich erwachte neue Deutschland. Ihm und seinen großen Zielen im Innern wie nach außen auf seine Art zu dienen, sieht der Simplicissimus nach einer grundlegenden Umbesetzung der Redaktion als seine vaterländische Pflicht an.«

Zur redaktionellen »Umbesetzung« trifft man sich im Hotel Königshof am Münchner Stachus im kleinsten Kreis. Den Vorsitz der seltsamen Versammlung führt ein für Fragen der Satire besonders aufgeschlossener Mann, der ebenfalls Herausgeber einer Zeitung ist: Julius Streicher. Mit einer Hundepeitsche in der Hand macht er den Redakteuren klar, was sie vom neuen Staat zu erwarten haben.

Die Malerin Gabriele Münter aber plant noch im Jahre 1937 eine Ausstellung mit eigenen Arbeiten im Münchner Kunstverein. Doch nationalsozialistische Kulturfunktionäre machen ihr schnell einen Strich durch die Rechnung. Die Ausstellung kommt nicht zustande.

Nur kurze Zeit später aber eröffnet ein Konkurrenzunternehmen ganz eigener Prägung seine Pforten: die Ausstellung »Entartete Kunst«.

Um die bei ihr eingelagerten Werke Kandinskys vor dem Ungeist der braunen Machthaber und damit für die Nachwelt zu sichern, beschließt Gabriele Münter die Arbeiten im Keller ihres Murnauer Hauses einzumauern. Aus Anlaß ihres achtzigsten Geburtstages vermacht sie 1957 ihre umfangreiche Sammlung als »Gabriele-Münter-Stiftung« der »Städtischen Galerie im Leubachhaus«.

Der inzwischen völlig vereinsamte, an der Trennung von seinen kulturellen Wurzeln in Deutschland verzweifelnde Karl Wolfskehl aber schreibt 1938 im neuseeländischen Exil:

Karl Wolfskehl

»So hat es kommen müssen

Wir waren nicht wert für Dich, für Dein heiliges Wehn
Als Deines Bundes Zeugen in den heiligen Tod zu gehen.
Wir waren nicht wert, vergessend, daß wir ewig warten,
Tollten, tanzten wir im bunten Garten,
Und unser Lachen, über quolls aus trunkenem Munde
In jeder Stunde – bis zu Deiner Stunde.
Herr, bis Du aufstandest und nahe kamst,
Die Blitze deines Zorns in Deine Hände nahmst,
In deine beiden Hände – weh wie trifft Dein Zorn!
Wohl wohl wie wählt Dein Zorn. Im Racheborn
Des Ewigen erneut, entsteigen
Eherner Heerbann wir, wir neu Dein Eigen.
Nun darfst du Tod gewähren,
Nun schneid und wähl und worfle Deine Ähren!«

Quellenverzeichnis

1 Wolfgang Petzet, Otto Falckenberg, S. 103
2 ebenda, S. 109
3 Ernestine Koch, Albert Langen – Ein Verleger in München, S. 19
4 Helga Abret, Aldo Keel, Im Zeichen des Simplicissimus, S. 10
5 Reinhard Piper, Bücherwelt – Erinnerungen eines Verlegers, S. 121
6 Hans Ludwig Geiger, Es war um die Jahrhundertwende, S. 81
7 vergl. Ernestine Koch, Albert Langen – Ein Verleger in München, S. 180
8 Die Majestätsbeleidigung des Simplicissimus-Verlegers Albert Langen, kein Autor, S. 18
9 Heinz Greul, Bretter, die die Zeit bedeuten, S. 153
10 ebenda
11 Rudolf Reiser, Alte Häuser – große Namen, S. 102
12 Erich Mühsam, Namen und Menschen, S. 225
13 Erich Mühsam, Namen und Menschen, S. 166
14 Erich Mühsam, Namen und Menschen, S. 113
15 Leonhard Frank, Links wo das Herz ist, S. 10
16 Richard Seewald, Der Mann von Gegenüber
17 Erich Mühsam, Namen und Menschen, S. 109
18 René Prévot, Kleiner Schwarm für Schwabylon, S. 95f.
19 ebenda, S. 116
20 René Prévot, Geliebtes Schwabing, S. 49
21 Korbinian Lechner, Die Münchnerin, S. 148
21a Joachim Ringelnatz, Mein Leben bis zum Kriege, S. 314
22 Korbinian Lechner, Die Münchnerin, S. 154
23 Irma Hildebrandt, Bin halt ein zähes Luder, S. 61
24 vergl. Armin Zweite (Herausg.), Kandinsky und München, S. 23
25 Lida Gustava Heymann, Erlebtes – Erschautes, S. 14
26 Hof-Atelier Elvira, S. 75
27 Wolfgang Petzet, Otto Falckenberg, S. 145
28 Hof-Atelier Elvira, S. 75
29 ebenda, S. 112
30 Faksimile-Gesamtausgabe der »Insel«, Begleitband, S. 7
31 ebenda, S. 15
32 vgl. München – Ein Lesebuch, S. 108
33 Ludwig Jacobowski in Die Gesellschaft, Jg. 16, 1900, S. 64
34 Vgl. Geliebtes Schwabing, S. 80
35 René Prévot, Kleiner Schwarm für Schwabylon, S. 70
36 Franz Marc im Katalog des »Blauen Reiters«, 1912
37 Theodor Lessing, Einmal und nie wieder, S. 322
38 vergl. Karl Wolfskehl 1869–1969, Leben und Werk in Dokumenten, S. 127
39 Georg Peter Landemann, Vorträge über Stefan George, S. 147
40 Ludwig Curtius
41 vergl. Karl Wolfskehl 1869–1969, S. 136
42 Atlantis, Jg. 30, Heft 3, S. 148
43 René Prévot, Kleiner Schwarm für Schwabylon, S. 136
44 Erich Mühsam, Namen und Menschen, S. 114
45 Helmut Fritz, Die erotische Rebellion, S. 25
46 Erich Mühsam, Ascona, S. 60f.
47 ebenda, S. 107
48 Christoph Couti, Abschied vom Bürgertum, S. 74
49 Annie Francé-Harrer, So wars um Neunzehnhundert, S. 82
50 Karl Spengler, Hinter Münchner Haustüren, S. 262
51 Vgl. Gusto Gräser, Aus Leben und Werk, S. 18
52 Erich Mühsam, Ascona, S. 40
53 Annie Francé-Harrer, So wars um Neunzehnhundert, S. 83
54 Karl Spengler, Hinter Münchner Haustüren, S. 265

Zeittafel

1854
München hat rund 100 000 Einwohner

1870/71
Krieg zwischen Deutschland und Frankreich (der sogenannte »Siebzger Krieg«)

Frühjahr 1872
Der spätere Lebensreformer und »Kohlrabiapostel« Karl Wilhelm Diefenbach kommt nach München und bewirbt sich beim Hof-Photographen »Albert« um eine Stellung

1880
München hat rund 230 000 Einwohner

1885
Karl Wilhelm Diefenbach siedelt mit seiner Frau und einigen Freunden in der Nähe von München in einem Steinbruch nahe Höllriegelskreuth. Die »Landkommune« verschreibt sich einem gewaltfreien, vegetarischen Leben

1. Januar 1885
Die erste Nummer der Zeitschrift »Gesellschaft – Realistische Wochenschrift für Literatur, Kunst und öffentliches Leben« erscheint, Herausgeber ist der Schriftsteller und Politiker Michael Georg Conrad

1887
Der Kunststudent Hugo Höppener, später »Fidus« genannt, stößt zur »Landkommune« des Karl Wilhelm Diefenbach

30. April 1887
Hugo Höppener alias »Fidus« besteht die Aufnahmeprüfung an der Münchner Kunstakademie

16. November 1888
Karl Wilhelm Diefenbach und sein Schüler »Fidus« werden wegen unbekleideten Sonnenbadens und damit »öffentlichen Unfugs« vom Landgericht München II zu Gefängnistrafen verurteilt und eingesperrt

1889
Die Münchner Stadtzeitung wird gegründet. Als Redakteur ist das spätere Mitglied des Vereins »Gesellschaft für modernes Leben«, Georg Schaumberg, tätig

1890
Frank Wedekinds Drama »Frühlings Erwachen« erscheint. München hat nun rund 350 000 Einwohner

18. Dezember 1890
Der Verein »Gesellschaft für modernes Leben« wird gegründet, erster Vorsitzender wird Michael Georg Conrad, im weiteren Vorstand sind die Schriftsteller Otto Julius Bierbaum, Detlev von Liliencron, Julius Schaumberger, Hanns von Gumppenberg sowie der Maler Rudolf Maison vertreten. Als Vereinslokal fungiert der »Giesinger Weinbauer«.

1891
Der Kunstmaler Anton Azbe gründet seine eigene, alsbald berühmte Malschule. Die Malerin Marianne von Werefkin lernt in Peterburg den Offizier und Künstler Alexej von Jawlensky kennen. Die eingereichten Bilder des Malers »Fidus« zur Münchner Jahresausstellung im Glaspalast werden von der Jury abgelehnt

1. Januar 1891
Die »Gesellschaft für modernes Leben« stellt an die Stadt München den Antrag, eine »Freie Volksbühne« auf der Theresienwiese während der Zeit des Oktoberfestes einrichten zu dürfen. Der Vorschlag wird von der Stadtverwaltung ignoriert.

29. Januar 1891
Erste öffentliche Veranstaltung mit Lesungen und Vorträgen von Mitgliedern der »Gesellschaft für modernes Leben« in der Gaststätte »Isarlust« auf der Praterinsel

18. Februar 1891
Julius Schaumberger hält im »Allgemeinen Arbeiter Lese-Verein« vor eintausend (!) Zuhörern einen Vortrag zum Thema »Die Volksbühne und das moderne Drama«

27. März 1891
Die Zeitschrift »Gesellschaft« wird eingestellt. Als Nachfolgeorgan fungieren die »Modernen Blätter – Wochenschrift der Gesellschaft für modernes Leben«, Herausgeber ist nun der Schriftsteller Julius Schaumberger

13. Juli 1891
Großes Isarfest der »Gesellschaft für modernes Leben« auf der Münchner Praterinsel mit über eintausend Besuchern

28. August 1891
Gerichtsverfahren gegen Hanns von Gumppenberg vor der »Strafkammer des Amtsgerichts München I« wegen Majestätsbeleidigung. Gumppenberg wird zu zwei Monaten Festungshaft verurteilt.

27. November 1891
Gründung des »Akademisch-Dramatischen Vereins«, der sich der Durchsetzung der modernen Dichtung und des modernen Dramas verschrieben hat

1892
Karl Wilhelm Diefenbach siedelt nach Wien über und gründet dort die dem Gemeineigentum verpflichtete »Kolonie Himmelhof«

1893
Franziska zu Reventlow kommt zu einem Malstudium erstmals nach München

20. Februar 1893
Selbstauflösung der »Gesellschaft für modernes Leben« auf Grund zahlreicher Meinungsverschiedenheiten

1. Dezember 1893
Gründung des »Albert Langen Buch- & Kunstverlags Paris & Köln«

1894
Gründung des Vereins »Gesellschaft zur Förderung der geistigen Interessen der Frau«

21. März 1895
Beginn der Schwurgerichtsverhandlung gegen Oskar Panizza im Königlichen Landgericht München I auf Grund der Veröffentlichung des »Liebeskonzils«. Panizza wird zu einem Jahr Gefängnis verurteilt

1896
Die russischen Künstler Wassily Kandinsky, Marianne von Werefkin und Alexej von Jawlensky kommen in München an

4. April 1896
Die erste Nummer der Zeitschrift »Simplicissimus« erscheint

1897
Wassily Kandinsky und Alexej von Jawlensky besuchen die Malschule von Anton Azbe

Dezember 1897
Der Rechtsanwalt Ludwig Thoma stößt zum Künstlerkreis um Albert Langen und den »Simplicissimus«

1898
Bau des Fotoateliers »Elvira«. Bauherrinnen sind Anita Augspurg und Sophia Goudstikker. Frank Wedekind wird Regisseur und Dramaturg am Münchner Schauspielhaus

20. März 1898
Karl Wilhelm Diefenbach eröffnet seine große Ausstellung im »Österreichischen Kunstverein« in Wien

21. September 1899
Frank Wedekind wird wegen Majestätsbeleidigung auf der Festung Königstein eingesperrt

Dezember 1899
Die erste Nummer der Zeitschrift »Insel« erscheint

1900
München errreicht knapp die Einwohnerzahl von 500 000

Herbst 1900
Die Redaktion des »Insel-Verlages« zieht in die Parterre-Wohnung eines palästähnlichen Hauses an der Leopoldstraße 4. Der Lebensreformer Gustav Gräser wandert zusammen mit Freunden zu Fuß über die Alpen in Richtung Tessin

13. April 1901
Das Kabarett »Elf Scharfrichter« im »Gasthaus zum Goldenen Hirschen« wird eröffnet

Mai 1901
Wassily Kandinsky gründet die Künstlergruppe »Phalanx«

15. August 1901
Erste Ausstellung der Künstlergruppe »Phalanx« in München

1902
Gründung der sogenannten »Debschitzschule« unter dem Namen »Lehr und Versuch-Ateliers für angewandte und freie Kunst«. Wassily Kandinsky lernt bei einem eigenen Vortrag in der »Phalanx-Schule« Gabriele Münter kennen

September 1902
Die letzte Nummer der Zeitschrift »Insel« erscheint

1903
Der satirische »Schwabinger Beobachter« erscheint. Hinter den anonymen Autoren des Blattes, das sich bevorzugt über die »Kosmiker« lustig macht, verbirgt sich die Gräfin Franziska zu Reventlow

1. Mai 1903
Eröffnung der von Kathi Kobus geleiteten Gaststätte »Simplicissimus«

28. November 1903
Auf Grund eines Disziplinarbeschlusses der Vorstandschaft der Ludwig-Maximilian-Universität wird der »Akademisch-Dramatische Verein« zur Auflösung gezwungen

1903/4
Der »große Schwabinger Krach«, Schuler und Klages einerseits und George und Wolfskehl andererseits zerstreiten sich

1904
Wassily Kandinsky und Gabriele Münter brechen zu einer vierjährigen Kunst- und Bildungsreise auf

1905
Der Lebensreformer und Naturphilosoph Gustav Gräser zieht zumindest zeitweilig nach München

5. Februar 1905
Oskar Panizza wird in die Nervenheilanstalt Herzogshöhe bei Bayreuth eingewiesen und einige Wochen später entmündigt

26. Juni 1905
Ludwig Thoma wird wegen seines Gedichts gegen die »Sittlichkeitsprediger zu Köln am Rheine« vom Stuttgarter Landgericht zu sechs Wochen Gefängnis verurteilt, die er in Stadelheim absitzen muß

16. Oktober 1906
Ludwig Thoma trifft zur Verbüßung seines sechswöchigen Haft im Münchner Gefängnis Stadelheim ein

20. November 1906
Das Wedekindsche Drama »Frühlings Erwachen«, erstmals 1890 erschienen, hat in den Berliner Kammerspielen Premiere

1907
Hans Bötticher alias Joachim Ringelnatz kommt in München an und entwickelt sich zum »Hausdichter« der Gaststätte »Simplicissimus«. Karl Valentin tritt erstmals im »Simplicissimus« auf. Im Herbst dieses Jahres stellen sich erstmals die »Schwabinger Schattenspiele« einem ausgesuchten Publikum vor

2. Juni 1907
Alfred Walter Heymel, der Gründer des »Insel-Verlages«, wird von Prinzregent Luitpold geadelt

1908
Frank Wedekind zieht zusammen mit seiner Familie in die Prinzregentenstraße 50 um. Die Hofphotographin und Gründerin des Ateliers »Elvira«, Sophia Goudstikker, wird als erste Frau in München als Strafverteidigerin zugelassen. Erich Mühsam zieht nach München

22. Januar 1909
Die »Neue Künstlervereinigung München« wird im Salon der Künstlerin Marianne von Werefkin gegründet. Erster Vorsitzender wird Wassily Kandinsky

Dezember 1909
Erste Ausstellung der »Neuen Künstlervereinigung München« in den Räumen der »Modernen Galerie H. Thannhauser« im Arco-Palais, Theatinerstraße 7

Juni 1910
Prozeß gegen Erich Mühsam wegen »Geheimbündelei«. Freispruch

1911
Hans Bötticher alias Joachim Ringelnatz verläßt München

April 1911
Die erste Nummer von Erich Mühsams »Kain, Zeitschrift für Menschlichkeit« erscheint

18. Dezember 1911
Beginn der dritten Ausstellung der»Neuen Künstlervereinigung Münchens« in der Galerie »Thannhauser«. Noch am selben Tag wird auch die Ausstellung der Redaktion »Der Blaue Reiter« in der selben Galerie eröffnet

Frühjahr 1912
Zweite Kollektiv-Ausstellung des »Blauen Reiters« in der Buchhandlung von Hans Goltz in der Briennerstraße 8

10. Oktober 1912
Der Buchhändler Hans Goltz eröffnet seine erste Galerie am Odeonsplatz 1

Juni 1914
Die vorläufig letzte Ausgabe von Erich Mühsams Zeitschrift »Kain, Zeitschrift für Menschlichkeit« erscheint

August 1914
Der Erste Weltkrieg beginnt

Namensregister

Arnold Karl Karikaturist und Simplicissimus-Zeichner

Augspurg Anita Frauenrechtlerin und Schriftstellerin, Pazifistin, am 22. 9. 1857 in Verden an der Aller geboren, Ausbildung als Lehrerin und Schauspielerin, gestorben am 20. Dezember 1943 in Zürich

Azbe Anton Kunstmaler, Leiter einer eigenen berühmten Malschule in München, geboren am 30. Mai 1862 im slowenischen Dolencice, ab 1884 in München, Student der Kunstakademie, gestorben 1905

Becher Johannes R. Schriftsteller und Lyriker, in den fünfziger Jahren Kulturminister der DDR, geboren am 22. Mai 1891 in München, am 11. Oktober 1958 in Ost-Berlin gestorben

Bernus Alexander von Chef der »Schwabinger Schattenspiele«, Herausgeber verschiedener Zeitschriften, geboren am 6. Februar 1880 in der Nähe von Lindau, gestorben am 6. März 1965 in Schloß Donaumünster

Bierbaum Otto Julius Schriftsteller, Satiriker, Herausgeber; geboren als Sohn einer Bäckerfamilie am 28. Juni 1865 im niederschlesischen Grünberg, studiert in Leipzig Jura und Chinesisch, kommt im November 1889 nach München, gestorben am 1. Februar 1910 in Dresden

Bötticher Hans Pseudonym Joachim Ringelnatz, Dichter, Satiriker und Kunstmaler, ab 1907 »Hausdichter« im »Simplicissimus«, am 16. November 1934 in Berlin gestorben

Conrad Michael Georg Schriftsteller, Journalist, Politiker; geboren am 5. April 1846 in Gnodstadt/Unterfranken, vier Jahre als Lehrer im fränkischen Schuldienst tätig, 1871 Italienreise, anschließend Europareise, ab 1882 in München, Mitarbeiter bei zahlreichen Zeitschriften, Mitbegründer des »Münchner Journalisten und Schriftstellervereins«, ab 1896 Abgeordneter der Demokratischen Deutschen Volkspartei im Reichstag, er stirbt am 20. Dezember 1927

Croissant-Rust Anna Schriftstellerin und Lehrerin; geboren am 10. Dezember 1869 in Bad Dürkheim, gestorben am 30. Juli 1943 in München

Delvard Marya eigentlich Biller Marie, Schauspielerin und Sängerin

Diefenbach Karl Wilhelm Lebensreformer, Kunstmaler, geboren am 21. Februar 1851 in Hadamar im Herzogtum Nassau

Endell August Jugendstilarchitekt und Künstler, entwirft 1898 Fassade und Innenarchitektur des Fotoateliers »Elvira«, ab 1903 in Berlin, nach dem Ersten Weltkrieg in Bresslau Direktor der »Akademie für Kunst und Kunstgewerbe«

Falckenberg Otto Autor, Schauspieler und Regisseur; geboren am 5. 10 1873 in Koblenz, studiert Philosophie und Kunstgeschichte in Berlin, ab 1892 in Paris, ab 1894 in London, dann in Berlin, ab 1896 in München, Mitglied und Regisseur des Akademisch-Dramatischen Vereins, Mitbegründer des Kabaretts »Elf Scharfrichter«, in Chefdramaturg an den Münchner Kammerspielen, am 25. 12. 1947 in München gestorben

Frisch Viktor Kunstmaler, Mitglied der »Elf Scharfrichter«

Fürmann Heinrich und Lulu leiten die legendäre Künstlerpension Fürmann in der Belgradstr. 57

George Stefan Schriftsteller, Dichter, Herausgeber der »Blätter für die Kust«, geboren am 12. Juli 1868 in Büdesheim bei Bingen, verläßt 1933 Deutschland, am 4. Dezember 1933 in Minusio bei Locarno gestorben

Goudstikker Sophia Frauenrechtlerin und Hofphotographin, am 15. 1. 1865 geboren, tritt 1898 vom jüdischen zum protestantischen Glauben über, 25 Jahre lang Leiterin der Münchner »Rechtschutzstelle für Frauen in Not«, ab 1908 ist sie als erste Frau in München als Verteidigerin zugelassen

Gräser Gustav Lebensreformer, von Beruf »Mensch«, geboren am 16. Februar 1879 in Kronstadt in Siebenbürgen, am 17. Oktober 1958 in München-Freimann verstorben

Graf Oskar Maria Schriftsteller, geboren am 22. Juli 1894 in Berg am Starnberger See, im Alter von siebzehn Jahren nach München, Hilfstätigkeiten, ab 1918 literarisch tätig, 1933 Flucht aus Deutschland, am 29. Juni 1967 in New York gestorben

Greiner Leo Lyriker und Kritiker; geboren am 1. 4. 1876 in Brünn, Mitbegründer des Kabaretts »Elf Scharfrichter, Autor des Scharfrichter-Liedes, Besitzer eines Musikstudios, Mitarbeiter beim S. Fischer Verlag in Berlin, am 22. 8. 1928 gestorben

Gulbransson Olaf Maler und Grafiker, Karikaturist, Simplicissimus-Zeichner

Gumppenberg Hanns von Schriftsteller, Theaterautor, Satiriker, Kritiker; geboren am 4. 12. 1866 in Landshut, Zögling der Königlichen Pragerie im Münchner Maximilianeum, studiert Philosophie und Literaturgeschichte in München und Erlangen, ab 1888 als Schriftsteller, Satiriker und Theaterkritiker tätig, Mitbegründer des Vereins »Gesellschaft für modernes Leben«, Autor der »Elf Scharfrichter«, er stirbt am 29. 3. 1928 in München

Halbe Max Theaterschriftsteller, Autor; geboren am 4. 10. 1865 in der Nähe von Danzig, studiert Jura, Germanistik und Geschichte, ab 1888 in Berlin als freier Schriftsteller, 1893 sensationeller Erfolg mit seinem Drama »Jugend«, ab 1895 in München, Mittelpunkt zahlreicher Literatur- und Kegelkreise, er stirbt am 30. 11. 1944 in Burg bei Neuötting

Hecker Waldemar Mitglied der »Elf Scharfrichter«, Bildhauer, Lehrer in der »Phalanx-Schule« zusammen mit Wassily Kandinsky, Stummfilmregisseur in Berlin

Heine Thomas Theodor Karikaturist und Simplicissimus-Zeichner

Heymel Alfred Walter Millionär, Herausgeber der Zeitschrift »Insel«, geboren am 6. März 1898 in München, gestorben am 26. November 1914 in Berlin

Henckell Karl sozialistischer Lyriker

Hennings Emmy Dichterin, spätere Gattin von Hugo Ball

Henry Marc Schauspieler, Journalist, Conferencier; eigentlich Achille Georges d'Ailly-Vaucheret, Mitglied der »Elf Scharfrichter«

Holm Korfiz Prokurist der Zeitschrift »Simplicissimus«

Hüsgen Wilhelm Bildhauer; geboren 1877 in Bremen, ab 1899 in München, modelliert die Masken der »Elf Scharfrichter«, Mitbegründer der Schule »Phalanx« zusammen mit Wassilys Kandinsky, Ausstellungen auch im Münchner Glaspalast, im Jahre 1962 in München gestorben

Irber Mary Tochter eines Brauers aus dem Münchner Stadtteil Au, Ballett-Tänzerin, Barfußtänzerin und Chansonsängerin

Kandinsky Wassily Maler und Grafiker, Dozent in Moskau, am 4. Dezember in Moskau geboren, ab 1896 in München, Gründer der Künstlergruppen »Phalanx«, »Neue Künstlervereinigung München« und der Redaktion »Der Blaue Reiter«, am 13. 12. 1944 im französischen Exil in Neuilly-sur-Seine gestorben

Keyserling Eduard von adeliger Romancier und Novellist, geboren am 14. Mai 1855 auf Schloß Paddern, ab 1895 in München, dort am 28. September 1918 gestorben

Klages Ludwig Philosoph und »Charakterologe«, geboren am 10. Dezember 1872 in Hannover, Mitglied des Kreises der »Kosmiker«, am 29. Juli 1956 in Kilchberg bei Zürich gestorben

Kobus Kathi Kellnerin aus Traunstein, Wirtin der Gaststätte »Simplicissimus«, am 7. August 1929 gestorben

Kothe Robert Rechtsanwalt, Lautensänger, Mitglied der »Elf Scharfrichter«

Kutscher Artur Privatdozent für Literatur

Langen Albert Verleger, Gründer der Zeitschrift »Simplicissimus«, geboren am 8. Juli in Köln, ab 1890 in Paris, mit Versuchen, Schriftsteller oder Maler zu werden gescheitert, ab 1895 mit seinem in Paris gegründeten Verlag in München, gestorben am 30. April 1909 in München

Langheinrich Max Architekt, Innenarchitekt des Kabaretts »Elf Scharfrichter«

Lautensack Heinrich Geometerstudent, Dichter und Schriftsteller, Stummfilmproduzent, Mitglied und »Henkersknecht« bei den »Elf Scharfrichtern«, geboren am 5. Juli 1881 in Vilshofen, gestorben am 10. Januar 1919 in Berlin

Liliencron Detlev von Dichter, Schriftsteller, Offizier; als Offizier an den Feldzügen von 1866 und 1870/71 beteiligt, Stiefelputzer und Klavierlehrer in New York, kommt 1890 nach München, Mitbegründer des literarischen Vereins »Gesellschaft für modernes Leben«

Meyrink Gustav Schriftsteller und Ex-Bankier

Mühsam Erich Schriftsteller, Agitator, Autor und Herausgeber der eigenen Zeitschrift »Kain«, geboren am 6. April 1878 in Berlin, ab 1909 in München, Beteiligung an der Revolution 1918 und der Räteherrschaft, 1919 zu fünfzehn Jahren Festungshaft verurteilt, 1924 begnadigt, am 10. Juli 1934 im KZ Oranienburg ermordet

Gabriele Münter Malerin, Gründungsmitglied des »Blauen Reiters«, Kunststudium in München, Schülerin Wassily Kandinskys, ab 1931 in Murnau, geboren am 19. 2. 1877 in Berlin, gestorben am 19. Mai 1962 in Murnau

Neumann Ernst Maler und Grafiker, Mitglied der »Elf Scharfrichter«

Obrist Hermann Jugendstilarchitekt, Lehrer an der sogenannten »Debschitzschule« für »angewandte und freie Kunst«, am 23. Mai 1863 in der Nähe von Zürich geboren, am 26. Februar 1927 in München gestorben

Oertel Willi Kunstmaler, Mitglied der »Elf Scharfrichter«

Panizza Oskar Arzt, Schriftsteller, Essayist; geboren am 12. November 1853 als Sohn einer Hoteliersfamilie in Kissingen, Student der Psychiatrie und der Allgemeinmedizin, 1880 Promotion, ab 1882 Assistenzarzt an der »Oberbayrischen Landesirrenanstalt«, Englandreise, 1905 Einweisung in die Nervenheilanstalt Herzogshöhe bei Bayreuth, Entmündigung, am 30. September 1921 stirbt der Autor

Prévot René Schriftsteller, Theaterkritiker der Münchner Post

Rath Willy Mitglied und Texter der »Elf Scharfrichter«, Gründer des »Lyrischen Theaters« in München

Reventlow Franziska zu Schriftstellerin und Übersetzerin, geboren am 18. Mai 1871 in Husum, am 27. Juli 1918 in der Nähe von Locarno gestorben

Richard Hans Kapellmeister der »Elf Scharfrichter«

Roda Roda Schriftsteller, ehemaliger k. und k. Militärreilehrer

Ruch Hannes Komponist der »Elf Scharfrichter«

Scharf Ludwig Dichter und Lyriker, am 2. Februar 1864 in Meckenheim geboren, am 21. August 1939 in Potalska, Ungarn, gestorben

Schaumberg, Georg Schriftsteller und Redakteur der 1889 gegründeten Münchner Stadtzeitung, Gründungsmitglied des Vereins »Gesellschaft für modernes Leben«, am 30. Oktober 1855 in Ansbach geboren, am 2. März 1931 in München gestorben

Schaumberger Julius Redakteur beim »Münchner Theaterjournal« und Herausgeber der Zeitschrift »Münchner Kunst«, am 29. August 1858 in München geboren, engagierter Vertreter der »Volksbühnenbewegung«, ab 1891 Vorsitzender der »Gesellschaft für modernes Leben«, am 15. August 1924 in München gestorben

Schröder Rudolf Alexander Herausgeber der Zeitschrift »Insel«, Architekt, geboren am 26. Januar 1878 in Bremen, ab 1897 in München, gestorben am 22. August 1962 in Bremen

Schuler Alfred Mysterienforscher und Privatgelehrter, geboren am 22. November 1865 in Mainz, am 8. April 1923 in München gestorben

Stern Ernst Akteur bei den »Elf Scharfrichtern«, Assistent von Franz von Stuck, Karikaturist und Bühnenbildner

Thöny Eduard Maler und Grafiker, Karikaturist und Simplicissimus-Zeichner

Thoma Ludwig Rechtsanwalt, Schriftsteller und Theaterautor, Redakteur beim »Simplicissimus«, am 21. Januar 1867 in Oberammergau geboren, am 26. August 1921 »Auf der Tuften« am Tegernsee gestorben

Wedekind Frank Dramatiker, Lyriker, Satiriker, Komponist; geboren am 24. Juli 1864 in Hannover, Jurastudium in Lausanne und München, ab 1885 Werbe-Chef der Suppen- und Speisewürze-Fabrik »Maggi«, ab 1890 erneut in München, Mitglied der »Elf Scharfrichter«, er stirbt am 9. März 1918 in München

Weinhöppel Richard Mitglied der »Elf Scharfrichter«

Weisgerber Albert Maler und Grafiker, 1. Präsident der »Neuen Münchener Secession«, geboren am 12. April 1878 in St. Ingbert in der Saarpfalz, studiert an der Münchner Kunstakademie bei Franz von Stuck, fällt im Ersten Weltkrieg am 10. Mai 1915 bei Lille

Werefkin Marianne von Malerin, Kunsttheoretikerin, ab 1896 in München, Mitglied der »Neuen Künstler-Vereinigung München«, geboren am 11. 9. 1860 in Tula, gestorben am 6. 2. 1938 in Ascona

Wolfskehl Karl Dichter und Schriftsteller, geboren am 17. September 1869 in Darmstadt, Mitglied des Kreises um Stefan George und die »Kosmiker«, flieht 1933 in die Schweiz und nach Italien, 1938 nach Neuseeland, am 30. Juni 1948 in Auckland (Neuseeland) gestorben

Wolzogen Ernst von Schriftsteller, Kabarettist, Kleinkunstbühnenbesitzer, am 23. April 1855 in Breslau geboren, ab 1893 in München, am 30. Juli 1934 in Puppling gestorben

Literaturverzeichnis

Abret Helga und Keel Aldo, Im Zeichen des Simplicissimus, Langen-Müller Verlag, München 1987

Ahrens Helmut, Ludwig Thoma, W. Ludwig Verlag, Pfaffenhofen 1983

Ambrozic Katarina, Wege zur Moderne und die Azbe-Schule in München, Museum Wiesbaden, 25. Sept.–30. Okt. 1988, Katalog

Avenarius, Der Fall Diefenbach, Kunstwart 1899, keine weiteren Angaben

Ball Hugo, Allmanach 1990, Stadt Pirmasens

Bauer Gerhard und Pfanner Helmut (Herausg.), Oskar Maria Graf in seinen Briefen

Becher Johannes R., In München bin ich geboren, Kinderbuchverlag, Ost-Berlin (ohne Jahresangabe)

Bierbaum Otto Julius, Prinz Kuckuck, Verlag Georg Müller, München 1922

Bierbaum Otto Julius, In Rixdorf kennt mir jedermann, Henschel-Verlag, Berlin 1969

Bierbaum Otto Julius, Stilpe, Verlag Schuster & Loeffler, Berlin 1897

Bierbaum Otto Julius, Der bunte Vogel, Verlag Schuster & Löffler, Berlin 1896

Bötticher Hans, Simplicissimus Künstlerkneipe und Kathi Kobus, Selbstverlag, keine Jahresangabe

Borchardt Rudolf, Alfred Walter Heymel – Rudolf Alexander Schröder, Ausstellungskatalog des deutschen Literaturarchivs im Schiller-Nationalmuseum, Marbach am Neckar 1978

Brandenburg Hans, München leuchtet, Verlag Herbert Neuner, München 1953

Brandenburg Hans, Münchener Blätter, Verlag Heinrich Jaffe, München 1903

Bruns Brigitte, Die »Gesellschaft« und ihre Frauen, Manuskript des Bayrischen Rundfunks

Conrad Michael Georg, In purpurner Finsternis, Verein für freies Schrifttum, Berlin (ohne Jahresangabe)

Conrad Michael Georg, Flammen! Für freie Geister, Wilhelm Friedrich Verlag, Leipzig 1882

Conrad Michael Georg, Was die Isar rauscht, Verlag Wilhelm Friedrich, Leipzig 1888

Conrad Michael Georg, Die klugen Jungfrauen, Roman in drei Bänden, Verlag von Wilhelm Friedrich, Leipzig 1889

Conrad Michael Georg und L. Willfried, Die Emanzipierten, Verlag von Wilhelm Friedrich, Leipzig 1888

Conrad Michael Georg, Die Modernen, Münchener Flugschriften, München 1891

Conrad Michael Georg, Die Sozialdemokratie und die Modernen, Münchener Flugschrift, Mehrlichs Verlag, München 1893

Conti Christoph, Abschied vom Bürgertum, RoRoRo, Hamburg 1984

Corinth Thomas, Lovis Corinth, Verlag Ernst Wasmuth, Tübingen 1979

Derksen Dieter, Ein Lebensbild des »Scharfrichters« Hanns von Gumppenberg, Rundfunkmanuskript

Diel Walther, Die Künstlerkneipe »Simplicissimus«, Buchendorfer Verlag, München 1989

Eichner Johannis, Kandinsky und Gabriele Münter, Bruckmann Verlag, ohne Jahresangabe

Fechter Paul, Frank Wedekind, Verlag Erich Lichtenstein, Jena 1920

Francé-Harrer Annie, So war's um Neunzehnhundert, Langen-Müller-Verlag, München-Wien 1962

Frank Leonhard, Links wo das Herz ist, Fischer Taschenbuch, Frankfurt a. M. 1976

Friedenthal Joachim (Herausg.), Das Wedekindsbuch, Verlag Georg Müller, München-Leipzig 1914

Fritz Helmut, Die erotische Rebellion – Das Leben der Franziska Gräfin zu Reventlow, Fischer Taschenbuch Verlag, Frankfurt a. M. 1980

Fuchs Georg, Sturm und Drang in München um die Jahrhundertwende, Verlag Georg D. W. Callway, München 1936

Geiger Hanns Ludwig, Es war um die Jahrhundertwende, Langen-Müller Verlag, München 1953

Gräser Gustav, TAO – Das heilende Geheimnis, Gräserdrucke, 7933 Urspring 1966

Greul Heinz, Bretter, die die Zeit bedeuten, Kiepemheuer & Witsch, Köln-Berlin 1967

Greul Heinz, Die Elf Schiedsrichter, Sanssousi Verlag, Zürich 1962

Gritschneder Otto, Weitere Randbemerkungen, Selbstverlag, München, keine Jahresangabe

Günther Herbert, Joachim Ringelnatz, Rowohlt Taschenbuch Verlag, Hamburg 1964

Gumppenberg Hanns von Schaurige Schicksale, fälschende Fama und leere Lorbeeren, Verlag Georg Callway, München, ohne Jahresangabe

Haage Peter, Ludwig Thoma, Bertelsmann, München-Gütersloh-Wien 1975

Halbe Max, Jahrhundertwende, Verlag Langen-Müller, München-Wien 1976

Hartl Rainer, Aufbruch zur Moderne, Band 1 und 2, Kommissionsverlag J. Kitzinger, München 1976

Hausenstein Wilhelm, Zeiten und Bilder, Verlag »Der neue Merkur«, München 1920

Heiderich Ursula und Günther, Rudolf Alexander Schröder und die Wohnkunst, Verlag H. M Hauschild G.m.b.H., Bremen, keine Jahresangabe

Henckell Karl, Gesammelte Werke, J. Michael Müller Verlag, München 1923
Herz Rudolf und Bruns Brigitte (Herausg.), Hof-Atelier Elvira, Ausstellung des Fotomuseums im Münchner Stadtmuseum, 13. Dez. 1985–2. 3. 1986, Katalog
Herzog Wilhelm, Menschen denen ich begegnete, Francke Verlag, Berlin-München 1959
Hildebrandt Irma, Bin halt ein zähes Luder, Diederichs Verlag, München 1990
Hirte Chris, Erich Mühsam, Verlag Neues Leben, Berlin 1985
Höppener Hugo (Herausg.), Zur Rettung Karl Wilhelm Diefenbachs und seiner Kinder, Verlag Humanitas, Einöde Hölrigels-Gereute, Gr. Hesselohe (München), 15. Sept. 1888
Hoerschelmann Rolf von, Leben ohne Alltag, Wedding-Verlag, Berlin 1947
Hollweg Ludwig, Unser München, Süddeutscher Verlag, München 1967;
Hümmert Ludwig, Zwischen München und Petersburg, Süddeutscher Verlag, München 1977
Huch Roderich, Alfred Schuler, Ludwig Klages und Stefan George, Costrum Peregrini Presse, Amsterdam 1950
Hug Heinz, Erich Mühsam, Verlag Getlev Auvermann KG, Glashütten im Taunus 1974
Kandinsky Nina, Kandinsky und ich, Kindler Verlag, München 1976
Kandinsky Wassily und Marc Franz (Herausg.), Der Blaue Reiter R. Piper & Co Verlag, München 1912
Kleine Gisela, Gabriele Münter und Wassily Kandinsky, Insel Verlag, Frankfurt a. M. 1990
Koch Ernestine, Albert Langen – Persönlichkeit und Werk eines Verlegers als Faktoren ihrer Zeit, Inaugural Dissertation an der Ludwig-Maximilians-Universität, München 1950
König Hannes, Schwabing – Das kleine goldene Bilderbuch, Verlag Wilhelm Unverhau, München 1979
Konrad Ruprecht, Nationale und internationale Tendenzen im »Simplicissimus«, Inaugural-Dissertation, Bayreuth 1975
Koreska-Hartmann Linda, Jugendstil – Stil der »Jugend«, dtv, München 1969
Kutscher Artur, Wedekind, List Verlag, München 1964
Lamm Hans, Von Juden in München, Ner-Tamid-Verlag, München 1958
Lautensack Heinrich, Die Elf Scharfrichter, Verlag der »Elf Scharfrichter«, München 1902
Lautensack Heinrich, Frank Wedekinds Grablegung, Verlag Meyer, Berlin-Wilmersdorf (ohne Jahresangabe)
Lechner Korbinian, Die Münchnerin, Franck'sche Verlagsbuchhandlung, Stuttgart 1940
Leiss Ludwig, Kunst im Konflikt, Verlag Walter de Gruyter u. Co, Berlin–New York 1971
Leube Dieterich, Per aspera ad astra, Manuskript des Bayerischen Rundfunks, 1986
Mann Thomas, Okkulte Erlebnisse, Alf Häger Verlag, Berlin, keine Jahresangabe
Macke August – Marc Franz, Briefwechsel, Verlag M. Du Mont Schauberg, Köln 1964
Marc Franz, Briefe Band 1 und 2, Verlag Paul Cassirer, Berlin 1920
Marc Franz, Briefe aus dem Feld, Rembrand-Verlag, Berlin 1940
Meyer Michael, Theaterzensur in München 1900 bis 1918, Schriftenreihe des Stadtarchivs München Miscellanea Bavarica Monacensia 1982
Möhl Friedrich, Michael Georg Conrad in Sammelwerk »Lebensläufe aus Franken«, Erlangen 1936
Monaco Marietta di, Ich kam – ich geh, Süddeutscher Verlag, München 1962
Mühsam Erich, Alarm, Verlag »Der Syndikalist«, Berlin 1925
Mühsam Erich, Ascona, Verlag von Birger Carlson, Locarno 1905
Mühsam Erich, Ich bin verdammt zu warten in einem Bürgergarten, Band 1 und 2, Sammlung Luchterhand, Darmstadt und Neuwied 1983
Mühsam Erich, Namen und Menschen – Unpolitische Erinnerungen, Verlag Klaus Guhl, Berlin 1977
Panizza Oskar, Der operierte Jud, in Die Weltliteratur, Zeitschrift, Nr. 19, 1919 (keine Verlagsangabe)
Panizza Oskar, Meine Verteidigung in Sachen »Das Liebeskonzil«, Verlags-Magazin J. Schabelitz, Zürich 1895
Petzet Wolfgang, Otto Falckenberg, Zinnen Verlag, München-Wien-Leipzig 1944
Petzet Wolfgang, Theater – Die Münchner Kammerspiele, Verlag Kurt Desch, München 1973
Pförtner Matthias, Georg Schrimpf, Rembrandt-Verlag, Berlin 1940
Piper Reinhard, Briefwechsel mit Autoren und Künstlern 1903–1953, Piper & Co Verlag, München-Zürich 1979
Piper Reinhard, Nachmittag, R. Piper & Co Verlag, München 1950
Plumpe Gerhard, Alfred Schuler, Agora Verlag, Berlin 1978
Prévot René, Kleiner Schwarm für Schwabylon, Verlag Braun & Schneider, München 1954
Prinz Friedrich und Krauss Marita (Herausg.), München – Musenstadt mit Hinterhöfen, C. H. Beck, München 1988
Raabe Paul (Herausg.), Ich schneide die Zeit aus – Expressionismus und Politik in Franz Pfemferts »Aktion« 1911–1918, dtv, München 1964
Reiser Rudolf, Alte Häuser – Große Namen, Bruckmann, München 1978
Reinoß Herbert (Herausg.), Bilder aus dem Simplicissimus, Verlag Schibli-Doppler, Birsfelden–Basel 1970

Reventlow Franziska zu, Das allerjüngste Gericht, Eulenspiegel Verlag, Berlin 1989
Reventlow Franziska zu, Das Logierhaus zur schwankenden Weltkugel, Albert Langen Verlag, München 1917
Reventlow Franziska zu, Romane, Verlag Langen Müller, München–Wien 1976
Ringelnatz Joachim, Mein Leben bis zum Kriege, Karl H. Hennsel Verlag, Berlin 1951
Rösch Gertrud, Ludwig Thoma als Journalist, Verlag Peter Lang, München-New York-Paris 1989
Rukwid Werner (Herausg.), Geliebtes Schwabing, dtv, München 1970
Schaumberg Georg, Dies irae und andere Gedichte, Verlag von Dr. E. Albert & Co, München, keine Jahresangabe
Schaumberger Julius, Hell oder Dunkel?, Verlag Ernst Scherzer, München 1892
Schaumberger Julius, Die Volksbühne und das moderne Drama, Vortragsmanuskript, Münchner Flugschriften, München 1891
Schirach Henriette von, Der Preis der Herrlichkeit, Limes Verlag, Wiesbaden 1956
Schlemihl Peter, Neue Grobheiten, Verlag Albert Langen, München 1912
Schöffling Klaus, Die ersten Jahre des Insel-Verlags 1899–1902, inseltaschenbuch, Frankfurt a. M. 1981
Schönberg Arnold – Kandinsky Wassily, Briefe, Bilder und Dokumente einer außergewöhnlichen Begegnung, Residenz-Verlag, Salzburg-Wien 1980
Schröder Hans Egert, Franziska Gräfin zu Reventlow, Marbacher Magazin, 8/1978
Schröder Rudolf Alexander, Aus Kindheit und Jugend, Maximilian-Gesellschaft, (ohne Ortsangabe) 1934
Schröder Rudolf Alexander, Leben und Werk, Ein Brevier, Suhrkamp Verlag, Frankfurt a. M. 1958
Schütze Christian (Herausg.), Faksimile Querschnitt durch den Simplicissimus, Scherz Verlag, Bern-Stutgart-Wien 1963
Schwab Hans Rüdiger (Herausg.), München – Dichter sehen eine Stadt, Verlag J. B. Metzler, Stuttgart 1990
Schwabinger Schattenspiele, acht Hefte, keine Verlagsangabe, keine Jahresangabe
Simplicissimus Künstler-Kneipe, München, Türkenstr. 57, Selbstverlag, keine Jahresangabe
Spaun Paul Ritter von, Zum Fall Diefenbach, Verlag die Gesellschaft, Sonderdruck, keine Datumsangabe
Stankovich Dushan, Otto Julius Bierbaum – eine Werkmonographie, Verlag Herbert Lang, Bern u. Frankfurt 1971
Stern Ernst, Café Größenwahn, Harenberg Komunikation, Dortmund 1980
Strieder Agnes, Die Gesellschaft, Verlag Peter Lang, Frankfurt-Bern-New York 1985
Thoma Ludwig, Erinnerungen, R. Piper & Co Verlag, München 1958
Thoma Ludwig, Ein Leben in Briefen, Reinhard Piper Verlag, München 1963
Thumser Gerd, Ludwig Thoma und seine Welt, Verlag Kurt Desch, München 1966
Ude Karl, Frank Wedekind, Stieglitz-Verlag E. Händle, Mühlacker 1966
Uhde-Bernays Hermann, Im Lichte der Freiheit, Insel-Verlag, 1947 (keine Ortsangabe)
Vogt Paul, Der Blaue Reiter, dumont Taschenbücher, Köln 1977
Völker Klaus, Wedekind, Friedrich Verlag, Velber bei Hannover 1965
Weber Wilhelm, Albert Weisgerber zum 70. Todestag, Stadt St. Ingbert an der Saar 1985
Wedekind Frank, Die Tagebücher, Althenäum, Frankfurt 1986
Werefkin Marianne von, Briefe an einen Unbekannten 1901–1905, Verlag M. Du Mont Schauberg, Köln 1960
Wolf Georg Jakob (Herausg.), Münchner Künstlerfeste, F. Bruckmann Verlag, München 1925
Wolfskehl Karl, Bild und Gesetz, Deutsch-Schweizerische Verlagsanstalt, Berlin-Zürich 1930
Wolfskehl Karl, »Du bist allein, entrückt, gemieden« – Briefwechsel, Luchterhand Verlag, Darmstadt 1988
Wolfskehl Karl, 1933 – a poem sequence, Schocken books, New York 1947
Wolzogen Ernst von, Das dritte Geschlecht, Richard Eckstein Nachf., Berlin (ohne Jahresangabe)
Wolzogen Ernst von, Unjamwewe, Verlag F. Fontane & Co, Berlin 1897
Zentner Wilhelm (Herausg.), Gastfreundliches München, Verlag Kurt Desch, München 1946

Zeitungen, Periodika, Ausstellungskataloge

Moderne Blätter, Wochenschriften der Gesellschaft für modernes Leben, München, Müllerstr. 45b
Borchardt/Heymel/Schröder, Eine Ausstellung des Deutschen Literaturarchivs im Schiller-Nationalmuseum, Marbach am Neckar 1978
Brakls Kunsthaus München, Ausstellungskatalog, München 1914, Beethovenplatz
Expressionismus, Eine Ausstellung des Deutschen Literaturarchivs im Schiller-Nationalmuseum Marbach a. N. vom 8. Mai bis 31. Oktober 1960, Verlag Langen und Müller, München 1960
Moderne Gemälde aus dem Nachlaß von A. W. von Heymel, Versteigerungskatalog, Berlin Kurfürstendamm 208/09, Leitung Paul Cassirer und Hugo Helbig
Die Insel, Gesamtausgabe

Das Neue Jahrhundert, illustrierte Wochenschrift, Köln, ab 1898
Jugend – Münchner Illustrierte Wochenschrift für Kunst und Leben, Herausgegeben von Georg Hirth, Redaktion Fritz von Ostini, Georg Hirth's Kunstverlag, München-Leipzig ab 1896
KAIN, Zeitschrift für Menschlichkeit, Herausgeber und Autor: Erich Mühsam
Kandinsky, Kollektiv-Ausstellung 1902/12, Verlag »Neue Kunst«, Hans Goltz, München
Künstlerinnen-Verein München A.V., Jahresbericht 1896, Kastner & Lossen, München
Neue Kunst, Hans Goltz, München, Odeonsplatz 1, August–September 1913, Katalog
Licht und Schatten, Wochenschrift für Schwarzweißkunst und Dichtung, ab 1910
Franz-Marc-Gedächtnisausstellung der Münchener Neuen Secession in der Galeriestraße 26, Katalog, 1916
München 1869–1958, Aufbruch zur modernen Kunst, Haus der Kunst (Katalog)
Münchner Illustrierte Zeitung, 1908, Nr. 21
Münchner Kunst, Illustrierte Wochen-Rundschau, ab 1. 11. 1889, Herausgeber Julius Schaumberger
Der Blaue Reiter, Katalog 1911/12, Die erste Ausstellung der Redaktion, ohne Verlagsangabe
Revolution, Zweiwochenschrift
Neue Deutsche Rundschau Freie Bühne
Der Schwabinger Beobachter, 1904
Simplicissimus, Illustrierte Wochenschrift, Kaulbachstr. 51a
Sommerfest – ein moderner Musen-Almanach, (keine Verlagsangabe), München 1891
Weisgerber Albert 1878–1915, Katalog des Museum Villa Stuck, München 1975/76

Bildverzeichnis

Das verwendete Bildmaterial entstammt folgenden Quellen:
Münchner Stadtarchiv: S. 19, 83, 87
Monacensia Bibliothek: S. 38, 86
Handschriftenabteilung der Monacensia Bibliothek: S. 17, 20, 182, 184, 187
Münchner Illustrierte Zeitung: S. 31, 92, 93, 129, 151
Münchner Stadtmuseum: S. 117, 118, 119, 121, 158, 159, 160, 161
Archiv des Haidhausen-Museums: S. 15, 16, 22, 23, 28, 29
Umschlag vorne: Handschriftenabteilung der Monacensia-Bibliothek
Umschlag hinten: Bildarchiv der Süddeutschen Zeitung
Alle anderen Bilder entstammen dem Archiv des Autors

In der Reihe »Lesebuch zur Geschichte des Münchner Alltags« sind bisher erschienen:

Geschichtswettbewerb 1985/86
Die nationalsozialistische Gewaltherrschaft, ihr Ende und ihre Folgen

Verdunkeltes München

244 Seiten, Broschur mit 44 Beiträgen und vielen Abbildungen

Münchner Bürgerinnen und Bürger schreiben ihre Geschichte: Sie berichten von Demütigung und Verfemung der Juden, von vorsichtigem Widerstand und trotziger Verweigerung, von Zwangsarbeit und Lagerleben. Sie erzählen von ihrem nationalsozialistischen Schulalltag und ihrer »organisierten« Jugend, vom Alltag des Bombenkriegs und der Evakuierung, von Kriegsende und Besatzungszeit.

Geschichtswettbewerb 1987
Kindheit und Jugend
in München

Jugendbilder

192 Seiten, Broschur mit 35 Beiträgen
und vielen Abbildungen

Dieses zweite »Lesebuch zur Münchner Alltagsgeschichte« ist ein buntes Kaleidoskop der Kindheit und Jugend von der Jahrhundertwende bis hin zu den fünfziger Jahren.
Menschen ganz unterschiedlicher Herkunft – der sich selbst überlassene Vorstadtbub und die wohlbehütete Beamtentochter, der Sohn aus guter Familie und das Mädchen aus dem Hinterhaus – beschrieben und erzählen ihre Erinnerungen an ihre Kindheit- und Jugendzeit.

Geschichtswettbewerb 1988
Vom Glasscherbenviertel zur Schlafstadt
Geschichte der Münchner Stadtteile

Stadtteilgeschichte Lebensgeschichten

144 Seiten, Broschur mit 28 Beiträgen
und vielen Abbildungen

Im dritten »Lesebuch zur Geschichte des Münchner Alltags« erzählen Münchner Bürgerinnen und Bürger die Geschichte ihres Stadtteils. Sie schildern anschaulich, wie ihr Leben und Wohnen untrennbar mit dem jeweiligen Viertel verwoben war oder immer noch ist.
Viele erinnern sich an vergangenes Stadtteilleben, das nicht mehr rückholbar ist. Andere betrachten die aktuellen Entwicklungen im eigenen Stadtviertel mit kritischen, aber dennoch liebevollen Blicken.

Geschichtswettbewerb 1989/90
In München geboren · Von München angezogen · Nach München verschlagen

In München geboren Von München angezogen Nach München verschlagen

320 Seiten, Broschur mit 64 Beiträgen und vielen Abbildungen

Der vierte Band des Lesebuchs hat die verschiedenartigen Formen der Annäherung an diese Stadt zum Thema. Ob es Fremde waren, die ein Heimisch werden versuchten, oder geborene Münchner und Münchnerinnen, die sich ihre Heimatstadt auf unterschiedliche Weise erschlossen, sie alle kommen in diesem Band zu Wort.

Geschichtswettbewerb 1991
Münchner Arbeitswelten damals und heute

Arbeit ist das halbe Leben . . .

194 Seiten, Broschur mit 41 Beiträgen und vielen Abbildungen

In diesem fünften Band zur Geschichte des Münchner Alltags leben Berufs- und Arbeitswelten vergangener Jahrzehnte wieder auf, die angesichts der raschen technischen Entwicklung in fast allen Sparten unseres heutigen Berufs- und Arbeitslebens oftmals bereits vergessen sind. Alle Beiträge vermitteln uns, daß der Arbeitsplatz selbst »immer auch ein Stück vom Lebensraum eines jeden Menschen ist«.